FOR2

FOR pleasure　FOR life

潘石屹

我用一生去尋找

The Life Quest of Pan Shiyi

目錄

第三部　創新的密碼與狀態

第四部　美麗的新可能

第五部　財富也者

第六部　喧鬧中的冥想

第七部　在愛情與家庭之間

第八部　「靈魂只能獨行」

【推薦序】

有如飛越萬里路的暢快

遠雄企業團董事長

這本書絕不是說教書，而是人生歷練的感受分享，用成長故事當作基礎，是那麼的直接與深刻、讓人閱讀上心有戚戚焉。全文字裡行間少有高談闊論，都是潘石屹董事長的細微觀察及感同身受的意念，他用文筆記錄下來，更不吝分享給讀者。爲了顧慮讀者的閱讀習慣，每一篇脈絡連成一氣，用標題當作結論，看似申論，研讀之後，驚覺是敘述他個人生活所見所聞，分析、演繹所得，將腦海中的記憶，一點一點挖掘出來。從每一個活動、事件中，我思、我爲，所獲得的意念融入生活過程，讓關聯印象浮現，紀錄分享。

潘董年輕有爲，清晰的邏輯觀與創新的概念，打破傳統思維，引導客戶新需求，爲中國大陸房地產發展創造新潮流。雖然他是貧農出身，但能掌握機會，展現個人特質與天賦，最重要的是，他的生活經驗分享、處事判斷、忘我精進認眞的工作實現，成爲潮流的領導者，很值得敬佩。

我深信行萬里路勝讀萬卷書，但閱讀本書後卻能讓我有如飛越萬里路的暢快！

【推薦序】

堅如磐石，柔若流水

台中市長

我早已久仰潘石屹先生的大名，還沒見面前，從媒體上知道許多有關他白手起家的傳奇故事，感覺上彷彿與他相交久矣。

潘先生是土生土長的創業者，而太太張欣則是英國劍橋大學經濟研究所畢業的高材生。大陸媒體形容他們的婚姻爲「土洋結合」。兩人齊心致力開發房地產，歷經挫折與危機，由於截長補短、相輔相成，開創成功的事業，在北京房地產界居「腕」級地位。二〇〇六年發布的「胡潤百富榜」上，潘石屹、張欣夫婦以人民幣十三億元資產，名列百富榜第兩百五十二位。

記得潘先生曾在媒體訪問中說過：「人，一定要有夢想，有夢想才有動力！」

「先幸福，後成功！」

「我記得有本書上說，推動這個社會往前走的力量，一個是知識，一個是財富。要改變社會，推動社會，知識和財富這兩樣都很重要。」

「現在有的商人做得很成功，但連笑都不會了。活得太緊張了。緊張，反而容易做不好。爲什麼緊張呢，就是慾望太多，天天跟自己較勁。……自尊心、自信心不應靠財富樹立。」

「我的個性就是眞實，我說的話，都是我心裡想的，不會迎合誰去說。這跟性格有關，跟有錢沒錢，長得好看不好看沒關係。我對所有的事情都有我自己的意見，不會隨波逐流……現在中國缺少原創的氛圍，缺少個性和創造力。應該把思想放開，個性也是很大的財富。」

他還提到卡通電影《花木蘭》對他的啓發：電影中，花木蘭的父親告訴女兒，「樹上開的花，每一朵花都是獨特的，你可能是最晚開的那一朵，可是一定是最漂亮的。」他在這個故事裡找到了自信。而他這個親身體驗，也讓我心有戚戚焉。

不久前他們到台中訪問時，身爲牛津人，我對來自「牛津死對頭」的劍橋人張欣開玩笑：「學妹啊，當初怎麼不來牛津？」

他們雖是成功的企業家，給我的印象卻更似深富人文素養的藝術家，樸實誠懇、溫文儒雅。而他們的個性也反映在旗下房地產作品的特質上：簡單實用、雋永耐看。

我一直認爲，一幢美好的建築物是感性與理性、藝術與工程的密切結合。藝術泛指文學、歷史、繪畫、雕刻、音樂、哲學、電影等素養，工程則需扎實的基礎、精準的計算、實用的設計，然後精確無誤地執行。兩者必須兼顧，才能稱得上好的建築！無怪乎潘氏伉儷給我的印象是才思與涵養兼備，兩人的組合正是「剛柔並濟」——堅如磐石，柔若流水。

那天相處時間其實不太長，但我們在一起分享與交流，相談甚歡，是一次很美好的經驗。他們離開台中前，整個參訪團預約將來要每年重聚一次，而且邀我一同參加。對此邀約我心深深嚮往之，非常希望能夠早日實現。

對於上次媒體對參訪團冠以「炒樓團」的形容詞，我必須在此出來講幾句公道話。他們一行人初次來台參訪，只是爲了看看台灣、交交朋友，作初步的了解，並沒有所謂大陸企業家「炒樓」或投資的動機。很遺憾當時媒體的報導，可能造成了「失眞」的印象！

也許是由於這個因緣，最近我受邀爲潘先生的新書寫序，內心十分驚喜，一來是蒙他不棄，其次是因爲他的文筆洗練、旁徵博引，言之有物，讓我甚感意外。

在這本敘述人生哲學的書中，他有許多句子寓意深遠，令人思考再三：

「成功是一種狀態，是一種積極、向上、樂觀、友善，對別人有益的狀態；自己愉快，也能爲別人帶來愉快、積極向上的狀態——如果這樣理解成功的話，那就是我心中的成功。」

「要學會愛不容易，但是你不學會愛卻活不下去。愛的行爲是付出，事實上你不得不付出。人類社會結構的基礎就是互相交換，只有付出，才會有回報。」

「爲了發現價值，企業家要隨時隨地依據周遭環境的變化而變化，並且隨時隨地調整自己的企業和自己的心態。任何經典的教科書，教你如何做企業，教你如何取得成功，最後都只會成爲你的額外負擔。成功的企業家一定是放鬆的，放鬆心態下，才有智慧和幽默。」

「老子說過：『治大國如烹小鮮』。我的公司或許現在做大了，我依然堅持無爲而治——不是什麼事都不幹，當翹腳老闆。我依然要做事，但只做一件事，當船上的舵手，專注於及時、靈活地調整方向，不要像鐵達尼號一樣撞到冰山。一定要順勢而爲，抓住市場和經營最本質的東西。」

「企業的責任其實就是遵紀守法，創造利潤。如果我現在拿著公司的錢去做慈善，這就是股民最忌諱的事情，也是股東最忌諱的。如果分紅以後，用自己的錢去關注教育問題、扶貧問題或愛滋病的防治問題，企業家自己去做，我認爲才有做慈善的眞正快樂。」

韓國電視劇『大長今』裡，尙宮娘娘要大家去品嚐貊炙裡面有什麼特殊調味，幾乎所有人都根據以往的經驗回答：是白糖！只有長今說：『不是白糖，是紅柿子！』尙宮娘娘問她原因。長今說：『因爲我嚐到有紅柿子的味道。』只有長今的答案正確。……「教條常常使我們迷失方向，不相信自己，不相信自己的眞切感受，不相信自己的眼睛，而相信別人的說法。話又說回來，當『自我』裝滿的全是傲慢、偏見、教條和迷信的時候，我們怎麼找得到自己呢？」

老實說，書中精彩的句子太多了，無法一一援引。我很誠懇地推薦讀者仔細用心閱讀本書，不論是從企業的範疇或人生哲學的角度，都可從潘先生的心得分享中獲益良多，滿載而歸。而我在閱讀的過程，也能強烈感受到作者無窮的創意與能量。

摩登現代的造型下，藏匿著中國古人的傳統靈魂及謙謙君子的進退有節。潘石屹，這位地產起家、喜歡冥想、樂善好施的企業家，眞是海峽兩岸的一個傳奇！

【序】

給台灣讀者

潘石屹

四月下旬，我們一行人去台灣進行了七十二小時的考察。回來後，朋友們都問我的感受如何，這些朋友中有大陸朋友，也有台灣朋友，還有一些外國朋友。其實此次台灣之行，我最強烈的感受就是：台灣與我原來的想像正好相反。之前，我對台灣的瞭解主要是通過媒體和書本。最近幾年，瞭解比較多的是台灣政治，經常從電視畫面上看到混亂的場面……但走進台灣，發現台灣民眾是安靜的、有禮貌的；台灣朋友們送來的一束花，一包小吃也讓人感覺很溫馨；最發達的台灣媒體在提問時也很有禮貌，特別注意用詞。在台灣的最後一天，我們一行見記者，其中一位隊友喝酒喝得有點多，我們大家都很緊張，害怕這會不會成爲明天媒體的又一焦點，回到飯店後也沒有看到任何關於這個的惡意報導。

回北京幾天後，在鳳凰衛視的節目中，我看到了我們這次訪台的紀錄片《春季旋風——陸港地產企業家台灣紀行》。回想這幾天的經歷，看到了許多既熟悉但又很陌生的文化，讓我感觸很深。當下時代，文化是多元文化，相互融合，相互尊重。唯我獨尊，唯我獨大的思想只能帶來不和與分裂。

先聖阿博都・巴哈一九一一年在巴黎給聚集在他門前的人們發表了一段簡短演說：「還是讓我們觀察一下萬博紛呈中的美與和諧一致的美吧！我們要向植物王國學習！假如你們看到一座花園，裡面所有植物的形態、顏色和氣味都是一樣的，那麼，你絕不會認爲它美，相反，你會覺得它千篇一律、單調乏味。令我們賞心悅目的花園是：這裡的花朵在色彩、形狀、氣味上千姿百態，各色相映，姹紫嫣紅，可謂百花齊放，分外妖嬈。我們對樹木也有這樣的感覺。一個長滿果樹的果園令人陶醉。同樣，一個種有多種草本的植物園也會令人流連忘返。正是由於五彩繽紛和千姿百態才增添了它們的嫵媚和韻味。每一朵花，每一棵樹，每一個果實，除了它們本身的美，還透過它們之間的對比而顯現出其他特色，並展示出它們各自和整體的獨特迷人風采。人類也應當如此。」

海峽兩岸的人民也是如此，大家應該互相關愛對方，互相欣賞對方，給對方以最大誠意和愛心。由於歷史的原因，大陸、香港和台灣在發展的過程中走的是不同的道路，在不同的道路上，大家都積累了各自不同的經驗，這些經驗是寶貴的、互補的。所有分歧的根源都是人執著於自己的偏見：「我是對的，你是錯的。」如果我們大家都能摒棄這樣的偏見，華人世界將會成爲一個五彩繽紛的大花園。

人類大家庭內部的各種差異應該是愛與和諧的因素。就好比音樂，各種不同的音符組合在一起，形成完美的和音。當你們與其他種族和膚色的人相處時，不要懷疑他們，不要拘泥於傳統習俗，要向他們欣然表達你們的愛心。你們應該把他們看成是人類美麗花園裡五顏六色的玫瑰花，和他們在一起應該感到高興。

如果你們遇到和自己意見不同的人，不要迴避他們，因爲大家都在尋求眞理，而通向眞理的道路有許多條，眞理也有不同的表現，但眞理本身永遠只是一個。

不要因爲意見不同和思想上的千差萬別而使你們與他人產生隔閡，或在你們的心中滋生仇恨和敵對的情緒。相反，你們要更加努力探索眞理，要讓所有的人都成爲你們的好朋友。

這是近百年前智者的一段話，彷彿是給今天海峽兩岸的同胞，及全世界所有人的忠告。

我剛和夫人張欣認識時，她在英國時住同屋的好朋友讓她妹妹來看我們，看望完後，她姊姊問她：「你欣姊的男朋友怎麼樣？」她回答道：「沒有花香，也沒有樹高。」這話轉了幾道傳到我耳朵中，我很沮喪，因爲這一段歌詞的完整句是：「沒有花香，沒有樹高，我是一棵無人知道的小草。」但到後來，我想明白了，做植物王國裡的一棵無名小草也挺好。小草、鮮花和大樹一起成長，互相尊重，取長補短。

在得知「網路與書」出版公司要在台灣出版《我用一生去尋找》後，寫出以上的感受與台灣讀者一起分享。我很希望透過這本書，能夠與台灣的讀者們磋商、交流、做朋友。

【郝明義訪談潘石屹】

我覺得自己還不光是一個商人

二○○五年「網路與書」系列出版大陸簡體字版要辦新書發表會時，建外SOHO熱心地提供了場地，潘石屹也來招呼我們。那是我第一次見到他。第二次見他，則是SOHO中國上市之後。這兩次印象，都只看到一位事業成功但又斯文有禮的創業者。看了大陸版《我用一生去尋找》之後，我想出一個台灣的繁體字版，所以把可以搜羅到的潘石屹的著作，不論網上還是紙本的，都看過一遍。也因此，想要在台灣繁體字版裡做兩件事情。第一件，是把原來的「附錄：故鄉的關鍵詞」改爲「附錄：成長的回憶」，收納更多有關潘石屹人生路途上重要的回憶，以便過去不認識這個人的讀者更進一步了解他精彩的經歷。第二件事情，則是想到親自訪問一次潘石屹，把一些原本隱藏或濃縮在書中字裡行間的東西，再多加釋放、解說。

也因爲做過這次訪談，對作者有了些更進一步的了解，所以我們後來把繁體字版的《我用一生去尋找》章節內容，做了相當大幅度的重編，可以說是有了一個全新的版本。而我希望這個新的版本，能讓讀者更完整地分享潘石屹的內心世界。

○：郝明義　◎：潘石屹

○：你說過，一九九二年鄧小平南巡講話之後，中國才開始了這一大週期的經濟增長，也才開始有了真正意義的財富，那之前的改革只是讓中國人吃飽飯，不至於餓死人。而你的「下海」與創業，大致也正好是搭上那一波浪潮。那是個什麼樣的經過？

◎：可以說正好是台灣發展的時候，我們停滯，台灣不發展的時候，我們開始發展。中國大陸原來光搞政治不搞經濟，把大家弄得一窮二白，後來什麼都沒有了才發現不行，就搞經濟。單搞經濟的時候大家又都不知道怎麼弄。所以說，雖然改革開放到今天是三十年了，今天大家都知道怎麼弄了，但前面十幾年是不知道怎麼弄。

當時大家儘管忘了怎麼搞經濟，但是人要吃飯這件事大家還沒有忘，因此所謂搞經濟主要是圍繞著吃飯。農村裡面是包產到戶，不問產權，至於土地給你多少年不問你，最關鍵是今年能打多少糧食，這就是承包制。城裡面的人沒有財富，就是關注獎金，工資是固定的，如果超額完成任務能拿多少獎金。一個月發二十、五十塊錢，以後多點發一百塊錢都覺得多得不得了。改革開放後十幾年時間一直到鄧小平南巡講話之前，都是在面對一個吃飯問題，並不會搞經濟。大家都不會搞經濟，那到底怎麼走？你說這樣做，我說這樣做，一九八九年就是大家的爭論說不到一起，歸根到底還是不會搞經濟。

八九之後，中國陷入一個低潮，大家說不要吵了，不要爭論了，一直到鄧小平南巡講話，這時候才是中國創造財富的起頭。所以改革開放三十年要分成兩段來看：一九九一年前是一段，人們也想發展，但不知道怎麼發展；之後是一段。而後面這一段發展速度是非常快的，還不到二十年時間。這是中國的一個大背景，我們正好是在這樣一個大背景下。我覺得任何一個人一定要把自己放在大勢裡面去，如果你跟大勢做反了，你就破產了，有可能就碌碌無爲。

○：一九九一年的時候，你還在海南島。你是怎樣去海南島的？

◎：我是西北人。大學畢業參加工作的時候，領四十六塊錢的工資，加上八塊錢野外補助。那一年，我兩個妹妹又相繼考上大學。我只好把當時的工資一分爲三，其中的兩份寄給她們。這怎麼生活呢？所以從石油部管道局的機關去了深圳。在深圳也是給人打工，之後再到海南去。當時大家都很嚮往海南島，特區、自由、不需要戶口什麼的。可是等海南的建設熱潮過去了，經濟停擺了，一九九一年成了我最難忘的一年。我管理著一個磚廠，磚是一塊也賣不出去。磚廠的民工走得不到一百人，餓著肚子靜靜地躺在那裡。看不到任何的希望和生機。

○：你在部落格上寫自己看不到春節聯歡會的那一段記憶，就是這個時候吧？

◎：對。所以，上次我跟台灣凌峰見面的時候，他就說我在你們春節晚會上演過節目。我說我每年都看春節晚會，怎麼不記得？他說九〇年，我說，噢，就我沒有看的那一年。

我工作後積累的第一筆錢，就是給家裡買了一台電視機。我媽媽長年癱瘓在床，電視對她太重要了。從那以後，我的過年標誌就是回到老家，在西北的熱炕上看中央電視台的春節聯歡晚會，一年都沒有漏掉。一九九〇年底的春節，我住在海南的招待所，屋裡沒有電視，就值班室有部電視。於是我就跟那個招待所的小姑娘商量，說晚上能不能在那看春節晚會，好不容易她勉強答應了。結果剛把電視打開，她就說我要睡了，不讓我看。於是我就一個人出來在街上閒晃。那個時候是最困難的。心裡面特別孤獨。小姑娘把我趕出來之後，四、五天之中都沒有人跟我說話。我就特別想見一個人，哪怕聊天也好。

我記得有一天晚上在海口最繁華的路上，晚上十二點多，男男女女的幾個人往那邊走，我在二樓的陽台上看他們往那邊走，我就一直看。當時我有一個照相機可以推到前面去，我就拿著照相機看著他們，看到最後他們走遠了。放下照相機之後，我就淚汪汪的，人孤獨到極點了。那個時候把我的孤獨感，就是抗拒孤獨的能力一下提高了。經過那件事情之後，再有孤獨已經無所謂了。一個人呆著一、兩天無所謂了。

〇：「萬通」被稱爲是大陸房地產界的「黃埔軍校」，後來從萬通分離出三十多個房地產界的董事

長和總經理。你們是怎麼創立「萬通」的？

◎：成立萬通的有六個人，原來就認識，基本都是有學生的氣質，在海南島的時候，大家都湊到一起。在還沒有成立公司的時候，其中有三個人已經先回北京，留下了我、易小迪、王啓富三個人在海南島守著。

後來，我們三個和另外一個朋友想承包一間公司。我記得這間公司叫「大地公司」。但是他們才剛把營業執照和章給我們兩天，就又來跟我們談了，說你們給我們的兩萬塊錢我們還給你，營業執照和章我們還是收回來。他們怕我們這些人不是做生意的料，給他們惹麻煩。那是一個國有還佔著股份的公司，如果出問題，他們承擔不起責任。

這件事讓我們特別沮喪。之後就想再找機會了，後來跟回北京的三個朋友（王功權、劉軍、馮侖）說，回來我們六個人一起辦公司吧。

我們這六個人按照中國當時的標準，沒有一個商人，不可能去經商，因爲商人好像都有一種臉譜，我們這六個人都不具備這種臉譜，應該都不是商人。我們百無聊賴的呆著的時候，常常沒有飯吃，然後就去找易小迪，拿著磚頭砌一個鍋，然後煮米飯，沒有菜，就買一瓶辣醬，把辣醬倒進去，吃一點米飯就過去了。

○：你們那時還辦了一個佛學會。

◎：主要是易小迪在做。他對佛學還是有研究的，他在大學裡學過宗教，他是入門的，所以有一天他成立了一個海南省佛學會，把我拉進去任一個職，後來給我印了一個名片，成了佛學會的秘書長，就我的官大。其實我那個時候對佛學沒有入門，讀了看了一些完全不理解。

當時周圍的朋友都很懷疑我們要經商。後來我記得也是加入我們海南省佛學研究會的一個女孩子說，你們六個人能辦公司？不可能的。她說你們研究研究佛學有可能會有成果，但是辦公司不太可靠。她的原因就是，我們領完執照後，她去我們公司，發現裡面只有一張辦公桌，桌上也沒有紙，上面全是土，她直接在桌子上寫字都可以了。這件事之後她再也不理我們了。沒想到，辦公司以後還不錯，他們幾個都非常聰明，易小迪、王功權、馮侖等等，他們都非常聰明。

○：一開始就做房地產？

◎：開始還不是做房地產，當初註冊公司的時候是農業公司。因爲只有做農業公司才能註冊下來。我做的第一個案子叫「種衣劑」，是給種子的外面包上一種藥，這樣種子就容易發芽就不容易壞。我說這個東西我不懂，也從來沒有做過這個，你們怎麼做就做。我們這六個人中有一個人專門做這個事情，也許從來沒有生產出來，我也從來沒有見過。但總是成立公司的一個由頭。

大約九一年底公司成立之後，我們就開始炒房、炒地，開始借款。我們去借款的時候，沒有任何談判的籌碼，沒有條件跟人家談判，基本都是人家開價：第一條件是提出年息百分之二十；第二，錢不能交給我們，得他們派一個人來監管；第三個條件，除了付百分之二十的利息，賺了錢的利潤還要再跟他們五五分成。這三個條件我們全答應了。借了五百萬人民幣，這是最早的一筆錢。

借完之後就做房地產，做著做著之後就賺錢了。我記不清是五五分成過後，還是分成之前，我們六個人大概賺了一百多萬。這一下子把六個人的信心全樹立起來了。馮侖最愛說的一句話就是：「沒錢都賺錢了，現在我們有錢了還不賺錢？」這是常常鼓舞我們的一句話。這也是我們賺的第一筆錢，錢不多，最關鍵是給我們信心。因爲周圍的人都跟我們說我們不會做生意。雖然我們不會擦桌子，但是我們賺著錢了。這個時候對我們來說，信心特別重要。

賺完錢之後我們就坐在一起認眞商量公司應該怎麼辦。說辦公司我們應該寫一個東西，一般辦公司寫一個制度，人事制度、財務制度等等。我們寫了一個像是宣言的東西叫〈披荊斬棘，共赴未來〉，主要是這個年代的知識分子如何報國，當時我們一個字一個字的改，沒有燈，就點著蠟燭一點點改。這篇東西寫完之後，慷慨激昂的一下子就覺得有方向了。

○：你們六位後來又怎麼決定分開再各自創業？

◎：我們六個人最早像是兄弟一樣一起創業，股權誰也不多，誰也不少。本來年紀大一點的，出得多一點的，股權應該多一點，但是他們都說我們應該平均，每個都佔六分之一，所以很平均。我們工資非常低，連房子都沒有，生活也特別簡樸，投資可以一個億、兩個億的時候，六個人出去吃飯仍然只叫兩個菜，一個土豆絲，一個炒雞蛋，還跟人家討價還價。可是後來每一個人的想法都不一樣了，六個人在一起天天開會，天天吵架。最後很難形成一致意見。

馮侖又一心一意想做金融，認爲金融這個行業能夠賺錢的，他不太喜歡做房地產。我說金融風險太大，我們又不是學這個的，把錢拿過來，如果不賺錢的話，可能是掉腦袋的事情。他說做房地產，從產業來說層次比較低。但他不這樣說話，他的話比較幽默，他說：「你做房地產，相當於娶老婆，我這個做金融相當於拐賣婦女，拐賣婦女賺的錢比你娶老婆賺的錢多。」天天說這個。最後，我覺得，與其大家天天吵架，我就先提出來分開吧。那是大約一九九五年四月的事。分開的時候也很痛苦。馮侖說六個兄弟，沒錢的時候都在一起，團結得跟一個人一樣，現在有了錢就分開了。這個事實他覺得接受不了。其他人還好點。

我一直也不知道馮侖心裡面到底怎麼想，前不久，馮侖出了一本書叫《野蠻生長》，送給我一本。書我還沒來得及具體看，張欣從北京飛香港時在機場買了一本，在飛機上從頭徹尾看了一遍，一下飛機就打電話給我，說馮侖胡說八道。她說，書上說你們六個人本來團結得很好，但就因爲你娶了一個老婆，嫌他們土，所以分開了。張欣說她從來沒有這個想法，從來也沒有說過這個事情，說他們土什麼的。

我聽張欣講了之後，才感覺馮侖心裡面眞正想的是因爲我老婆的原因。他從來沒有跟我說，但在書裡面是這樣寫的。我有一次問他爲什麼這樣說。他也沒有細說，就把話岔開了。

○：你講過馮侖比你聰明，但是你的商業嗅覺比他好。這怎麼說？

◎：馮侖是一個興趣特別廣泛的人，一會兒做這個，一會兒做那個。商業有的時候不是需要這樣的東西，它是需要一個鍥而不捨的精神，認定一個目標就去做。馮侖正因爲他聰明，思路特別的跳躍，一會要建台灣一〇一，一會賓拉登把美國世貿大廈炸了，要建世貿大廈，又忙了三年，他一會兒一個主意，一會兒另一個主意的。就聰明程度來說，不光我說他聰明，他只要往這一坐，妙語連珠的，任何人都會覺得他聰明。

○：大陸房地產界的另一位重要人物王石，你說他喜歡難走的路？

◎：他是故意的，他就追求這種境界。喜歡把自己處在這種艱難的環境中。路怎麼難走就走哪條，一會兒讓狗咬一口，一會兒又登珠穆朗瑪峰了。如果舒服的話，他就覺得墮落了。

○：那你呢？你怎麼看自己？

◎：我還是喜歡舒服，路平的話，還是平著走，被狗咬一口還是很可怕的事情。自己很難看清楚自己，我評論王石可以評論一堆，評論馮侖也可以評論一堆，但評論自己很難。可是要別人評論我，我還很難接受。說我是一個商人什麼的，我覺得自己還不光是一個商人，人是多元的。有可能我們看馮侖和王石也不是非常清楚，真正的他們也是非常豐富的。

○：分家之後你做了些什麼事情？

◎：分家之後，我先用了大半年時間轉著到處看了看，到了英國。也去了法國，開闊了自己的眼界。之後再成立自己的公司，就籌備現代城專案。那個時候沒有錢，找錢、拉股東，再做設計、規劃，差不多準備了兩、三年時間。一九九七年的年底，我們現代城就開始銷售，到了九八年就發生了「現代城事件」，別人在現代城開盤前夕把我的銷售隊伍一夜之間全給挖走了。基本上是這樣一個過程。

○：你除了搭上一九九一年經濟眞正改革的熱潮之外，你在一九九九年正式打出SOHO號召的時候，也搭上了網路的熱潮。你曾經說，經過「學習和借鑑了一些發達國家的經驗，在朋友們的啓發下，我們提出了SOHO的概念。」這是個什麼樣的經過？

◎：這個借鑑主要還是網路的。一九九九年底的時候對全世界影響最大的是網路，人們覺得世界由此變了。這個時候主要是一批年輕留學生回到中國來，創立新浪、搜狐等等，包括田溯寧創立中國網通等等。天天跟他們接觸，他們年齡都比我小個幾歲，就感覺他們看問題的角度跟我們完全不一樣，更有熱情。他們那個年齡就跟我們海南島創業的時候差不多，但他們比我們更有熱情。我們原來是蓋房子要賺錢，而他們的目標是「世界因爲有網路，我們就改變了。」我記得田溯寧第一次跟我們講完這個之後，馮侖就拉著他的手叫他「瓦特同志」，把他看作是當代的瓦特了。

後來我們到美國去，看到了變化，大學生都不上學了，都學比爾•蓋茲創業了，這是一個特別大的變化。但是我們想，這種變化對城市的發展，給人類社會帶來的最根本的變化是什麼？我們看到最根本的趨勢是各種功能在融合。例如手機也可以照相，可以錄音等等。但沒有這些東西的時候，手機就是電話。所以各個功能在融合。有了網路，簽約可以隨時進行，辦公室、家裡、酒吧、草坪上，各方面的工作都可以進行。什麼是居住、辦公等等房屋空間的界限不再這樣明顯了。所以我們就提出SOHO的概念，認爲只有SOHO才是最有效率的。

我們把SOHO想明白之後，就想到在設計上、空間應該比較靈活，應該是敞開式的等等，然後把公司的名字也變了。從「紅石」改爲「SOHO中國」。

○：SOHO剛推出的時候，聽說張欣跟你的董事們有一段爭辯的過程？

◎：我幾個好朋友在創業的時候都是死心塌地跟著我的。所以我內人，一來總覺得我跟他們幾個關係更近一些；二來包括我在內，因爲沒有在國外生活的經驗，對建築，對細節的要求方面，和她的衝突特別大。比如門的把手，張欣說線條一定要非常簡單，不要亂七八糟的，門一定要乾乾淨淨的，沒有任何裝飾性東西的。但我這些負責工程的同事說怎麼能做成這樣，一定要做成什麼邊的，把手一定要有弧度等等。所以這上面的衝突特別大，一開始的矛盾是處處都有。

等張欣做了第一個樣品屋後，我有一個副總突然給我打電話，說這個樣品屋不能給別人看。他說我們全靠樣板間銷售，如果像這種簡單得不得了樣板間，一開放的話就砸了。我說別急，我去看一下。看了之後我說沒什麼不好，挺好的。他說不行，你一定聽我的，如果一開放就砸了。我就說，先開放試試吧。開放之後，反應沒有很差。一般的人是覺得有點怪，屋子裡什麼都沒有，而不是金碧輝煌的貼什麼東西。但這件事情就慢慢過去了。後來我太太也覺得有意見，說這麼辛苦做了半天，居然是這樣的結果。

之後我們又在現代城裡面做了四個樣品間，在房子裡面做的。這四個樣品間產生的衝擊力很大。我記得這四個樣品間一個是特別簡約的；一個北歐風格；還專門做了一個中國風格。別人看了之後覺得特別好。於是大家的思路才慢慢轉過來了。

○：現在你們怎麼定位 SOHO？

◎：我們四年前有了一個比較大的轉型，就是我們不以住宅爲主了。因爲我們發現中國百分之九十九的房地產開發商都在做住宅，而中國有幾億人要從鄉下到城裡來，他們不光要住，還要辦公、購物、消費等等。這個設施是比較缺的。而且這個毛利率是比較高的。

現在我們定位 SOHO 爲一種創新的精神。實際上跟原來最早的東西都不一樣了。所以我在今年年初的時候給我們每一個員工和客戶寫了一封信，我們公司最主要的三個精神就是：誠實、團結和創新。

○：做建築和房地產這麼久，你自己也說喜歡大自然，你怎麼看建築對自然，人類對空間的挑戰？

◎：人還是有挑戰的慾望，可是我覺得挑戰的慾望一個是顯示科學技術的力量，另外一個還是要有節制，這兩方面一定要平衡。以建築對自然的挑戰而言，莫過於大陸新建的中央電視台（CCTV）。這個是很有意思的建築。它主要是對重力的挑戰，一般房子都是直上直下，建房子的時候，寧可在這個地方做一個衡樑，也不願意做一個懸挑，因爲懸挑受到的重力和壓力是非常大的。一般規定懸挑，像陽台，這個地方沒有支撐的話，都以四米爲界。但CCTV是四十五米的懸挑，這是人對大自然的挑戰。

我自己認爲，人還是要承認自己的渺小，還是要承認受大自然規律的支配。我覺得作爲做建築的人，一定不要忘了這樣一個大的指導思想。

我曾經看過一個故事對我特別有啓發。就是鐵達尼號建好之後，打的廣告是「一條永不沉沒的船」，因爲裡面設備太先進了。實際上這就是人覺得會超越大自然的規律。當然，超越可以，你可以透過科學技術一點點超越，但千萬不能狂妄。鐵達尼號打出這樣一個廣告來，背後帶著一個狂妄的態度。我們每個人建再高的樓房，建鐵達尼號，一定要知道，我們人是渺小的，建的任何一個建築是脆弱的，我們要時時想著，可能有地震，可能有海嘯等等，千萬不要只想著自己。所以阿博都・巴哈就說，人在對待自然方面要有謙卑的、敬畏之心。

〇：你在經商之路上非常注重磋商。您自己印象深刻、難忘的磋商的經驗是什麼？

◎：我覺得時時刻刻都要有磋商的精神，這樣你就可以把所有的事情做好。如果你失去這個精神，所有事情都會一塌糊塗。我在公司內部有一個明確的規定，就是不論和客戶發生什麼糾紛，都盡一切努力和客戶磋商，跟他談。如果別人告我們，那是沒有辦法，如果告了，我們也是儘量談。

這個我覺得對我們來說，積累了十幾年，也是一個特別寶貴的資源。因爲你想想，如果有個客戶特別不講理，天天沒什麼理由的找我們麻煩，而我們卻每天都是眞心誠意跟他談，最後贏來的東西是人心的。

○：可以舉一個例子嗎？

◎：我們現代城，曾經有一個客戶天天攔住我。他買了現代城二號樓的一樓的房子。但他說我們的大堂不好，要把自己家面向大堂的牆打開，然後在大堂做一個魚池和假山。這個本來是公共區域，如果這樣一改的話，就變成他們家的後院了。我說不能打開，但他是一個做廣告設計的，就在他們家一樓臨街的窗戶，每一面都寫滿罵我的話。他罵了大概三個月時間，一開始我們員工怕我生氣，就說不讓我走這個樓，別讓我看到。我說無所謂，就跟他談。最後，反而是樓上兩百七十多戶人家都被他搞得非常不高興，因爲那些罵我的話，讓他們帶個人去家裡都尷尬。結果所有客戶聯名寫信給我叫我一定要告他，如果不告他就沒有公理，不能讓他欺負到這個程度。我說算了，唯一我們能做的就是把這個人列入我們的黑名單，以後房子不賣給他就行了。但我們一開盤他就來買，雖然把他列入黑名單，他就以他弟弟或者妹妹的名義來買。

最後我失去了什麼嗎？我什麼都沒有失去，就只是他拿廣告罵我。而我得到的是所有客戶對我的信任。所以這件事情上我沒有失去什麼。這就是磋商給我們帶來的最大的東西，經濟利益上我們沒有失去，人心上我們更加沒有失去。

說遠一點，今天大陸跟台灣的問題是這樣，跟日本的問題也一樣，西藏的問題，原來剛發生事情的時候，說你是錯的我是對的，但坐下來談有什麼不能談的？你要太不講理的話，人也總有一個底線的。所以磋商千萬要知道我們所有人都是有缺點的，共產黨有，國民黨有，達賴也有。優點也一樣，共產黨有，國民黨有，達賴也有。只有抱著這樣一個心態坐下來，所有的事情都能解決。最怕的是你是聖人，你全是對的，他全是錯的，最後大家就坐不到一塊去。然後搞得雙方都非常生氣，受到的損失就特別大。

○：**磋商還有什麼要點？**

◎：還有最重要的一個，如果是我們幾個人坐在一起討論問題，你肯定有你的觀點，有你解決問題的方法，你把你的談出來，他把他的談出來，我們幾個人都談出來之後，千萬不要認為這個觀點是你的私有財產，而要當成我們大家的觀點。常常是我們提出觀點之後，另一個人就說你這個根本不可信，是錯的。這樣就很傷人，因爲也許這個觀點是花了好長時間想出來的，結果你在一點都不瞭解的情況下全盤否決了，最後兩個人肯定就打起來了。如何可以把這所有的東西成爲我們共同的財富，而不是私有財產，是很重要的。

磋商在當今社會中特別重要，原本大家離得太遠，相互之間沒有聯繫在一起，比如美國發生次貸危機跟我們有什麼關係？現在他一發生就跟我們摻合到一起了。

○：你在書上說，磋商是一個消除自我的過程。你從什麼時候開始有意識的覺得磋商這個東西對你是很有利的工具？

◎：慢慢看出來的。一開始可能不系統，只是最本能的，一些「與人爲善」的觀念，儘量不跟人吵架，不跟人打官司等等。做到最後，發現我沒有失去什麼東西，反而得到好多東西，我的客戶也得到好多東西，所以慢慢就覺得磋商是一個特別好的財富。也許這個比喻不恰當，但它也可能是挖掘財富的最好的工具。

我一開始做現代城的時候，二〇〇一年出了兩本書：《投訴潘石屹——批判現代城》和《SOHO現代城批判》。原因就是這個專案做完之後，我們的設計單位、施工單位，各方面一定有很多缺點，所以投訴和批判我們的客戶特別多。於是我們就出了本《投訴潘石屹——批判現代城》。批判我們的同行也非常多，我又把所有同行們對我們的批判出了一本書叫《SOHO現代城批判》。

這本書出來之後，有好多同行不知道該怎麼對付一個市場的競爭對手。說罵他，攻擊他，他就給你出書了。所以一下子就把人的價值觀和思維模式改變了，一般我們的思維模式都是你是對的，我是錯的。但我說好，我是錯的。這樣他們突然就不知道該怎麼辦了。所以我就覺得這個是很有意義的實驗。

○：你的書裡面談到兩種觀點，一個是商人要永遠把自己空掉，聽從社會上的需求，另一方面則說企業有資金和設計的能力，總是要走在客户的前面，這兩者之間怎麼調整？平衡點是什麼？

◎：在今天，任何一個人想把一件事情做好，對這個人能力的要求，是他非常聰明、能幹，文章好、設計好、建築好，就可以了嗎？我認爲正好相反。要做成一件事情，最好這個人是一個空心竹子，他可能什麼都不強，但他有一個團結的精神，可以把各種各樣的力量團結合作起來的。因爲一個團結合作的精神，比他單項的能力強要有用的多。

以前農業社會的時候，家裡面的事情都是我們自己做，如果你不會做，你就是一個笨蛋。但是今天，我們喝的茶，用的筆、電腦，我們穿的衣服、吃的飯，這屋子裡所有東西，基本上有上百個廠家給你提供。包括這些書都是每個出版社出的，沒有這上百個機構給你提供服務，你一事無成。不要說你做一個開發商，你要做一個人生活都難以自立，是寸步難行的，所以團結合作的精神特別重要。這就是千萬不要覺得你很有能耐，老感覺我比你強，我要指揮你做。團結合作的精神就是把自己放低的精神，承認別人做得比你好，要有這樣一個心態，才能夠把大家的力量彙集起來。你要是把姿態放低了，我就是不會做，別人就會給你製造容易，這就是別人給你提供服務。

所以今天這個社會中你沒有能耐就是最大的能耐，你要把自己放得低，才能夠把周圍的能量、創造力彙集起來。彙集起來之後，你才能生產出市場上走在前面沒有的產品。你如果覺得你自己太有能耐的話，你生產的東西都是落後的。

○：**你是什麼時候有這個意識的？**

◎：一九九九年寫《茶滿了》這本書的時候，可能就是我這個思想的萌芽。因爲我在海南佛學院沒有搞明白這個，然後我就研究禪宗，覺得很有意思。茶滿了什麼意思呢？就是說茶杯是空著的時候，新鮮的茶水才能進來。所以最好的狀態是空杯子，好的茶才能倒進來。「茶滿了」是一個公案，是一個和尚向師傅請教，跟師傅說了一大堆，說我有什麼想法，都沒有師傅插話的時間。師傅看了徒弟半天說，小徒弟，你喝茶。然後就一直倒茶，茶都往外流了還在倒。小徒弟說，茶滿了，不要倒了。師傅就說好，然後說了三字：茶滿了。後來小徒弟再請教師傅的時候，師傅說我已經講完了，小徒弟說你就說了三個字「茶滿了」，什麼都沒說啊！後來小徒弟在路上就想明白了，因爲我的主意太多，給師傅講了一大堆，茶杯滿溢，什麼都裝不下了，所以就得把固有的觀念忘掉，新的東西才會來。所以他就開悟了。

○：你有什麼練習放空自己的方法？

◎：就是做生意，蓋房子。

○：你在這本書裡說，十幾年來你幾乎沒有看過任何關於管理技巧的書籍。你不認爲一個好的商人需要追求過多的技巧，而是要從根本上去回答三個問題：「爲什麼辦公司？」、「要辦成什麼樣的公司？」、「經商的目的是什麼？」那你都怎麼自問自答呢？

◎：第一個問題「爲什麼辦公司？」，是基本問題。我給社會生產出來好的產品，而且是好的產品，社會給我回報。千萬不要走捷徑。商場的誘惑特別多，尤其在中國不成熟的商業社會中，這個誘惑更大，你常常要回答這個最基本的問題，就不會讓你犯錯，也不會讓你頭腦發熱。比如股票市場熱，人家說你拿點錢買股票行不行？我說我不懂，股票市場我一分錢沒有投。去年，土地最瘋狂的時候，我一塊地沒有圈，因爲這個跟我給社會蓋房子的基本原則是違背的，所以我一塊地也沒有圈。

○：**那第二個問題，要辦成什麼樣的公司呢？**

◎：一定要能夠給這個社會創造出附加的價值。這個問題也是我琢磨了好長時間的。我們公司每天要反省三件事情。第一，每天要提醒自己，我們做的每一件事情給社會有沒有物質或者精神上的貢獻，能不能創造財富？有的人忙的事情實際上是給社會減少財富，無論是物質還是精神的財富都是減少的。這個你就得回答最根本的問題。

第二，我們每一天的每一項工作能不能給周圍的人帶來鼓舞和力量？有的時候你天天訓周圍的人，尤其我們開發商一會兒批評施工單位，一會兒批評設計單位，這樣讓周圍的人總是處在一個不快樂的狀態，事情也做不好。

第三，我們必須時時刻刻反省，我們是不是受誠實、團結、創新這三個原則的保護？

看起來好像比較抽象。但是以「誠實」來說吧，我們本來每一天都交稅給政府，但如果哪一天沒有交，那就是不誠實，搞不好哪一天你就被抓起來了，這就失去誠實的保護了。如果你天天提醒自己這個原則，就不會犯錯誤，所以一些基本的問題一定要經常提醒自己。

○：對你來說，經商的目的是什麼呢？

◎：還是離不開創造財富。如果不創造財富，這個社會就給你虧損。當你虧損的時候，你員工也養不了，股東也沒有回報了。這就是負面的了。

○：那你們公司使用量最多的「廣告」是什麼？

◎：我們廣告好多年不做了。戶外的路牌還有一些，但是奧運會要開之後，我們也沒有打了。但我們平面媒體，像報紙、雜誌上的廣告我們已經不做了。

房地產像營業額比較高的公司會抽出一定的百分比打廣告，我們基本把這個費用劃成零。因爲廣告都是自言自語的，還常常讓人反感。其實客戶不光是瞭解這個資訊，他還要瞭解房子的資訊、地段等等。這個完全可以是一個網站，最關鍵的是能不能讓大家過來看我們的網站。

今天我們主要靠的還是口碑。回頭客，或者是回頭客介紹來的朋友。因爲這十幾年積累下來的客戶對我們非常信任。這種負責任的精神是廣告傳遞不出來的。

當然，還有一些，我們是透過網路。網路也不是網路廣告，我們是在網路上說，說我們的想法，對市場的判斷，經濟形勢的判斷等等。這樣有人看，廣告反而沒人看。

○：你曾經看過三次《英雄》，爲什麼那麼受這部電影的觸動？

◎：《英雄》是許多人很批判的電影。因爲秦始皇一個暴君，殺了那麼多人，還給他作爲英雄，這跟中國的文化人特別背道而馳。但是撇開秦始皇這個人來談，《英雄》裡面最有意思的是劍，劍實際上是殺人的武器，但秦始皇天天看著那個「劍」字，後來有一天悟出來了，說劍的背後是「和平」。電影院裡所有的觀眾都笑了，因爲這跟我們傳統中的英雄拿著刀和劍去打殺都不一樣，跟中國文化人理解的也不一樣，你想想看，秦始皇殺了那麼多人，結果他每天看著那個「劍」字，最後悟出來了和平，這是大家很不能理解的。但我覺得和平的力量是最大的。就像今天的海峽兩岸，我們隨便拿一個武器，都比秦始皇那個時候厲害得多。但只要有一點點和平的意念，一下子就把那些武器都化解了。「三通」後，大陸人坐著飛機就到台灣了，台灣人跑到大陸來了，這種情況下就算再厲害的飛彈都不敢打，一下子把你所有的武功都廢了。我說，「和平」的力量是最大的。其實也根本不要簽什麼和平宣言，只要大陸遊客在台灣到處都是，大陸人誰敢摁那個鈕？這個就說明，一點點「和平」的力量，都比劍和飛彈的力量強大得多。

○：你說小時候老師對你的評語說，你的個性太強，但我看你跟大陸房地產界另一位大腕任志強的互動很有意思，非常柔軟。任志強當著媒體的面說「潘石屹是北京的周正毅」，你也不做任何解釋。那你的「個性太強」都表現在什麼方面？

◎：我小時候個性比較強一些，之後慢慢就覺得還是要認識到自己的不足。個性強的人常常認爲自己是對的，就要堅持。但是突然發現認識到自己的不足的時候，要想把事情做好，老堅持你永遠是對的觀點反而做不好。

任志強說「上海有一個周正毅，北京有一個潘石屹」，也是順口。我多年後問他，他說忘了，沒有說過。他就是有口無心。對我來說也沒有什麼傷害。如果我眞犯了周正毅的罪，他不說，也會把我抓起來。但因爲我沒犯罪，所以任志強說了也不會把我抓起來。所以我就說語言是無罪的。舉一個例子，天亮了，你以爲是公雞打鳴導致的嗎？正因爲是天亮了，公雞才要打鳴。這個因果關係不能搞亂。所以言論應該是自由的。

至於我是怎麼從成長過程中逐漸把自己調整得柔軟，還眞不記得了。

○：你從小就有「簡約」的觀念，這跟後來極簡的建築風格，倒一直保持一致。

◎：小時候的節儉，常常會走入一個反面。有的人小時候特別貧困，他有點錢，就會往複雜走，這是個一般的規律。從鄉下來的人，覺得紅、綠顏色的裝飾比較有吸引力。他如果從貧困來，就想往複雜走。而從複雜再超越一下，就會又回到質樸，簡單的。這需要一個力量和過程。

我覺得我還是越過了這個。

○：你是經歷了複雜的階段又回到簡約的嗎？

◎：我是經過一個複雜的階段。有一個階段，我就覺得建築還是要複雜的，比如是高樓。穿衣服，也會選一些特別的顏色。像我剛認識我太太的時候，就穿了一件藕荷色的西服。等我們結婚後，她第一件事就是把我衣櫥裡原有的衣服全都扔了。

○：你寫過，你是經過一個朋友的介紹認識張欣的。結果第一次見面，你就決心要娶她。這是怎麼回事？

◎：那時候我剛離婚幾個月，我家庭觀念比較重，離婚之後就有一種渴望想要有一個家庭，如果沒有家庭就感覺心裡面空蕩蕩的，下了班到哪去呢？所以心裡還是比較傳統。那個時候正好想成家的願望特別強烈。

○：我覺得你有一句話說得很好：「男女感情最佳的狀態應該是一種包含親密的溫情脈脈的狀態，它不夠熱烈，但是極爲長久。從激情到溫情，轉換好了才能永遠在一起。……你必須要轉到溫情，否則即將出生的小孩子受不了。」你跟張欣怎麼渡過激情的階段？

◎：我們鬧分手過。我覺得夫妻之間的關係不可能永遠相敬如賓，舊社會也許可能，新社會受各種各樣的觀念的影響，一定會發生衝突。最關鍵能不能有一個很好的交流方式。可能甜言蜜語是一個交流方式，但吵架也可能是一種交流方式。我們吵得最厲害的一次是我開著車，開著開著我們倆就吵起來了，然後她就下車走了。但那一次也是我們相互瞭解最深的一次，我這才知道原來她是這麼想的。

對張欣來說也是。她走了之後，在英國待了二十多天。對她來說，也想清楚我這個人的底線在哪。所以人跟人之間的交往，所有的關係都要往好的、積極的方向去看。這一次交往之後，我們雙方才都看到對方的底線。

○：也正好在你們有這樣的體認之後，寶寶就來了。

◎：她就不在公司做了，就做家庭婦女，生兒育女。

◯：張欣是華爾街投資銀行出身，後來卻能和你互補，她管設計房子，你管賣房子。她對建築的事是完全自修的嗎？

◎：完全自修。她特別快，很快就進入了。建築有的時候跟別的東西不一樣，不是說你要讀多少書，靈感的東西要更多一些。當然，我們在十多年時間裡跟全世界最有名的建築師交往，跟他們在吃飯、討論過程中的薰陶，也是一種學習。

◯：你說北京的CBD要想像磁場一樣的吸引住人，就一定要有街可逛。有連續的不間斷的商業街，才能形成繁華的商業氛圍。我們到北京來就很頭疼，看到北京被大馬路、高架橋分割得通行很不方便。這是怎麼形成的？

◎：現在好多人都在批判北京的城市沒有規劃好，受大莫斯科地區和倫敦規劃的影響。其實我不這樣看，因爲那個年代中國沒有建設，建設的量很少，就算有也都在二環裡面。而且北京城市規劃都修編了多少次了，所以把這個錯誤簡單歸結成莫斯科、倫敦的東西，我覺得是不公平的。蘇聯專家儘管來過，畫了，但你也修改很多遍了。

關於城市規劃，實際上我認爲還是自己的問題：第一，當初在工業化的過程中，不知道怎麼建立都市才好；第二，農民意識，就是感覺高架橋要高，馬路要寬，天安門廣場要大；第三，建房子的過程中，建了好多院子，像小區都用圍牆圍起來，這是以前農村每家每戶爲了保護自己的家庭才圍起來的，但現在到城市這麼大地方了，還圍起來。

按照我的背景來說吧。我是在中國的農村生活過來的，十四歲半離開農村。我家一開始因我爸爸被劃成右派到農村去，一直沒有自己的房子，都是借別人的房子住。所以我很小的時候，剛剛有點意識的時候，就想家裡面如果有一間房子就穩定下來了。所以中國人希望有房子的願望是發自內心的。我們家好不容易建了房子又沒有錢建院牆，一直過了兩、三年時間，經常有狼來叼我們家的豬或者雞，所以一直沒有安全感。又過了幾年，我們家攢了點錢，把院牆做起來了，做完之後就感覺心裡特別踏實，因爲狼和狗就不容易進來了。所以院牆對中國的農民來說特別重要。但這個觀念不能放在北京城裡面，這樣一圍就亂了。如果圍起來，本來可以步行過來的，結果只能開車，一開車就得繞路，這樣就複雜了。

○：城市裡面到底是爲了人的行走，還是爲了車？

◎：但人又離不開車，所以建築師也在不斷探討，人和車到底什麼關係。有一個設計師他就認爲車和人離不開，他就設計建築是一個圓桶，車可以走到最頂層。我們的觀點相反，經常讓人走路，比較健康，對環境又沒有污染。把車和人分開。

我們在做建外SOHO的時候，希望所有人都能進去，所以都做成小小的街道，每一個地方就像人的細胞一樣，所以我們還專門寫了一個《細胞城市》，把這個作爲城市的一部分：第一不能有圍牆；第二整個街道要特別窄，越窄越好。

而且建外SOHO這個建案，車子都在地下，人都上面走，連自行車都不讓上去。地表面的有一點五公里都是讓人步行的。這整個區域有十四條小的街道，這些街道都特別窄，我們就想把它作爲一個試驗。

○：北京還有改造的希望嗎？

◎：比較難。只能慢慢改善，主要是太大了。

○：你說，在大陸，「房地產開發商」有貶義的意思，還不如說「蓋房子的」來得中性。那現在呢？

◎：現在更貶義了，越來越貶義了。因爲房地產這個行業從本身來說有一些問題。最關鍵的還不是取決於開發商，而是取決於政府，土地「招拍掛」不夠透明。如果我是一個廚師，買到的麵粉的價格就是市場的價格，油就是市場的價格，我做出來的東西好吃就好賣。我是一個裁縫，你買來的東西跟我的一樣，但因爲你的技術好，所以你發達了。而房地產最大的原材料是土地，而這些開發商老跟地方政府勾結，所以就使得許多人覺得不公平。我覺得這是使「房地產開發商」成了貶義詞的一個根源，根源在於政府的土地政策。

還有一點房價上漲得快，再加上上網的大部分年輕人購買不起房子，一直覺得自己的收入和購買力不平衡，這裡面就會有很大的怨恨在裡面。

○：你文章裡面曾經提到，大陸政府狠下決定，要從哪一年的七月一日起土地要公開交易什麼的。之後呢？

◎：還是那樣。這是中國的一個文化，不光大陸，台灣也有些類似的情況。香港好一些，因香港受英國的影響，相對來說要清明一些。這個可能是一個文化的問題。

○：看你的文章，說大陸有一位開發商，在合約沒簽，房子也沒蓋的情況下，就得了一個建築界的獎。這是怎麼回事？

◎：大陸現在很多獎是爲了要你參加活動，就給你頒個獎。頒得最多的一次，要一口氣頒四百多個獎。一排十個人一排十個人的，也不很花時間。我一開始覺得這個現象很可笑，但有好多朋友的會你不得不參加，一參加就給你一個獎，好多時候人去不了，就派公司任何一個人過去領，往那一站領獎。後來我就覺得能不能把這些獎都砸碎，像行爲藝術一樣，放在一塊做成一個垃圾，像一個垃圾堆一樣的。就表示這樣的獎不值錢了，變成笑話了。

○：有一次你在國外參加一個會議，聽外國人紛紛感嘆他們在中國找「插座」，也就是找合作夥伴的不容易，你說當場很想高呼「插座在這裡！」現在的情況如何？

◎：那次我到東歐去，當時還不用電腦，不上網，可是我的刮鬍子刀需要電，找不到插座。這些東歐國家每個國家都不一樣，去了幾個國家，我鬍子都長了好長。要到國外相互尋找合作夥伴，要一起做一些事情是特別不容易的事情。

這幾年應該是容易多了。因爲現在是一個大融合的年代。很快美國人到中國來也感覺像自己的國家一樣。

○：在企業合作上，的確很多人都覺得，到大陸來找到一個合作夥伴，找到插座是一個最大的課題。在大陸找合作夥伴，找一個插座最需要注意的是什麼？

◎：這也是一個最費勁的事情。但畢竟大陸是個十三億人的市場，每年又以百分之十的速度成長。

找插座，我認爲還是一個心態，不要老覺得大陸人是坑蒙拐騙的。如果你有戒心，有一個防備的心理，插座就更不容易找到。

你應該跟任何人都敞開胸懷，見到每一個人都想，可能是插座，試一下行不行。如果你有防備的心態，這個聽別人說不好，那個聽別人說不好，就什麼都不用找了。我的觀點是，基本上沒有壞人，除了幼稚的人、不成熟的人，另外就是病人。所謂病人，就是他情緒不穩定。明明你要誠實，這是一個健康的心態，結果他不誠實就愛佔個小便宜，多少已經不愁吃不愁穿的人愛佔小便宜被抓起來了，這個就是病人。所以在我觀點裡面除了不成熟的人和病人，沒有壞人。

○：你說，符合人類新文明的新的企業形態，不可能在歐洲，不可能在美國，也不可能在非洲誕生，而只可能在中國誕生。這是爲什麼？

◎：大的背景就是「發展」。工業革命出現在英國時，就出現了一種新的企業形態。當年好多歐洲人，連法國人德國人都羡慕英國人，像包浩斯。緊接著歐洲企業形態衰退之後，美國又產生了新的企業型態，主要是大的跨國公司。大的跨國公司對全世界經濟和社會的影響，是無孔不入的。這種企業形態傳到歐洲，歐洲也有大的跨國公司，這就形成一個獨特的企業形態。今天美國經濟應該都走向成熟了，現在最大的發展就是中國。我們會產生什麼企業形態不知道，還沒有成熟，但有一個足夠大的空間。中國是一個快速發展的社會，人們的心境很高，想做些事情，所以這個時候有發展的速度和空間，這再加上背後技術的支援，所以我說未來的新企業形態只能在中國出現。

這種企業形態將跟工業革命的企業形態不一樣，跟美國跨國公司的企業形態也不一樣，跟中國目前看到的納稅排行榜前面的中國石油、中國移動等等也不一樣。這些企業，像中國移動和中國石油比較起來是最沒有效率的。未來的企業形態是什麼樣，我也沒有考慮好，但應該有兩點特色：

第一點是小的，小有效率，有競爭力。以前小你沒有力量，今天小的話可以放到網上去，把上游下游合作夥伴都放到網上。原來一個細胞單獨出去，細胞就死了，現在網際網路把它們串起來，一下子把活力都給激發了。

第二，現在不光是創造利潤，現在的企業能不能創造環境，能不能給周圍的人關係，以精神支撐，就是物質和精神同步進行變得更重要。而大公司人跟人之間的關係非常冷漠。所以物質和精神在企業裡面平衡發展是一種方式，到底怎麼樣，我也說不清楚。

而二〇〇八年，應該是網路對中國造成巨大影響的「元年」。

○：說今年是元年，特別的指標是什麼？

◎：就跟鄧小平南巡講話一樣。技術成熟了，中國三億網民培養起來了。從網路傳進中國到比較普及二○○○年開始，一直到現在是一個學習的時段，人們學著上網、打字，然後網民從一千萬、兩千萬增加到現在的力量，積聚的力量是非常大的。現在三億網民有一億活躍的網民天天在網上做點什麼事，要不就是「范跑跑」，要麼就是「周老虎」，再加上地震的事情、雪災的事情，每天在網路上都有事件發生，到了二○○八年形成一個強大的力量。

○：你去過一次台灣，對台灣有什麼建議？像剛才講的大環境下，台灣有什麼不要妄自菲薄的地方，也有什麼值得注意的地方？

◎：台灣是整個中華民族發展的過程中，我覺得也可能是上帝的安排，絕不是蔣介石和慈禧太后安排的。在台灣發展的過程中，台灣有好多經驗，尤其是經濟的發展經驗，很值得香港和大陸借鑑。香港和大陸也有好多值得台灣借鑑的地方。台灣值得我們學習的東西我覺得特別多。

第一，從物質的發展來說，台灣還是先進很多，尤其是市場經濟的發展，這方面應該由大陸很好地去學習的。

第二，他們公務員的隊伍，像我們接觸到的台北市長、副市長，台中市長、副市長等等，這些市長們都特別優秀，都受過很好的教育，而且法制觀念都非常強。法制觀念這是大陸城市官員應該很好借鑑和學習的。如果想要投資，在大陸去某個地方，官員們說得大多是：有什麼事過來找我，我幫你搞定。而在台灣他們不是這樣，他們都是舉出一條條的法律條文，哪條哪條怎麼說，用法律條文告訴你這個應該怎麼做。

第三，從房地產開發經驗來說，台灣開發商都做得很精緻，儘管量很小，從景觀、房屋的設計等等，都很精緻。所以在建築質量方面應該和大陸相互學習和借鑑。

而且台灣給我的印象跟我去之前的印象完全相反的。原來我對台灣的瞭解主要透過鳳凰衛視電視畫面，感覺台灣人GDP這麼高了，但開一個會怎麼老打架，有時候還潑水過去，還愛喊口號，而且衣服上面愛寫幾個大字等等，給人覺得怎麼這麼不含蓄？總之覺得很亂。

但去了台灣之後，發現正好相反，一點都不亂，從街道到人。包括台灣最亂的媒體也不亂。可能擠著跟你拍個照，但提問題都很含蓄，對你很尊重。所以看到亂是表面現象，人們心裡面都很安靜。尤其到台南去，給我們介紹的人，感覺他們很好，心裡面覺得你是客人。在大陸，有的可能是感覺爲了巴結你，有的是爲你應付你。但台灣給我完全不一樣的感覺，感覺他們都是很好的。

○：我看到你說，跟你的小孩之間有一個「父與子」讀書會。這是怎麼進行的？

◎：讀書會之前就開始了。小的時候給小孩養成閱讀的習慣特別重要。現在的小孩受電視和電腦的影響就沒有閱讀的習慣。我們的讀書會專門讀文字，不能有任何畫面，讓文字給他們極大的想像空間。因爲宗教上有一條就是不能做偶像的崇拜。摩西下來後，人就做了一個金牛，他就給砸了，他說不能做具像的東西。像眞正的《聖經》是沒有圖畫的，中國人的《聖經》都是插圖畫，耶穌長什麼樣，上帝什麼樣，這一下就把我們的想像力限制死了。其實我們應該把想像力開拓開。眞正的文字是可以把我們的想像力打開的。

○：什麼時候開始讀？

◎：晚上七點半開始讀。每天一個小時。

○：你對 Photoshop 運用得很熟練，是怎麼學的？

◎：SARS的時候，我拍了好多小孩照片放在電腦上，就把這個（Photoshop）所有的功能用了一遍，用上一個月就會了。

○：現在日常起居怎麼樣？

◎：特別簡單。睡覺特別早，現在還好一點。前兩、三年晚上九點三十分。因爲九點鐘我的小孩要睡覺了，我常常陪著他們，讓他們聽哈利波特的書，聽著聽著我們就都睡著了。

早上我是六點多起床。孩子是七點多。最近一段時間比較特別，因爲我媽媽病了，所以陪得比較晚。整個生物鐘亂了。另外我的孩子跟我的太太到歐洲度假去了。只要孩子和老婆在的時候，生活很有規律。

○：有打坐的時間嗎？

◎：還是有。一般是每天早上，但週末時間會長一點，其他時間都是二十分鐘左右。週末最長的時間可能不一定是打坐，可能是幾個朋友坐在一起，每個人念上一段經文，邊念邊體會，祈禱或打坐一陣。星期六、星期日最長的時候，就是每天都有兩、三個小時。

○：你讀的第一部佛經是什麼？

◎：《金剛經》，不過全都沒有讀懂。最近回過頭來看，又有好多明白的地方，眞覺得它有好多智慧的地方。我看了一本書上，王國維說中國的語言是在周朝和先秦時形成的，因爲佛教的傳入，一下覺得語言非常貧乏，就是用語言說佛教的東西都說不清楚。佛經傳過來把中國語言又豐富起來，形成唐宋時候的優美詩詞，非常優美豐富。但基督教進來之後，又感覺語言沒有辦法表達了。所以我覺得語言還是很有局限性的，對豐富的智慧、思想的表達等等。不能光靠語言，還要靠祈禱、靜坐等等。

○：你對基督教有研究嗎？

◎：看一看，各個宗教信仰我都感興趣。

○：你講的人有三種狀態：駱駝、獅子、嬰兒，是受尼采影響的吧？

◎：是的。尼采的《查拉圖斯特拉如是說》寫道，人有三種狀態：人的第一種狀態像駱駝，別人牽著你走什麼地方就走到什麼地方，非常被動。第二種狀態是獅子的狀態，要有領導力。最後一種狀態是嬰兒的狀態，返璞歸眞。這個概念對我影響很大。

○：你說，大陸沒有辦法以過去創造物質財富的手段，去解決未來新的創造力的問題。對中國大陸來講，這主要面臨的挑戰是什麼？

◎：最關鍵的是信仰，這是一個最大的挑戰。

你要解決精神的東西，不能用物質的手段去解決。所以人們有信仰，是解決所有精神問題的一個最根本辦法。這樣才比較對路，否則的話，兩個世界，你用物質世界的發展，等價交換的規律去談環保、愛心、治理空氣的污染、氣候的暖化等等，這個根本沒有辦法解決。

○：對這一點，你有什麼特別關心，想做的事情？

◎：我還在尋找。我覺得一定會有解決的辦法的。

第一部

工作是祈禱

Part 1: Work's Like a Prayer

成功經驗的盲點

成功經驗不能成爲教條，不能成爲創新能力的束縛

托改革開放的福，跟隨大多中國人積極爭取幸福生活的潮流，我這二十多年來，在外人看來似乎是做了一個成功的企業。但我時時反思自己：我成功了嗎？我的經驗是否能夠給其他朋友分享並對他們有用？做我這本書的編輯就說：潘先生，寫這本書吧，很多人都需要你的成功經驗。但我首先想到的是：成功經驗不能成爲教條，不能成爲創新能力的束縛。

一個人在某個領域取得成功，他的經驗不能被放大到任何領域。禪宗語：如人飲水，冷暖自知。自己的衣服自己穿才合體。我這二十多年來，可以總結爲四個字，就是「悲欣交集」。但千言萬語，似乎無從說起。我感覺自己一直在努力保持樂觀、平和的心態，與大多數人和諧相處。我的絕大多數成功都來自朋友的幫助，別人爲什麼要幫助我？我想主要是我也始終令自己對別人有益。

當我取得一定的成果時，在我內心卻從不敢把自己當成一個成功者。因爲一個有成功者身分感覺的人，舉手投足會給別人壓力，傷害別人的自尊心。從發展的眼光看，一個固守過去成就的人，有很多盲點。比如現在很多成功的人，都是上世紀六〇、七〇年代出生的，他們看不到、也

無法理解八〇、九〇年代出生的人的思想、觀點以及生活方式。而一旦新生的勢力成爲主流，他們就會面臨被拋棄的命運。

還有一種保守思想的來源，也來自於已取得成就的人。他們害怕新的變化危及自己的利益，也害怕新的思想侵蝕了自己的權威。但這種保守性必然要受到傷害，因爲新的變化總是要來的。長江後浪推前浪，前浪死在沙灘上。死在沙灘上的就是保守思想者。如果你不保守，勇於放棄固有觀念，你就不會死在沙灘上了。

我們這一代企業家，利用自己所處時代的市場環境創造了必要的財富，但這些財富轉移到下一時代，他是否還能利用過去的經營經驗進行運作呢？我看不一定。說不定SOHO企業將來有一天連房子都不賣了呢。也許很多年後，SOHO企業的資金還在，但經營著完全不同的專案。那時候潘石屹的房地產經驗應該不一定管用了，能夠流傳下去的更多的是精神性的東西，具體的經驗肯定對將來是不適用的。

說這些，就是爲了給自己端正一個心態：要有充分的心理準備，去面對自己的成就終會成爲過去。一個階段的成功模式總是要被下一個階段超越的，甚至上一個時代被稱爲成就的東西，到了下一個時代會被當作荒唐可笑的例子。

很多事情想明白了就是超越，想明白了，你才能以更好的心態迎接變化。

自信是人生第一桶金

一個相信自己的人才會相信他人

經常有人問我第一桶金怎麼來的，從哪裡得到的，有多少。其實每次有人問我這個問題時，我都想說，人的第一桶金是自信。即使你沒錢也不要怕，自信就是你的資本。也有人在自信前面加了一個不好的修飾語，叫盲目自信，我不太愛聽。我說過很多次自我的害處，但我認爲與自我有點關係的少數好東西之一，就是自信。自信當然有自我意識，還有信，相信的信。相信，是正面的、健康的。要相信自己。一個相信自己的人才會相信他人，相信未來。

一個人不能自卑，千萬不要三教九流地劃分什麼層次，並把自己歸爲某個層次來限制自己的能量。我十四歲半去蘭州上學，窮得不得了，只有一條褲子，於是整個學期我都在擔心這條褲子會不會磨破了，破了就慘了，因爲我裡面穿了一條花內褲。這給我造成極大的心理壓力，每時每刻都在擔心這條褲子會破，每次站起來前都要先偷偷摸一下後面是不是有洞。那陣子我眞是自卑極了，因爲一條破褲子，走路靠邊，排隊站不好姿勢，完全沒有精神。

我們說一個人有精神，是指他呈現出一種積極的、向上的狀態。表現在對人上，他是大度、和善的；體現在對事上，他是努力、敢於擔當而不畏困難的。這樣有精神的人，能夠吸引他人與之交往或者共事。我記得小時候我爸對我特別鄭重地說過兩句話：沒事別惹事，有事別怕事。我若遇到困難，想起這兩句話，就會一下子把身上的能量全都激發起來。我去學校演講時，也跟大學生們說，這一代大學生，心理上要強大，要能看到我們這個時代缺些什麼東西，然後我們可以做到哪些事情，不要偷奸耍滑，走偏路。軟綿綿的人、奸猾的人，沒有人敢與他搭夥做事。

自信的人敢於說眞話，即使眞話傷害了他人，別人最終還是會信任你，因爲他能把握住你。自信的人不怕暴露自己的個性，敢於眞實暴露自己的內心。我說的話，都是我心裡想的，不會迎合誰去說。個性是以眞實爲基礎的。如果你眞實，不要怕你的個性被發現。從市場交換來看，我們有一個原則，就是差異交換。你有一個梨子，我有一個蘋果，才能發生交換，如果大家都是梨子，就不會交換了。自信的人敢於拿出自己的蘋果。

這一點對我最有啓發的是動畫片《花木蘭》。花木蘭的爸爸對花木蘭說：「樹上開的花，每一朵花都是獨特的，你可能是最晚開的那一朵，可是一定是最漂亮的。」這句話說得非常好，是個大道理。現在都講張揚個性，我覺得個性不一定非要有意張揚，還是自然存在的比較好。個性和自我是不一樣的。個性是你客觀存在的特徵，你是個誠實的人，是機靈的人，或者說話愛眨眼的人，這些自然出現的個性，是你的標誌。但是大家一窩蜂去張揚個性，可能個性就變成一種主觀設定了。他是個短頭髮，可是爲了表現與眾不同而留一頭長髮。而這個個性不是他本身具有的，只是一種最新的開發和設計。我們可以欣賞他對自己形象的創新，但要說這是他的個性，就不可靠了。個性是固有的和恆定的個體特徵，是彼此瞭解和把握的依據，要是這個依據都可以隨意設計，人就眞的不能信任了。

珍惜每一次與人相見的機會

閱人像讀書，每個人都有供你學習的地方

有一句話叫做「眞理不是說出來的，而是做出來的」。一個年輕人大學畢業，走入社會，就進入了複雜的人際關係中。社會是很多人際關係的總和，你必須瞭解他人，與人謀事，而不是無目的地拉人閒談，這樣才能不虛度光陰，完成「社會實踐」。你一定會與某些人建立關係，人類是社會性的動物，與他人建立關係是你無法迴避的命運。世界上的事都是人際關係的構成和發展——關係，關係，還是關係。

一個關係的建立，必然有事發生。這件事情結束了，人際關係卻變化了。有可能增減了成員，或者增減了感情。經過幾輪事件後，你可能會形成一個小圈子。漸漸地圈子有了特性，忙的時候齊心協力，做著熟悉的生意，閒的時候表現某些文化、品味，去KTV或者打保齡球什麼的。這時候估計你就感覺你的「社會實踐」成功了，大約正好是孔子說的「三十而立」的時候。

這些年來，很多人向我請教，問我爲什麼人緣這麼好，說是「誰都認識老潘，老潘永遠笑容可掬」等等，總之就是說我人緣比較好，與人合作的事情也辦得不錯。感謝上帝，我想起這麼多年來認識的人，的確大多數都是讓人愉快的面容。如果說我在爲人處事上有什麼經驗的話，我覺

得有一點可以寫出來與大家共享，那就是我珍惜每一次與人相見的機會，每一個人身上都藏有我學習與合作的機會，重要的是我能否將其開發出來。事實上他人身上的寶藏也往往是樂於被你開發的，我們說閱人像讀書，每個人都有供你學習的地方，但書本是死的，不會像人一樣聲情並茂地將資訊傳遞給你。每個人都有主動傳遞資訊給他人的願望，而且總是在努力表達得更清楚、準確，更有思想性和觀賞性，所以做一個好聽眾就能滿足他的願望了。也許有人說潘石屹你真狡猾，事實上我真的喜歡聽人說話，只要別人說著真話、善意的話和有見地的話，我就願意聽。大多數情況下，當一個好的聽眾，欣賞別人的表現，就是建立人際關係的第一步。有些人擔心，別人說話自己不說話，表現的機會就給了別人，別人對自己就不會留下印象了。正是這種想法，導致人人都爭當發言者，這個世界就變得吵吵鬧鬧了。傾聽者稀少了反而更顯珍貴了，我還是覺得當一個令人愉快的聽眾比較好。

傾聽者稀少反而更顯珍貴

說到這裡我想起了一個故事。曹操有一次要會見客人，覺得自己的形象不太好，白臉奸雄嘛。他就找了一個漂亮的人代替他，而自己當這個人的侍衛，拿著刀站在旁邊。客人會見後對人說，曹操很漂亮嘛，不過我更尊重他旁邊那個拿刀的人。這個故事說明，並不是站在主席台上滔滔不絕的人才能給人留下印象，當一個傾聽者也不一定會被人遺忘。從格局上來看，有人說話，就必然有人在聽，兩者是缺一不可的相生關係。如果一個人連自己的傾聽者都忘記了，他還想得起自己說過些什麼嗎？可是現在人人都想說話，沒有人想做聽眾。唯表達爲目的，交流根本就沒有。很多人去見其他人，去之前想的是要好好交流一下，增進彼此的瞭解。可等到那人在面前一坐，表達慾望出來了，就變成了「今天要用語言征服那個人」。要是對方也是一個這樣的人呢，完蛋了，兩人爭辯得面紅耳赤，甚至會打起來。結果呢，大家強顏歡笑地客氣收場：今天爭辯得很愉快，大家都是性情中人。「性情中人」這個詞語，是送給很多自我主義者的高帽子。比如一個人喝醉酒與人打架，本來就是錯誤的，卻冠以性情中人就給免罪了。很多毛病都被「性情中人」這個詞語給開脫了。

經常有人用疲倦的口吻說「人際關係太複雜了」，我覺得那是他們把人際關係做複雜了。首先他們是這樣看的：每個人的個性都不一樣，每個人的需求都不一樣，要糾結在一起，就十分複雜。現在有一種流行病，叫做「人際關係畏懼症」，說的就是這種複雜超過了我們大腦的承受能力，令我們的精神出現病變。其次，他們認爲人際關係就像他想的那麼複雜，因此自己也要變得複雜。我們說的「聰明」，往往是這種複雜化的表現。因爲過於「聰明」以至於「當機」，是常有的事情。他們認爲人們的需求是複雜的，但人們眞正需求的是愛；他們認爲人們的交流是需要技巧，需要

「演講與口才」的，其實眞正有效的是誠實；他們認為利益是此消彼長的，其實是互利互惠的。

當一個好的聽衆，就是建立人際關係的第一步。(「朝外SOHO」的人形雕像。)

以惡對惡，增值的還是惡

人類的惡，其實很多時候是在恐懼下無奈、無知的抉擇

無法應對「複雜的人際關係」以至於自己參與的事情失敗，也許就是很多剛剛踏出校門的畢業生遇到的第一堂嚴峻的課。由此導致的挫折感可能會強化一個人的消極自戀心態，覺得全世界都複雜骯髒，只有自己才是純潔的，所以才總是被傷害。

消極自戀心態是一種極其危險的心態。一件事失敗了，他責怪這件事不符合自己的性情，因此拒絕這類事情。這是個很奇怪的現象，人們總是認爲自己是好的，之所以失敗就是因爲自己是好的，而這個世界要惡才能成功。「爲什麼我賺不到錢？因爲我心不黑。」這句話被太多人說過了。

有錢人都是黑心腸的觀點，會導致仇富心理的產生。覺得別人是惡的，導致人們互相提防，充滿不信任。我們開發「建外SOHO」時，最大的突破就是取消圍牆。我們不度人以惡，不設圍牆，事實證明，這樣開放的小區反倒是最安全的。仇富心理是一種對社會財富積累有害的心理，雖然現在大多數人已經認識到了這一點，法律也規定了保護私有財產，但那種人性中的自我主義依然存在。把一切美好的說法都歸自己，把惡都歸別人，這尤其會造成社會的不安。

度人以惡，形成人與人之間的隔閡，結果會令人心寒。在SARS流行時期，我有過一次近

似荒謬的體會。

惡來自於恐懼

SARS在北京蔓延時，一時間北京人在中國變得不受歡迎了。二〇〇三年五月初，我從我住的山裡出來給小孩買奶粉，要經過某郊區的道路，一共經過了四道關卡。到了第一道關卡，我說，我家有一個小孩要喝奶，讓我出去買點奶粉吧。關長是位村幹部，告訴我出去就別想回來，我們主要是防北京城八區的人。我說，我不進城，只是在縣城買點奶粉，小孩等著喝奶，我保證出了關卡二十分鐘就回來。出了關卡，進了超市，買了奶粉、麵粉、大米和花生油後，我返回了關卡。幹部走了，據說他臨走時留下一句話：等他回來再放我過去。我等了半小時還沒有見幹部回來，便開車去找他。找了好幾個地方，人沒有找到，但找到了他的手機號碼。我不斷地重複小孩等喝奶的理由，請他給我放行，第一道關卡終於過了。過第二道關卡時天已是黃昏了。有三十多位男女老少一起審問我，主審官是位六十多歲的老者，有點像《鬼子來了》裡審問日本鬼子花屋的老頭。他先問我叫什麼？我說潘石屹。他說YI字怎麼寫。我說，隨便。老者生氣了。我趕緊一筆一畫地寫好了自己的名字。此時此刻，在黃昏的北京郊區，有掛著黃布和紅布的路障，旁邊有三十多個表情各異的男男女女，如果能拍下來一定是一張非常好的照片。但我不敢拍，怕拿出照相機惹怒他們。能讓我走，我就趕緊溜吧。第三道關卡是在村口，所有的人都認識我，他們的要求很簡單，車不能開進去，人可以進去。他們認爲，人不會傳染病，汽車能傳染病。我只好下車，背著奶粉和米麵，走在夜色已深的小路上。第四道關卡是大石頭壘成的，夜深了，也沒有人了。雖然人可以自由過去，但任何車輛都是行不通的。

終於到家了，想一想這一天的經歷，我想，北京郊區農民主要的意圖不是在防病，而是在表達一種對北京城裡人的情緒，一種權力。

SARS流行時，北京人出城不受歡迎，中國人出國也是同樣的待遇。唐人街沒有人了，中國餐館沒有人吃飯了，有一百多個國家對到中國的旅行設限。我收到負責設計我們建案的日本公司的郵件，告訴我們由於日本政府接連發出了三份不建議到中國來的勸告，所以他們來北京的時間被延後。

來自自然界的惡，給人帶來恐懼，恐懼再逼出人自身的惡，不信任他人，只顧保全自身。人類的惡，其實很多時候是在恐懼下無奈、無知的抉擇。如果我們不能消除恐懼、消除沮喪，還能有什麼成功呢？

電影《第五元素》中，死亡星球逼近地球，人類的總統下令發射導彈攻擊死亡星球。神父連忙勸說：「請不要攻擊，以惡對惡，將會增值世界上的惡。」總統沒有聽，下令攻擊。結果死亡星球迅速擴大，越打越大。神父說對了，以惡對惡，惡就會越來越多。偉大的甘地在印度發動的「不抵抗運動」，也是爲避免增值這個世界的惡，他成功了。這是一個在最艱苦的情形下獲得的磋商，也是最偉大的磋商。

在現實生活中，你假設對方惡，對方確實會以惡來對你。我們在簽訂商業合約的時候，假設對方是不誠信的，因此整個合約就是以防止別人違約作爲出發點，以條款、再加條款來規定條款，而對方自然也如此反應。也許別人本來是誠信的、善的，結果被你開發成謊言的和惡的了。因此我每到簽訂合約的時候就覺得非常累。

聽說美國人和中國人談生意感覺比我還累，因爲美國的法律體系異常健全，信譽機制十分完善。在比較完美的信譽機制之下，大家不用過度揣測對方的惡，簽合約就比較放心。美國人這種習慣到中國就慘了，他以信任合作者爲出發點，而我們以防範合作者爲出發點，過去他們有很多商人的錢就被一些不法的中國人給騙走了。現在他們也變「聰明」了，這種聰明眞是可悲的，那是在「惡」的前提下發展起來的保護自己免受他人傷害的技巧，叫做陰謀詭計。

以善對惡，以柔克剛

我是一個信任別人的人，並且相信社會在發展，會越來越好。即使現在我們有很多問題，相信將來也會變好。相信是一種力量，只要相信，它遲早會變成眞的。對於人間社會的事，信則靈，這句話比用在相信神蹟上更令人相信。從善如流，相信社會秩序會越來越好的。

有一年我們公司的銷售員被另一個公司集體挖走，這就是轟動一時的「現代城挖人事件」。當時，我心中眞是恨啊，沮喪啊，埋怨世道不公啊！完全以惡來考慮問題，惡控制了我的大腦和身體，我感覺自己猶如籠子裡的困獸。後來我靠著最後的理智回到山裡，回到我在山裡的家——山語間。回去還是想這件事，想不通爲什麼會發生這樣的事，想到頭疼。看到我們田地裡的玉米熟了，索性開始摘玉米，一筐筐地往回搬，竟然把這事忘了，完全排除在腦外。等我把田裡的玉米收完時，理智也回來了，情緒也正常了，頭腦也靈光了。於是，我很理性地把下面的事情處理好，召開記者會，完成了一次危機公關，接下來現代城的銷售竟然奇蹟般地變好了。如果當時在不理智的情況下以惡攻惡，和對方較勁，勢必會引發更大的不快。寧靜的環境似乎能喚醒善的力量，我現在之所以迷戀入靜、冥想，就是因爲有過那次體會。

我們從電視、網路、各種媒體中，看到最多表現力量的東西，是飛機大炮、海軍陸軍。這些武器都在強調一個道理：有壞人，對付壞人要有力量，要以暴力抗惡。殊不知暴力本身就是一種惡。與暴力站在一起的，還有抗議、恐嚇、拳頭、謾罵、造謠、欺騙等等，這些東西沒有一件能給我們的生活帶來好處。不光沒有給別人帶來好處，甚至也沒有給發力者自己帶來絲毫的好處，帶來的只是破壞和不安寧。每當謾罵、惡意中傷別人後，你一定會出現無所適從的空白、無聊和空虛，爲了彌補這無聊的空虛，只好用更惡劣的語言去謾罵和中傷他人，越是惡劣的語言說出口之後，出現這種空虛和無聊就越嚴重。與其說以上這些也算是力量，還不如說是蒼白和無力，因爲從本質上來說，它們都走到了眞正力量的反面。

我永遠相信愛的力量，而相信就是力量。

每一次工作就是一次祈禱

把工作當成人生的一種精神享受

我記得馬克思曾說過一段話：物質不夠豐富時，工作是爲了生存的需要，是爲了賺錢，養家餬口，工作圍繞物質而動；當物質豐富之後，人也需要工作，那時工作就成了人生的精神享受，不工作不勞動就難受。原話已經記不清了，大體的意思就是這樣。而我以爲，在物質不豐富時，尤其要把工作當成人生的一種精神享受，這樣才能把工作做好，才能更愉快地工作。

有人說，具有精神享受的是腦力勞動，而不是體力勞動，所以要透過工作獲得精神享受，應該尋求更高級的腦力勞動。我的體會是腦力勞動和體力勞動沒有什麼差別，一個木匠，要做好一條板凳，也需要動腦筋；如果他對板凳要求完美，所動的腦筋就更大了。在親力親爲下，幾根木頭變成了一條漂亮板凳，其幸福感不亞於作家寫了一部小說。作家是腦力勞動者了吧，可是也需要去打字，也需要長時間伏案的體力勞動。無論是體力勞動還是腦力勞動，精神享受的指標都在於是否能從中獲得幸福感。這幸福感是從工作開始那一剎那間就產生，並持續增強的，而不僅僅出現在工作成果出現之後。工作過程也是有美感的，比如流程的美，從中你也能獲得幸福感。完美的工作過程必然導致完美的工作結果。

佛祖釋迦牟尼談到，「精進」是人生尋求眞理達到醒悟的唯一法門。對於我們普通人來說，最能找到「精進」感覺的，就是工作。我們對很多偉大人物的妙語讚歎不已，認爲他們的言論表達了眞理。而這些大成就者所說的妙語，乃是其努力工作之後，透過大量實踐和經驗得出的結論，他們的言語都只是其偉大人生冰山上露出水面的極小部分。

工作是我生命中最重要的部分，這本書裡我會談很多。

首先我想說的是工作時要進入一種精神狀態，這種狀態是什麼樣的呢？應該是平靜的、忘我的，在外人看來有點孤獨的，但自己內心是喜悅的。而破壞這種狀態或者使人不能進入這種狀態的情緒是浮躁、嫉妒、虛僞和仇視。前幾天，看到一句話說，「做每件工作都是一次祈禱！」我想這是對工作狀態最確切的描述。

幾年前，在建外SOHO的設計階段，日本山本理顯設計事務所派來一批年輕建築師到我們辦公室工作，我發現他們工作的區域總是非常整潔、安靜。後來隨著工程的進展，他們搬到施工現場的臨時建築中去辦公，工作環境仍然非常整潔、安靜。同時，他們對待工作也非常認眞、敬業，雖然每天都工作到凌晨一點以後才回去休息，但看到他們時，每個人仍舊精神飽滿，心情愉悅，工作很有效率。他們的工作狀態，讓我想到了日本人在做花道、茶道時的認眞精神，這可能就是一種接近祈禱的狀態。

前幾天，和一位下國際象棋的國家隊隊員一起吃飯，他很安靜，話很少。吃完飯後我們一起討論這種狀態，大家說下象棋的人要不斷修鍊得很安靜，因爲在下象棋的過程中要進入一種忘我的境界。這種境界與祈禱是很相似的。

工作模仿的是上帝的行為

如果你也認爲工作狀態應該如同祈禱的狀態，要安靜，你就要尊重別人，在別人進入這種狀態時不要去打擾，不要大聲喧嘩。因爲你的浮躁會破壞別人的工作狀態，使別人的工作沒有效率，甚至做不好。同時，進入這種狀態的人也要有抗干擾的能力，不輕易被周圍的笑聲、喧鬧聲、電話鈴聲所干擾，即使被干擾後也能很快重新進入安靜狀態。要想達到這種境界，我想最簡單的辦法就是工作之前少用手機打電話，多發簡訊，這樣不容易干擾自己也不干擾別人。如果把每一件工作都當成一次祈禱，工作就不光是賺錢養家餬口的手段，工作的過程也會成爲一種精神的享受，工作的成果就會成爲富有創造性的作品，而這種作品是你和上帝一起完成的。說到上帝，我想起《聖經》裡，耶和華也是要工作的，星期一到星期六，他像一個虔誠的泥瓦匠一樣創造了世間萬物以及人類。我冒昧地想到，上帝本人在工作的時候也是虔誠的，因爲工作是實現其意願的唯一途徑。我們的工作模仿的是上帝的行爲，這是《聖經》中對工作的最高讚美。

要將工作過程變為一種精神享受，只有充分領會自己工作的意義和價值才能實現。在我的理解中，工作做為我們人類最有價值的行為活動，它至少有以下幾個方面的意義和價值：

工作是一次團結他人與服務他人的努力，也是透過它實現社會價值，而證明自己是一個合格的人或者說成功的人的過程。

獲得工作的價值後，你會愛上工作，而工作本身是一次實現愛的努力，因為你透過工作為你所愛的人們提供了有益的產品和服務。

無論你個人透過工作獲得了多麼大的成就，在上天面前都是微不足道的。工作是你以此走向永恆靈魂的一個途徑。這一點，你能在連續不斷的工作中，越來越深刻體會到。佛教說「業報」，指的就是你活著時做的每一件事，都會在來世得到報應。你目前所做的每一件世俗中的事，都受你的內心深處的動機影響，都與你對永恆的靈魂的領悟有關。崇高的人，他做的每一件事情，都體現了其精神與永恆靈魂的和諧共通。所以我們的每一次工作都應該是一次祈禱，祈禱我們透過工作，朝精神領域又前進了一步。

每當我試圖描述一個潛心工作的人時，我腦海就會浮現出他專心致志、寧靜而有力的姿態。我覺得這是人類最美好的姿態之一，他就像在祈禱，表現出一種強大的精神力量。因此我非常願意投入工作中，以工作來祈禱獲得更好的工作。

物以稀為貴的「誠信」

誠實是解決所有問題最有力量的手段

誠實對一個人來說，是他一切美德和能力的基礎，如果失去了誠實，將失去一切。人可能有許多美德：勇敢、智慧、服務、創造力、幫助、樂觀等等。但如果他是一個不誠實、說假話的人，這一切都將失去，因爲基礎沒有了。做人是這樣，做公司也是同樣的道理。

誠信、誠實是解決所有問題最有力量的手段。我在經商的過程中曾經遇到過兩件大事：一是一九九八年現代城銷售人員一夜之間被競爭對手挖走的事件。我的辦法是把我知道的所有眞實情況一字不漏地透過媒體告訴大眾，告訴關注這件事的人，讓大家都瞭解眞相，最後我們得到了社會最廣泛的同情和支持。這件事非但沒有給我們帶來損失，反而使我們的營業額劇增。最後來報名加入我們銷售隊伍的人員達到幾千人。另一件事是二〇〇一年現代城的「氨氣事件」，房屋內出現了氨氣。我們馬上會同施工單位一起查找原因，最後發現是混凝土添加劑造成的。當天，我們寫公開信向所有客戶說明原因，並公開表示道歉，在全球招聘消除氨氣的設備和技術，同時如果有願意退房的客戶，加百分之十的回報無條件退房。這是我們和混凝土攪拌站一起犯的錯誤，但我們非常誠實地說明了事情的眞相，得到了絕大部分客戶的同情和理解。這兩件事後來也成了危機公關的典型案例。我想處理好這種事件最有效的手段就是誠實、誠信。任何的技巧、任何的伎倆在危機公關中都是多餘的、添亂的。

市場中有個永遠不變的規律，就是「物以稀爲貴」。如果大多數的人不誠實、不誠信，那麼，誠實、誠信的商人就顯得更加寶貴，市場的資源、社會的資源都會流到這些誠信的企業中去。對講誠信的企業、公司來說，這是件非常好的事情。在誠信方面最重要的是先從自己做起，從自己的公司做起，不要埋怨別人和社會。讓今天的我和昨天的我去比較，看有沒有進步，而不要和周圍不好的東西、不好的公司去比。那些不好的、不誠信的公司，也不會長久發展下去。

鈍感的力量

什麼事情都一觸即發地反應出來，容易犯錯

一位特別要好的朋友跟我說，他最近做什麼事情都沒有心思，全身沒有力量，軟軟的，什麼事情也不想做。我和他圍繞著力量和力量的來源談了許多，自己也由此想了許多。

一個健康的人和團隊需要的是什麼力量呢？我想是寧靜的力量、正義的力量、團結的力量、追求眞理的力量、愛的力量、科學的力量、仁慈語言的力量……這些力量本身就可以使自己充實。只有自己充實了才能做好自己的事，而這些力量也會幫助人們做成事。

記得去年有一次，我與我的同事去參加一個會議。在這次會議上，對方突然惡語傷人，暴跳如雷，甚至對我的同事進行人身攻擊，而我的同事只是安靜地坐著，沒有以牙還牙地謾罵，也沒有離開自己的座位，只是在那裡有禮貌地坐著。等到對方發洩結束後，有一陣讓對方尷尬的空白，大約只有三五分鐘，但當時的感覺好像是過了三五個小時。從對方的眼神、表情中我們看到了他內心的羞愧和不好意思，之後工作和會議又繼續進行著。出了會議室，我對我的同事說：「你做得很好，因爲你從心底相信，正義的力量、仁慈語言的力量勝過恐嚇和謾罵的力量。這不是軟弱的表現，正是你強大，有力量的表現。」事實上也是如此。

的確，愛的力量一定會戰勝槍炮的力量；誠實品德的力量一定會戰勝欺騙的力量；科學和對眞理追求的力量也一定會戰勝迷信的力量。在我們的生活中，要時時刻刻提醒自己，用正義的力量去戰勝邪惡的力量，也只有用正義的力量才能最終戰勝邪惡的力量。爲什麼呢？這背後一定有一個奧秘，總是讓那些無恥之徒陷入自己給自己設計的桎梏中。那些心靈純潔、行爲端正的人總是能得到大家的幫助，走進快樂和自由的王國。這也正應了孔子說過的那句話：「君子坦蕩蕩，小人長戚戚。」

學習「遲鈍」一點

說到力量，我想起許三多。許三多是前一段時間非常流行的電視連續劇《士兵突擊》裡面的男主角，心地單純、做事老實，按照世俗的觀點看，幾乎是一個完全沒有力量的人。電視劇熱播後，許三多這個角色成爲社會上的熱門人物。《新週刊》爲此做了一個專題，叫做「鈍感的力量」。我想這個「鈍感的力量」，其實是對社會大多數人的拚命競爭、聰明勁十足、急功近利的一種反駁，宣揚的就是傻人有傻福。

許三多的人品、行爲，簡單、善良、誠實，還有做事認眞踏實，看起來很傻，其實就是沒有什麼「自我」。在人人都以自我爲中心，以複雜化思維方式作爲聰明表現的時代，他的「傻乎乎」

反倒變成了「可愛」。當人們認為你可愛的時候，你就有福了，因為你有一粒幸福的種子播種在他人的心田了。

覺得傻乎乎的人可愛，似乎在全世界都是共同的，中國有許三多，美國有阿甘。也許有人認為許三多、阿甘天生就傻，他們的可愛是學不來的。一個聰明人已經聰明了，傻不了。即使傻，也只能裝傻，而裝傻是一種虛偽。我不提倡裝傻，但我認為正常情況下，對某些事情的刺激反應可以稍微慢一點，「遲鈍」一點。你要明白，什麼事情都一觸即發地反應出來，容易犯錯。有些人沒等別人的話說完，就搶話了，這最容易造成誤解，或者觸怒對方。你看有些人，瞪著眼睛看你說話，你以為他聽進去了，他沒有，他在找你說話的間歇來插言，來搶話。他是一個全神貫注尋找發言機會的人，就像一個蹲在路邊虎視眈眈準備攔路搶劫的強盜一樣。

自我收斂一些，反應就會慢一點。更重要的是要相信他人是善的。因為人人都在追求幸福與快樂，遵循著建設生活的良好動機。

「傻」的人沒有「聰明勁」，也是沒有多少「自我表現」的強烈願望，他們在默默的行事中體會快樂與幸福。王小波說「沈默的大多數」，有特指這些人的話語權被剝奪的意思，但我很喜歡這個片語透露出的另外的意味——那就是眾多隱密、務實的人生，真正構成了這個社會最安定堅實的基礎。

要知道為什麼工作

我們需要時而從生活中抬起頭來，問問爲什麼，這樣生活才不會失去方向

LG公司要推出他們的等離子彩電時，在中國選中了我和畫家陳逸飛做他們的代言人，三天的拍攝完成之後，LG公司邀請我和陳逸飛到韓國濟洲島度假。陳逸飛可能是工作太忙沒有去成，我和LG的朋友一起住進了濟洲島的樂天大酒店。到濟洲島的當天，我參加了LG公司的產品發表會，與我們不同的是，參加發表會的絕大多數是公司的員工，也沒有媒體記者參加。董事長在上面講話，常常被下面一陣陣高呼的口號打斷，喊的什麼我不太清楚。我問LG的韓國朋友，他們說就是員工在重複董事長講話的後面幾個詞，就是喊「等離子，等離子」，或者「大彩電，大彩電」。我沒有任何的心理準備，在這幾千人的高喊中感到不知所措。這讓我想起當年我和妻子張欣在法國南部度假的情形。我們住在一家高級飯店，飯店的沙灘是私人的，男男女女在沙灘上全都脫光了衣服，只有我一個人穿著衣服在看一本書。張欣給我拍了一張照片，這張照片上，大家在沙灘的陽光下都很放鬆，只有我像一棵彎曲的豆芽菜一樣拘謹，與周圍的環境很不協調。等到新聞發表會接近尾聲的時候，我深深地體會到，這種高喊的口號聲，把大家的情緒都煽動起來了。我也常在電視上看到韓國人在街上喊口號，但親歷現場時才體會到這種口號的威力。中國人在

「文革」期間喊口號喊傷了，現在再也沒有人喊口號了，這點可能是今天中國和韓國不同的地方。

LG的老闆吃飯時對我說，韓國的發展離不開中國的發展。中國是一個大國，韓國的發展主要依靠中國才能夠發展起來。他舉了一個例子，說中國有十三億人口，如果每人早餐吃一個雞蛋，韓國人只要給中國人養雞就足夠了。我也不知道這個演算法確切不確切，卻很能反映他們對中國經濟發展和市場的依賴性。

在我們公司聘請的設計師中，有一位韓國設計師叫承孝相。他是一個很有想法的設計師，有一期《SOHO小報》上曾刊登了一篇他寫的文章，叫〈你知道為什麼寫詩嗎？〉其中，他寫到兩個詩人的對話，一個詩人說：「我知道如何作詩。」而另一個說：「你會作詩，但我知道為什麼作詩。」這篇文章引發了我好多的思考。由此，我們可以一連串地想下去：你會蓋房子，我知道為什麼蓋房子；你會寫文章，我知道為什麼寫文章；你會吃飯，我知道為什麼吃飯；你知道活著，我知道為什麼活著；「你知道」的更多的是技術、科學、工藝上能夠解決的問題，而「我知道」的是在哲學、宗教層面才能回答的問題，歸結起來就是追尋「意義」。

我們需要時而從生活中抬起頭來，問問為什麼，這樣生活才不會失去方向，才不會與偉大的精神領域越來越遠。問過了，得到解答以後了呢？我看還是得繼續埋頭苦幹，進入到工作的樂趣中去。

簡單的成功法則

成功是一種積極、向上、樂觀、友善、對別人有益的狀態

對於成功，我沒有什麼技巧可談，苦練技巧是沒用的，就像那些苦練武功的人，一招一式地比劃，可是後面突然來了一個人，一板磚就把他拍倒了。很多東西，做得越具體、越講究技巧就越容易教條化，我倒是覺得無爲而治更好一些。無爲而治，說的是無爲，卻很有效果，這裡面就有一個營造氣場的問題。用「氣場」這個詞語，是想比喻這種無形力量。一個有修爲的人，即使在靜止狀態，也能影響到他人，這種影響的效果，其實就是無爲而治。

所有的事情都要以修鍊自身作爲基礎，我認爲以下幾點是尤其需要修鍊的。

一定要信任他人

第一是要具備信任他人的品質。人要生活得坦然、舒心，需要相信很多東西，相信生活的基本驅動力是善的，相信幸福是需要分享的，尤其重要的是，你應該相信別人。在今天的社會中，任何一個單個的人都無法做成事情，都需要大家的幫助、合作，需要大家團結在一起。你需要他人，並不是你就比別人差，或者受控於他人了。你需要他人，他人也需要你，事實上這種處境是

公平的。

信任是有邏輯依據的，不是被迫的和空想的。你要信任對方，也要信任依據，信譽制度中的種種依據。合約、《合約法》也好，信用證明也好，都是人類眞正有智慧的發明。這些偉大的發明，建立和完善了社會的信譽系統，目的就是令人們可以信任他人，信任他人是安全的。

即使是在信譽制度不甚健全的情況下，信任也是有力量的。《星際大戰》裡面有一句台詞：你相信民主，民主就會到來。套用這句話，可以說：只要你相信信譽，就會有信譽。

我們這個社會，有一些不好東西的殘留。比如看人看惡，以保護自己爲主導思想，這都是貧窮險惡的過去害的。因爲過去災難深重，人人都在生存的最底線上，拚命保護自己，我們的社會責任心消失了，道德感消失了，大家沒有原則了，亂了，這些歷史中的負面經驗迄今還在影響著我們。很多歲數大的人，還在把過去的經驗傳輸給現在的孩子和學生。他們就會時時刻刻提醒自己，不要吃虧上當。而往往用這種觀點去看待他人和做事，又特別容易吃虧上當，這實際上是做事情中最可怕的一點。如果陷入這樣一個惡性循環，看不到信任的力量，只看到吃虧上當的事件，你就會失去信任和團結帶給你的力量。你防範別人，別人也會防範你，這樣就會把精力和聰明才智都用在相互的猜疑上。所以，在當今社會要想做成事情，就一定要相信別人，這將會給你帶來威力無比的力量。相信別人，包括相信欺騙過你的人，自己的胸懷是敞開的，自己的耳朵是傾聽的，這樣才能夠一步步地走向成功。

做事力求簡單

第二是簡單。做事力求簡單，繁雜會讓我們陷入不能自拔的境地。繁雜一方面來自於我們舊的習慣、舊的規則、舊的禮儀，也有一些來自於我們對知識、技能的賣弄。把簡單的事情複雜化是很容易的，多餘的裝飾、多餘的構建、多餘的想法、多餘的語言都會把一件簡單的事情複雜化。但從歷史的角度來看，一個民族向上的時候，它總是以簡單和大氣爲主要的風格；凡是這個民族衰敗之時，從建築、家居、服裝、裝飾到語言表現出來的都是繁雜和多餘。能把簡單作爲自己的世界觀，成爲自己做事的指導方針，是走向成功的一個要素。你會在簡單中獲得成功。

透明、誠實才是正途

第三是透明。人要誠實，不要撒謊。當你需要隱藏一個秘密時，就需要一股比製造這個秘密更大的力量把它蓋住。但壞事遲早會暴露，紙永遠包不住火。成功的反面是失敗，也是不安全，而安全最大的保證是透明和遵紀守法。

我曾遇過一位房地產發展商到某一個城市去投資開發，只有當他認識了當地的領導，能和當地的領導吃頓飯後，心裡才會覺得踏實、安全。否則，心總是在懸著，不敢輕易投資，投資後也不放心。他把安全維繫在這種與領導的關係上，殊不知，最大的安全是在陽光下，而不是在黑暗中。如果放棄了在陽光下做事的機會，放棄了陽光和透明帶給你的力量，你就不可能有足夠的力量去做事情，並把事情做成功。即使你取得一些小的成功，也是暫時的，因爲最大的成功是在安全前提下的成功。失去了安全，所有的所謂成就都談不上成功。

最後我要說的是，如果一個人覺得成功意味著做一個多大的官，這可能是一劑毒藥，因爲當你坐不到某個位置時你就可能覺得不成功；如果你認爲成功是賺了多少錢，那也可能是一劑毒藥，因爲你會發現身邊總有比你更有錢的人。

可以這麼說，成功是一種狀態，是一種積極、向上、樂觀、友善、對別人有益的狀態；自己愉快，也能夠給別人帶來愉快、積極向上的狀態——如果這樣理解成功的話，那就是我心中的成功。

先幸福後成功

一個時常獲得幸福感的人，很容易傳播快樂，因此能得到朋友，能獲得朋友的人才能成功

人生而追求幸福，應該是普遍的眞理吧。但人們往往僅從自身的感受出發，那幸福一開始也被錯誤地定義爲「我的快樂以及我的幸福」。但不幸的是，人是社會性的動物，沒有獨享的快樂與幸福。快樂與幸福，絕不是僅僅一個人能夠獨立完成的事。沒有朋友分享的快樂，沒有家人共用的幸福，即使你已功成名就，那孤獨感也會令你不堪承受。

崇尚分享幸福的原則，你會獲得大量善良的支持，這是成功的前提。幸福很難說具體指什麼，就像愛情一樣，絕不是表像，而是個人體驗。它的隱秘程度猶如禪宗所說：如人飲水，冷暖自知。但幸福的人都有快樂的外表，這快樂能夠被人看見，並且非常容易感染人。通過快樂，人們可能會分享你的幸福，快樂是幸福傳播的唯一途徑。

有一天我的小孩子在我們的「父與子工作室」自己做了一個木頭玩具。他在我的陪伴下，長大了一點，能力強了一點，這給我了一種幸福感，於是我快樂了。後來跟朋友在一起，我想著小孩子的事，就笑了，說話風趣了，跟我在一起的朋友也獲得了快樂。我不能把我小孩子自己做的木頭玩具分給我的朋友，但快樂卻傳播了，幸福就是這麼被分享了。

幸福很難說具體指什麼，它是個人的體驗。（「博鼇凱賓斯基飯店」的休閒娛樂。）

我發現這是一個普遍的規律：一個時常獲得幸福感的人，很容易傳播快樂，因此能得到朋友，能獲得朋友的人才能成功。

第二部

人生始於磋商

Part 2: Life is Negotiation

「必須」的相對面

年輕人要適當放棄自我，中老年人要懂得超脫

我的孩子六歲時，有句口頭禪是：「你必須！」和我們說話時總愛說「你必須怎樣怎樣」。我發現這個問題，馬上糾正他，告訴他「你必須」不是一個好的詞語。如果一個人經常說「你必須」，那人們就會離他越來越遠，他就得不到別人的幫助，也無法接收到來自周圍的力量。小孩子不太明白，問：「爲什麼這個詞不好呢？爲什麼這樣說話就不能得到幫助呢？」我說，因爲它背後沒有協商的精神。遇事大家一定要有協商的精神，如果用命令式的口氣，使用類似「必須」這樣的詞，必然會引發別人的敵對情緒，一定不會聚集力量，達成團結去完成一件事情。沒有協商的精神，什麼事情都很難辦成。

我說的這些，孩子不一定聽得懂，但卻引起了我的思考。我首先想到的就是在孩子身上看到的「自我」。在他這個年齡，自我是生命意識的核心。小孩子最早的自我的信號其實就是表達需求的索取信號，大自然就是這樣安排的，弱小的生命必須時刻關注自己的需要。肚子餓了，害怕了，都要及時發出求救信號。這求救信號對於父母來說，就是絕對命令。等他慢慢發現大人對自己每每有求必應，並且學會使用語言的時候，他就學會說「你必須」。而這種「你必須」的說話方式如

果不及時得到糾正，很可能會在小孩子的心裡越來越膨脹，最終遠離磋商和團結。

我也看到孩子在十三四歲的時候總喜歡說「不」，尤其喜歡對自己的父母說「不」。這看起來好像是小孩子的叛逆，是一種普遍的忘恩負義。我想不是這樣的。這「說不」裡面，有一種稚嫩的人生觀，一種渴望獨立的強烈願望。那也是自我，渴望獨立的自我。為什麼人類的自我會從弱小的依靠者迅速轉變成獨立意識如此之強的叛逆者？這一點我想了很久都沒有想明白。

這些十三四歲的孩子，有了獨立的自我意識，而且急於表現出來。他的表現也很「悖論」：一方面要在小朋友中間表現自己「像個大人」，模仿大人的行事、說話；另一方面卻表現得不聽父母的話，最怕別人說他是「爸爸媽媽的乖孩子」。其實他們還是急於長大，模仿大人當然是「急於長大」。不聽父母的話，是因爲大多數父母都把他們當孩子對待，沒有跟上孩子心智的發展，該叫他名字的時候還在叫他的乳名。

到了青春期，尤其是男孩子，似乎有一種集體性的「對長輩的叛逆」。這種青春期的叛逆，核心是表現自我，需要社會的承認。這年輕的自我信號，依然是以索求爲主。他們想法很多，但實現想法的現實資源卻非常少。佔據社會資源的主要是功成名就的中老年人，如果對年輕人的需求信號表現冷漠，不滿就很容易成爲年輕人的情緒主題。

年輕人與中老年人的矛盾，是任何一種社會最常見的矛盾。假如年輕的索求過強，而中老年人佔有太多，這矛盾會變得可怕。我覺得平衡之道是各打三百大板，年輕人要適當放棄自我，中老年人要懂得超脫，大家都應該學會磋商——這是我從小孩子說「你必須」想到的。

我喜歡想問題，但我是一個忙碌的商人，經常感到對很多問題沒有時間去深入思考，我有太多想到但卻沒有想出答案的問題了。這一本書，應該就是這許多問題的集合，希望讀者朋友看到時，也和我一起思考。如果覺得其中的問題有意思，也可以和我一起討論，我們共同來找出答案。

從磋商中發現眞理

眞理必須對全人類有益才能算得上眞理

小時候我家庭環境不好，吃過很多苦頭，可能因爲從小沒有機會出鋒頭，時間長了就主動放棄了自我表現，有需求也不敢大聲嚷嚷，因此就學會了一種沒有什麼自我的生存之道。

年輕的時候，我的很多朋友，都很愛說「我的原則」，說得還非常有激情。我也跟著說過，但很快我就不說了。因爲我發現所謂「我的原則」，其實是總強調自己有一個「眞理」，比別人高明。說到底是自己對自己的偏見，總覺得自己是正確的，別人是不對的。在很多團體之間，這種青春期的症狀，就成爲戰爭、爭吵的根源，是團結最大的障礙，也是我們成長道路上最大的障礙。

現在反思自己的青春期，會看到很多荒謬。當時的很多種荒謬倒都有美好的動機，但卻往往有著不好的結果。比如我們崇尚純潔，就總在別人身上發現「污點」；我們崇尚道德，就會輕易地指責別人沒有道德；我們崇尚某個主義，就會草率地要求別人改變信仰與自己一致。懷抱理想，卻我字當頭。這裡的我字當頭，不一定是自私，而是以自我爲中心，最明顯的是不會與他人磋商，只有自己的一廂情願。即使是美好的願望，一廂情願也未必會獲得別人的認同。沒有磋商，既不能論證自己想法的正確性、可行性，反而可能給他人與自己造成傷害。

一個國家也有自己的青春期。「文革」時期，就是一個大面積的青春期病症湧現、但卻把疾病當眞理的時代。種種現在看來荒謬之極的運動，爲什麼能夠如此大規模地展開，爲什麼尤其在年輕人中間得到最大的回應？這就不僅僅是一個時代問題了，我認爲它多多少少有著我們人類青春期本身內在的特徵。

那種以爲眞理在握所導致的「我的原則」，其核心是在強調自我。現在我歲數大了，發現凡是引發爭鬥的、表現自我的「眞理」都不能算眞理。

眞理只有一個，但誰擁有眞理是一個問題。以前看到有個詩人說：「我相信眞理，但是我不能說出來，怕別人把它當作我的發現、我的發言，以至於爲所有權再次引起紛爭。因此我寧願不說出來，讓眞理的位子空著，對那個方向保持著敬畏。大多數情況下，有敬畏心暗示眞理的存在也就夠了。」

資訊平等是磋商的第一原則

詩人說到了我們人類最難解決的問題：人人都渴望眞理，但我們打著眞理的旗號進行的紛爭和造成的災難卻是最多的！我們說眞理只有一個，也具有相當的危險性。它只有一個，那麼擁有的人也就很少。但往往誰都認爲自己擁有眞理，都比別人高明。爭當聰明人，不做傻瓜，這是世間最常見的紛爭。眞理絕非爲個人和某個團體所獨享，它必須是全人類的。所以眞理的力量首先激發人們產生磋商的動機和行爲，爲了磋商，人們應該制訂資訊透明、資訊共用的制度，不應該有壟斷知識的權力階層，不應該有資訊黑幕，不應該因爲知識的不公平傳播造成人類在智力上的不平等，更不能因此劃分人的三六九等。這就需要人人均有學習知識和瞭解眞相的公平機會。我們說磋商的第一個原則是平等，不僅僅包括人格上的平等，同時要求圍繞磋商主題所需要的相關資訊必須是透明的，人人都能獲取的。這樣人們的分析能力才能站在同一個層面，交流和判斷才能眞正有效。

營造這樣一個尋求眞理的公平環境是必需的，否則眞理就會因爲每個人依據不同資訊得出的不同結論變成很多個，教人不知所從。我們看到擁有各自信仰的教徒之間發生矛盾，而不同民族依據自己的眞理與其他民族發生的爭鬥依然此起彼伏。聯合國教科文組織的一個重要責任，是把發達國家的知識傳播到不發達國家，就是希望從知識和資訊共用的基礎做起，抹除人們的差異，最終希望人們的「眞理」越來越少，分歧越來越少。

歸根結柢，眞理應該是對人有益的，但不是僅僅對少數人有益，眞理必須對全人類有益才能算得上眞理。從集團到個人，在朝向眞理的道路上，最重要的就是消除自我。

消除自我，已經成爲通往眞理道路上的人們的共識，但它絕不是一個空談，必須深入瞭解他

消除自我，已經成為通往真理道路上的人們的共識。（「SOHO現代城」的大廳。）

人，進入磋商才能完成。我們說磋商的目的是爲了尋求人人都能分享的眞理，而磋商的另一個偉大作用，就是能夠徹底有效地消除自我。

他人就是你的福祉

一個人的幸福永遠要依靠他人的協助

上個世紀中期有一句流傳很廣的話，叫做「他人即地獄」。這句話我在很多「八○後、九○後」新新人類的部落格上都看到過。我借用這句話，說一個相反的意思：「他人就是你的福祉。」

我堅信一個人的幸福永遠要依靠他人的協助，你可能有一粒幸福的種子，那也得依靠他人的土壤來培育。重要的是要播下幸福的種子，而不是苦難的怪胎，否則別人的土壤不會供給你養分。自我如果懂得付出，愛別人，你就播下了幸福的種子。反之，如果你依然像個孩子一樣只知道索取，但你已經是成年人了，會舞槍弄棍了，那就是一個給他人造成災難的怪胎了。

要學會愛不容易，但是你不學會愛卻活不下去。愛的行爲是付出，事實上你不得不付出。人類社會結構的基礎就是相互交換，只有付出才會有回報。我們不能違背這個原則。愛不是什麼高妙務虛的理念，它異常現實，愛他人就要有益於他人，而且愛是一生的學問，從我們來到這個世界起就在學習它。這就涉及到我們的教育方式，我們的教育是不是能讓孩子學會愛，學會付出？我想，首先父母不應該打孩子，因爲打孩子向孩子展現的是暴力，被孩子學去了不好；其次也要注意我們對孩子的成長教育的方向對不對。現在父母們培養孩子，焦點是期望孩子將來要成功、出人頭地，這種對競爭的過於強調又令孩子形成他人是敵對方的概念。過去為了反對大鍋飯制度，強調競爭是有益的，現在還是那麼強調，甚至競爭成了唯一的價值觀了，越演越烈，「他人就是地獄」了。

孩子必須首先學會愛

我也有孩子，我經常想著怎麼當個好父親，因此想到自己的父母。在我的記憶中，我的父親十分勇敢，母親很善良。我也經常反省自己，我像不像一個好父親，能不能給孩子留下像我的父親留給我那樣的美好形象。我相信，對於孩子來說，身教的力量大於言傳，你對他說一百遍要誠實，不如你做一個誠實的父親給他的印象和影響深遠。

孩子必須首先學會愛，這是核心和本質，只想著培養孩子出人頭地，培養孩子的競爭技能等，都是本末倒置。這種培養方法極容易塑造成王敗寇的人生觀，僅僅以名利的佔有當做成功，又依據成功的規模將人分成三六九等不公平的等級社會。這種人分主次、尊卑的人生觀，會培養出對成功者卑躬屈膝、對失敗者趾高氣揚的扭曲人格。更可怕的是，這種人生觀會直接毀壞磋商的基礎，是人類不能和諧共處的最大原因。

很多父母有過孩子長大後不孝敬自己的痛苦經驗，他沒意識到，造成孩子不孝敬的原因也許正是自己失敗的教育觀。想想看，孩子用成王敗寇的觀點去看待社會，有一天他也會用這種觀點來看待父母。小孩子有個習慣，喜歡在孩子中間相互比較自己的父母，就像他們比較玩具一樣。如果他僅僅學會了從金錢、地位方面來比較，就會輕易判斷出自己的父母是不是成功人士。如果發現自己的父母並不「成功」，他會因此在小朋友中間感到自卑，進而會怨恨父母。所以培養孩子學會愛的教育，也是父母解決自己將來福利的根本途徑。

但是，單純用物質的成功作爲標準來培養孩子的模式，現在已經普遍到很可怕的程度。兩三年前，有一個教師在教室裡公開對孩子說：「讀書的目的就是有錢有美女。」他的言論在網路上迴響很大，很多人反對，但也有很多人支持，認爲他說出了現實眞相，有勇氣，沒有欺騙學生。我是絕不同意他的這種言論的，因爲他所謂的說出了「現實眞相」，其實只是盲從於社會中急功近利的流行觀點。讀書是一種獲取知識的快樂活動，是伴隨一生的精神感悟。賺錢養美女的功利思想，根本上是以物質目標取代讀書時的精神感悟。它會把人抽空，變成沒有靈魂、僅受外界物質引誘的傀儡。

這樣的教育已經完全失去了對人類的信仰、愛的培養，如果這種狀況得不到改觀，將來的世界將會是可悲和可怕的。

磋商型的社會關係

我們應該以一種更有效的辦法面對我們的新世紀，那就是磋商

在與他人相處的過程中，愛他人，對他人有益，這是一個基本前提。有了這個前提，你與他人的關係自然會發展成爲磋商型的社會關係。

在我們的現實生活中，常常存在著四種不好的人際關係模式：保護式、自以爲是式、獨裁式和操縱式。這四種模式在我們的生活中存在的時間很久，可能在奴隸社會、封建社會、資本主義社會中這些關係是有效的，可以解決一些眼前的問題。但是社會發展到了今天，再用這些關係模式來解決我們的問題，已經遠遠不夠了。它們不僅不能解決問題，還會製造問題。我們說有時候解決問題的方法會成爲製造問題的東西，就是指這種情況。

既然它們在當今社會裡已經成爲問題，就會被解決掉。這只是時間問題，只是改變人們的思維和行爲習慣的時間問題，尤其是新的、更有利於人類團結與合作的社會關係出現後，這一改變的速度就加快了。這種新的社會關係，就是磋商型的社會關係。

人類進程幾千年的歷史中，兩百年之前的變化是非常緩慢的，變化也是非常簡單的。但最近一兩百年的時間裡，人類的生活發生了翻天覆地的變化，變化的速度更快、更豐富、更複雜，能

生活在這樣一個豐富的年代是我們的幸運。但在慶幸的同時我們又如何來面對這個複雜、豐富的社會，又如何來處理更複雜的人際關係與事務呢？如果我們再延續已有的（上述四種）思維模式，我們在處理問題時會非常的失望、沮喪，有些事情會陷入惡性循環，永遠沒有出路，見不到光明。

保護式、自以爲是式、獨裁式和操縱式這四種模式的一個共同問題，是沒有讓大家都參與其中，不平等，參與者的出發點不是愛他人，而僅僅是愛自己。其中會有一些人的個性和才能因爲受到壓抑、不滿於分配而沒有很好地發揮，即使發揮，也是發揮在勾心鬥角的陰謀、造反與鎮壓等暴力行爲上。這既違背了愛的主旨，也傷害和平的理想。我想我們應該以一種更有效的辦法面對我們的新世紀，那就是磋商，永遠地磋商，君子動口不動手，唯有磋商才能創造美好的未來。

人人相互服務共生的社會

事實上，我們這個社會，除了科學的高度發展之外，同時也變成了一個人人相互服務獲得共生的社會。今天，我們所使用的東西百分之九十五以上都不是我們自己生產和製造的。我們吃的食物、穿的衣服，使用的電腦、汽車、手機，都是他人爲我們提供的，都是我們以我們的服務換來的他人的服務。這個社會中的人只有處在「我爲別人服務，同時別人也爲我提供服務」的狀態當中，用這種服務精神把自己維持在全人類構成的生命共同體中，才能獲得自己的生存。所以，在今天，服務的精神要比以往任何一個時代都顯得重要。我們的員工要爲自己的同事提供服務，要爲公司提供服務，要爲合作單位提供服務，還要爲家庭提供服務，最後要爲全社會提供服務。如果沒有這種服務精神，我們就無法在這個社會中生存。如果服務精神差，我們的公司業績就不能繼續提高，整個社會也不能夠和諧地往下發展。一個社會、一個國家、一個公司就像人體一樣，各部分都有它特定的功能，只有相互服務，彼此協調，才能成長爲一個健康協調的身體。

服務於他人的精神是當今社會中任何人都應該具有的基本品德。要爲他人提供服務，必須瞭解對方需求，形成供應形式，這裡面必須進行頻繁、有效的磋商。

團結是彙集他人的才智

今天，我們看到交換服務的社會基礎結構已經形成，磋商型的人際關係格局迅速大規模形成，這並不奇怪。其實磋商這個詞語不是新詞，而磋商型的關係也並非第一次出現。在過去等級森嚴的制度裡面，每個階層都有他們的「圈子俱樂部」。在圈子裡面是有磋商的，但他們磋商的目的只是照顧自身集團、自身階層的利益。他們在內也許是平等互利的，而對外卻是不公平的。在這種狹隘的階層、圈子結構中間，我們所謂的團結，是少數人的團結。

就拿我們這一代人來說吧，我們最早認識團結這個詞，是在過去年代的特殊語境中，團結就是一些人去打擊另外一些人。我們團結的是和我們相同的人，具有相同的信仰、社會地位、價值觀等等；而那些具有不同的信仰、社會地位、價值觀，甚至不同的籍貫、民族、方言、風格的人，都不是團結的對象，都是以批判、改造、粉碎、打倒之類的字眼和方式來對待。這樣的團結不是眞正的團結，這種狹隘意義上的團結實際上是把團結作爲一種手段，最終帶來的是分裂、鬥爭，甚至戰爭。一位團結的締造者一定要能發揮其他人的才智，營造出團結的環境，而不是去摘取他人的果實。因爲團結需要把各種不同類型的人的才智彙集起來。就像健康的人體，是人體各個器官各自發揮不同作用而取得的結果，但這些器官的功能和在人體中起的作用又是完全不一樣的。在人體中，所有器官都沒有重要和不重要之分，因爲不管哪個器官出了問題，都有可能導致衰退、死亡。人類社會、我們的公司、我們的團隊也是同樣的道理。

社會制度的進步，就是磋商跨越固有界限，適用人群日漸擴大，同時也逐漸適用於不同性質的行爲。無論是公開的社會活動，還是私密的男女關係，裡面都有磋商。磋商具有普世價值。

偏見與PK

此偏見PK彼偏見，最後成爲沒有意義的失敗「對話」

要坐下來磋商，第一需要解決的是語言問題。過去，普通話沒有被制訂並推廣，只有統一的書寫。不同地方的人，無法面對面交談，只能靠書寫交流。書寫不能及時互動，寫字的人猶如發表了一個宣言或者通知一樣，資訊傳達往往是單方面的。在口語交流不暢的情況下，會寫字的人自然擁有一種權威，成爲壟斷資訊的權力階層。古代的科舉制度，好像主要考的就是書寫能力。中國人在歷史上沒有形成磋商的傳統，會不會是由於這個原因呢？有了普通話以後，全國各族人民都能坐在一個桌子前開會了。

我堅信這一點，打通語言隔閡是最重要的。只要交流的基本工具（語言）是暢通的，即使陌生人見面，最先想到的都是交流，而不是打一架。陌生人見面，總是從介紹自己、瞭解對方開始。打架之前的狀態，一般是氣得說不出話來。只有氣得說不出話來，交流徹底沒可能時，才會動手；反過來也說明了，在一切動手之前，人們總是努力要交流的。

但是對交流造成致命傷害的，卻是偏見，由此我想起一場最失敗的對話：

二〇〇五年春節過後的正月十五，中國企業家論壇在黑龍江的亞布力舉行。之所以選在亞布力舉行，一半是爲了開會，一半是爲了滑雪。參加這次會的人很多，會議的議題安排得也非常多，出場的都是企業家中的要角。最激烈的一場論壇是大會組織的南北企業家對話——說是「對話」，其實更像是一場爭辯、爭吵、對決。台上台下都情緒激昂，基本上是南方人支持南方的企業家，北方人支持北方的企業家，強調的都是他們的不同，他們的差異，無一例外地把這種差異透過語言和情緒極端放大，卻很少有人能夠理智地去尋找和分析南北企業家共同的東西。當時我被分配到北方企業家代表這邊，給我安排的對手是南方的電子商務企業家，「阿里巴巴」的創辦人馬雲。我首先聲明我是從甘肅來的，我既不屬於北方，也不屬於南方，我是西部來的。當時「UT斯達康」的總裁吳鷹就說：你人在北京，賺北京人的錢，就算是北方企業家了。在這種爭辯中，想保持中立和超脫都是不行的。

雙方爭吵得很厲害，有人說：「中國的企業家要國際化，就靠你們南方人批發幾包打火機就能國際化嗎？」台下有一位沒有搶到麥克風的企業家馬上高聲喊道：「你們北方人從宋朝開始就欺負我們南方人。」我心想，這些都是偏見，特定的場合把這些偏見大大地放大了，這種偏見正是一切不和諧和不團結的根源。

由此我又聯想到接受過的一次採訪，是上海一家報紙和上海電視台的採訪。他們的話題是上海和北京的區別，上海人和北京人的區別。我說，實際上這種區別是很小的，不要誇大這種區別，不同的上海人之間的區別甚至比上海人和北京人之間的區別還要大得多。我還列舉了一系列理由和事實來說明我的觀點。他們都大失所望，覺得我是文不對題，與他們預想的題目和內容相差很遠。事實上，我們人類是相通的，同一性和整體性是我們最大的特點，一定要消除各種偏見，種族的、膚色的、教義的、國家的和物質文明程度的偏見。

偏見是毀壞玻璃的裂縫

從根本上想，其實上述這些偏見，哪一個是我們生而俱有的呢？都是後天各種原因造成的。我們在某個區域出生、長大，區域文化裡面，有一些不好的引導。例如，做一個「驕傲的四川人」，做一個「驕傲的廣東人」，等等，爲什麼要驕傲呢？還有前些年流行的「我們亞洲，山是高昂的頭」，爲什麼要強調自己的山是高昂的呢？難道別人的山是低著頭的嗎？這些荒謬的自我意識，更因以爲肩負某種「文化根據」、某種「民族精神」而咄咄逼人。這些荒謬的偏見被一些人想當然地當成自己的眞知灼見，有一個原因是他們被社會流行的東西鼓勵著。

現在有一個詞叫「PK」。最初我看到「PK」這個詞的時候不理解它是什麼意思，因爲我從來沒有看過「超女」的比賽，還以爲「P」就是和平（Peace）的意思。但別人告訴我，「PK」是電子遊戲中的一個術語叫「對決」，與和平的意思截然相反。電視台設定PK的氣氛一定是爭吵，毫不妥協，只要誰的觀點極端，誰的語言有暴力性，誰就會得到更多的選票，得到更多的支持。媒體也跟著掀起一場又一場的ＰＫ，不同觀點的交鋒，對各種問題的討論統統叫做ＰＫ，好像能把眞理ＰＫ出來。其實ＰＫ的場景和氛圍，就是激發鬥爭，各方都想著在ＰＫ中取勝，想方設法批倒對方，我想，這樣的討論其實已經違背了磋商的原則。此偏見ＰＫ彼偏見，最後成爲沒有意義的失敗「對話」。

ＰＫ鼓勵好鬥，並把展示偏見當作娛樂，仔細想想，淵源很深。歷史學家的研究證明，順著時間倒數，越往後，人類的社會單元就越小，越分散，從國家聯盟、大國家、小國家一直到最小最分散的部落。社會單元最小的時候，對其他人的偏見最深，爭鬥最多，人們也就最渴望勇武。好鬥與勇武，相當古老了。現在大家盼望已久的和平時代來臨之後，廣泛的磋商也已在各區域、各民族中展開。我們應該立足於實現永久和平的願望，更爲深入細緻地消除各種偏見。偏見，哪怕是最微小的，也可能是毀壞玻璃的裂縫。我們手持和平的玻璃器皿，要小心啊！

空，故納萬景

自己要像個空心的竹子，要放低身段，要謙虛

兩個陌生人見面，在簡單的自我介紹之後，磋商就頻繁地開始了。因爲人是很關注自己需求的動物，有需求便產生動機，進而透過雙方合作達到目的，這時候磋商就開始了。在磋商的技巧還不完善的時代，磋商者經常不歡而散，甚至爆發劇烈爭鬥，鴉片戰爭就是一個無法實現磋商的災難性後果。

有時候我們明顯感覺到磋商不能形成一致同意的結論，大家都很著急。這時候我們要銘記老話，「君子動口不動手」，不要著急，慢慢來。如果磋商的議題不能統一，我們就反思磋商的技巧；如果磋商的技巧也無法研討，我們就對磋商的基本原則達成共識。我們唯一要堅持的是磋商，只有堅持磋商才能避免暴力對抗，才能達成共識。對此，偉大的聖雄甘地是實踐過的。

我也是初次接觸磋商的文化，瞭解得很膚淺，但磋商中要遵循的幾條規律很讓我受啓發。第一，磋商中不要太在意面子，不要過於自尊。只有這樣，你才有可能客觀地判斷別人對你的言論的批評。第二，在磋商過程中，自己要像個空心的竹子，要放低身段，要謙虛。自己所處的位置較低，別人的思想和智慧才會被接收和流淌過來。這時自己的思想才能夠受到靈性的指引，回到

正確的道路上去。如果這個空心的竹子被阻塞了，別人的思想和觀點就無法接收，這時候的人其實是孤立、封閉的。第三，要學會靜默，學會傾聽，多用耳朵，少動嘴。靜默可以趕走眼前繁雜的思想對我們的干擾，而我們的思想常常會被眼前可以看到的、無用的資訊牽著鼻子走，而失去了自己的目標和方向，甚至失去了自己內心眞實的感受。

這三個方面，都涉及對自我的使用。有些人可能會反對我的「使用」一詞，認爲自我就是一切，是不能像工具一樣被支配的。我不這樣認爲。我認爲人是有能力超越自我，並控制和支配自我的。

人們把鹽稱爲食物中的「君子」，鹽要放到恰到好處，把山珍海味的美味帶來之後，自己要躲在外面。如果在山珍海味中加多了鹽，這時鹽就變成了「小人」，破壞了山珍海味的美味。這個比喻使我明白，發現美味的是自我，破壞美味的也是自我。這自我的確是柄雙刃劍。

磋商規定了我們要交流，這就要減弱自我。自我太多，一切交流都會變成單方面表達的異常狀況。在生活中常會看到有人這樣表達，他不要別人說話，不要有其他東西打斷自己的滔滔不絕。他激情四溢，有時候不免靈感飛揚，但別人未必能聽懂他的意思。他表達得很成功，但交流卻不一定有效。

在很多情況下，你可以變得沒有對方那麼有才華，沒有他明亮，因此你的幽暗襯托出對方言論中的優點。

對自我的使用要像高明的廚師使用鹽一樣，以誠實來激發磋商對象的交流願望，以謙和彰顯對方意見中的優點。磋商的重要目的，不就是找到彼此的優點，以便形成良好合作以解決問題嗎？

磋商的藝術

商人以利益爲驅動，以互利互惠達成合作，這裡面有著大量的磋商，他們應該就是最會磋商的人

磋商是一門藝術，不僅僅是一種技巧，更多的是需要跟大家一起進行心靈層面的溝通，精神層面的理解。磋商時要先調查研究、蒐集資料，每人盡可能瞭解更全面的資料，在磋商中要把每人的觀點、資料放在一起，放在一起以後這些觀點就不只是你個人的觀點，應該成爲大家的觀點。大家去評論、分析，選擇一種大多數人認同的觀點，再採取聯合行動，並在聯合行動的過程中去反思，大家再一起評價、思考，再磋商，再聯合行動。這就是磋商的全過程和迴圈。這是一種更有效的、更適應新時代的人際關係。只有利用這樣一種新興的人際關係，才可以解決我們現實中的問題，讓我們少一些困惑，讓我們的團隊有更愉快的人際關係，人人心情舒暢，工作更有效率，更有熱情，把人善良的、創造力的一面充分激發。同時，在磋商、聯合行動、評價和思考這個迴圈過程中，我們會更加接近目標，接近眞理。

磋商過程中最大的障礙是磋商的成員非常自我，不能夠忘掉自己，死抱著自己的觀點。在自己的觀點沒有得到別人認可時就產生消極的、負面的、牴觸的情緒。這種心情會使自己忘了我們

的目標，忘了我們追求的眞理，自我的陰影大過了一切，把捍衛自己的觀念誤認爲是行動的目標和我們要追求的眞理。我們應該理解每一個成員都是這個集體中的一個細胞，有各自不同的功能，但我們有共同的目標，就是讓整個機體健康運行。如果讓極端個人主義無限膨脹，某一個細胞無限制地生長，拚命吸收別的細胞必需的營養，整個機體的健康就會受到威脅，這樣的細胞就是癌細胞，是對身體不利的。

我們面對的世界是多樣性的，要尊重這種多樣性，才能夠團結起來，不要指責對方，打擊對方。這也是形成以合作和磋商爲基礎的新型人際關係中非常重要的一點。尊重和承認人的多樣性，其實對個人、家庭、企業和社會來說，都是非常重要的。任何單一的模式、單一的功能細胞組成的機體都是沒有生命力的，是要死亡的。

磋商三原則：平等、互惠、民主

磋商的過程也可以增加每個人的責任感，因爲他發表了自己的意見，參與其中，意見得到了大家的尊重和認可。一旦得到大家的尊重，團體的每個成員就會更有責任感地去實現目標和接近眞理。

磋商過程中每個人都要有開放的心態，要使用仁慈的語言。任何互損、指責的言語都是非常負面的，對達到目標是沒有任何意義的，所以磋商時，每一個細微表情都是非常關鍵的。我們要用微笑的表情、仁慈的舌頭使我們的磋商及合作更有效。

我想了很久，認為平等、互惠、民主是磋商的三個基本原則。

平等，是指在擁有說話的權利上人人平等。偉大的古希臘先哲說得好：「即使我不同意你的觀點，我也誓死捍衛你說話的權利。」互惠指的是每個人都要明白你的利益來自於與其他人的合作，而要求其他人合作，就必須顧及他人的利益。人人為我，我為人人。民主在這裡特指的是少數人服從多數人，磋商要得出結果，我們只能用這種方式裁決。

聽起來這像在說一份多方商業合約的簽訂原則。是啊，我們可不能小看商業合約。今天我們所使用的合約制度，是西方人研習千年的結果。透過閱讀歷史，我們發現在古希臘、古羅馬、古威尼斯這些商業文化悠久的地區，磋商文化是最發達的。市場的基本原則是需求交換，人們很早就意識到，只有磋商才能達成目的。

我想，說不定在原始社會，人們就已經開始了磋商。後來出現的以物易物的貿易者，以及再後來的使用貨幣的商人，具體應用多年，將磋商文化發揚光大了。商人之所以是商人，他們以利益為驅動，以互利互惠達成合作，這裡面有著大量的磋商，他們應該就是最會磋商的人。

磋商才能體現人類的普世價值

拿出觀點的人越多，共用資源就越多，磋商就更容易接近眞理

有一本書轉載了《聖經》裡的一個故事，說基督升天之後，弟子們坐在一起，商量師傅死後怎麼辦？他們每一個人說了一句話，很簡單，可是被後來的智者認爲是最優美的磋商的例子。第一個人說：師傅死了，我們傳教去。第二個人說：我們傳教去，我們家人怎麼辦？第三個人說：我們將我們的家庭搬來住在一起，他們可以互相照顧。第四個人說：我們走後孩子怎麼辦？孩子的教育很重要。最後一個人說：可以留下一個人擔當我們孩子的老師。其他人贊同說：這個辦法好，我們既要去向外人傳道，也不要忘記給自己的孩子傳道。他們所說的，看上去都是家常話，當時我怎麼看也看不出來這是最優美的磋商。後來仔細看這語言就可以發現，這裡面沒有一個人是反對的語言。第一個人說師傅升天了，我們傳教去吧。如果第二個人說不去了，我們睡覺去，這就沒有辦法磋商了。他們每一個人提出問題之後，衍生出一個新的問題，然後再衍生一個新的解決辦法。沒有一個吵架的。這幾個弟子說了幾句話，所有的問題都解決了，這就是最優美的磋商例子。

剛才舉了《聖經》裡的故事，再說一個完美磋商的例子。有一年的足球比賽，有一個進球被

評為「最好的進球」。其實不是他們射門漂亮，而是因為這個進球，十一個足球隊員都參與有份。他們整體向前，層層推進，每個人都至少接觸了一次足球，然後把足球傳遞到更合適的位置，一直到最合適的位置，那就是球門裡。換言之，每一個隊員都踢了一腳，都用自己的腳參與了「磋商」，顯現出整體協調的美感，這是磋商精神在一個足球隊身上的最佳體現。

讓個人觀點成為共用資源

幾個人坐在一起商量，前五分鐘的氣氛是比較好的，越到後面越激烈。你提出的觀點有問題，他反對，然後你再反對他，說到最後就傷到自尊了，結果相互之間的交流就變為相互批評了。磋商的重大原則就是一旦有人把自己的觀點拿出來，放到桌子上，這個觀點就不再屬於他自己，而是變成磋商所需要的共用資源。拿出觀點的人越多，共用資源就越多，磋商就更容易接近眞理。討論時，我們對某個共用的觀點提出質疑、分析，與拿出觀點的人沒有關係，對事不對人，只是針對這個觀點，這樣，磋商才能進行。但往往我們不是這樣，一般討論到了最後，就是說一個人怎麼樣怎麼樣了，比如說你怎麼這麼笨呢？這種有違磋商精神的方法，直接導致的就是人們不敢拿出自己的觀點。害怕自己受到批判，其觀點便私有化了，要傳播也走小道，只針對少數人傳播，這種情況下，即使那個觀點是正確的，傳播方式也是一種陰謀。

耶穌門徒們的磋商之所以被稱爲完美，其中有一個關鍵點，那就是十二門徒中沒有誰反對去傳道的使命。有了這個大家都贊同的目的，他們才能進行完美磋商，解決影響傳道的各種問題，成爲最佳的傳道團體，但這是團體內部的事情。當他們這個傳道團體遇到其他信仰的團體該怎麼辦呢？在一千多年前，他們沒法解決這個問題，因此便有女巫迫害，有十字軍東征，有宗教裁決。用現在的眼光看，我們明白，在集團利益之上，還有一個眾生平等的權力。他們應該繼續磋商。只有更進一步的磋商才會發現眾生平等、信仰自由等等適用於更多人類和種族，因而也是更爲基本的人類眞理。每一個時代的進步都令眞理更具有普世價値，爲集體磋商行爲提供更先進的「前提」。

網路帶來全球磋商的前景

湧現的是自下而上的社會力量，來自於民眾的、草根的聲音

我想，網際網路可能就是上帝賜給人們進入持久和平的最好管道，我們要充分利用這一最偉大的交流和溝通工具，儘快進入更廣泛的磋商中去。

人類幾千年的歷史發展中，近十年、二十年的變化是最巨大的，超過過去幾百年，甚至上千年的變化，我想這些飛速變化的主要原因是網路技術、資訊技術的發展。

最初是入口網站、電子商務，緊接著出現了搜尋引擎，之後就出現了現在的部落格，似乎要把一個長達上千年的變化濃縮到幾年，甚至幾個月的時間內實現，這是一種在技術的深刻影響下出現的變化趨勢。另一個趨勢是，中國幾百年來的封建主義，閉關自守，錯過了很多機會，在全世界進行文藝復興、工業革命的時候，中國還是一個封建的帝國，沒有跟外面世界建立很好的交往和聯繫，錯過了這些革命帶來的巨大影響。但是改革開放後短短的二三十年時間裡，中國社會物質財富的積累卻在全世界創造了奇蹟，這是被壓抑了幾百年後迸發出來的力量和速度，是一個之前誰也無法想像到、現在卻讓大家耳濡目染，並親身經歷的奇蹟。這兩種趨勢的疊加就形成今天的中國現狀。

大家原以爲財富的積累可以讓更多的人幸福、快樂，並且可以做自己想做的事情，但當這種物質財富的積累到了一定程度時，人們卻發現，物質財富和金錢並不是萬能的，我們還需要精神的進步和發展。在我看來，網路技術的出現正好可能推動人們的精神進步加快，因爲透過網路的自由和開放的思想交流、碰撞，既會使各種階層、不同種族的人消除誤解和矛盾，也會因爲彼此融合而產生新的精神與思想。

此前的網際網路還是菁英的，神秘的，是少數人的專利，資訊的發佈還有一定的權威性，有一定的等級觀念。而部落格的面世使網路開始以一種大眾化、平民化、草根化的方式出現，每一個人都有發表自己思想、觀點的願望和途徑。單純從數量上來看，部落格文化在網路技術的支援下，在搜尋引擎技術的支援下已經出現爆炸性的增長。這種增長湧現的是自下而上的社會力量，來自於民眾的、草根的聲音對社會現實有了極強的干預。

網際網路最大限度地打開了國門，是每一個中國人的最好機會。今天，某些西方文化也開始融入我們的生活，比如儘管許多中國人不信基督教，但西方傳來的耶誕節我們高高興興地過，情人節也高高興興地過，現在甚至連感恩節在中國都成了一個大的節日。

在中國這樣一塊已經耕耘好的土地上，大家已經有一定物質財富的積累，一定會轉而關注精神的進步和思想的交流發展。正在這個時候，網路出現了，它會喚起人們潛在的精神覺悟，使中

網路的自由與開發，帶來全世界人類的思想交流與碰撞。（「建外SOHO」有著大片大片的玻璃窗。）

國人的精神得到進步。

隔閡與爭鬥之消除

一個民族的優秀文化在傳承中發展，就是後一輩人與前一輩人磋商的結果

在我們的生活和工作中，常常會出現一些矛盾，大家有很多不一樣的看法，如果處理不好，最後就有可能變成爭吵、衝突，甚至戰爭。這種不和諧的畫面在辦公室中有，在家庭中有，在電視畫面中有，在網路中有，在高雅的學術研討會上也有……出現這些衝突，常常是因爲爭執雙方都堅持「我正確，別人錯誤」，都認爲自己是在追求眞理，以眞理的擁有者和捍衛者自居。

不同宗教信仰的衝突是其中歷時最久、影響最深刻的衝突。這種衝突很具有代表性——大家都認爲自己掌握了眞理，都相信自己信的上帝才是眞的上帝，別人信的上帝是假的。於是煽動並組織同一信仰者，去討伐別的信仰者，也就有了諸如「十字軍東征」這樣持久、影響深遠的戰爭。印度聖雄甘地曾說過一句名言：「懲罰是上帝的事！」任何人都不可能代替上帝，上帝也沒給任何人這樣的授權。當我們翻看各種宗教信仰的經文時，上帝的先知、人類的教育者，如基督、佛陀、老子、穆罕默德等無一不是在啓示、倡導和平，天下一家，人和人要相愛等等。

有一次我去香港參加國際道德經研討會，席間聽聞要組織不同宗教信仰對話的研討會。有人就擔心，不同宗教的代表在研討會上會不會打起來。這也許正說明了我們種種令人不滿意的現狀。

如果大家都能夠遵循這些偉大先知們的教誨，眞正有追求眞理的精神，就會以團結、磋商的態度，破除各種各樣的迷信，無論你信仰哪種宗教，大家在眞理和上帝面前都是平等的。只有眞正具有磋商的態度，才能離眞理越來越近，離上帝越來越近。

其實在我們生活中、工作中也常常出現這樣的畫面。我們總會聽到諸如「我的……」、「我的主意」、「我的思想」等等這些字眼，甚至誓死捍衛這些「我的……」，不允許別人對此發表任何不同意見。先知們說的「大同世界，天下一家」不是指物質世界，而是在物質世界中，儘管每個人的軀體都是獨立的，但我們的精神世界是相通的、融爲一體的，你中有我，我中有你，因爲精神是無法分割的。明白了這個道理，在我們的工作和生活中，就會少一些「我的」，「你必須」等等這些缺乏磋商精神的語言。

人們對於來自不同環境、背景的人，採取排斥、不合作的態度，這也是發生衝突和糾紛的根源。我們需要打碎這些阻礙我們精神世界相通的障礙，只有這樣我們才能進步，而這種進步是共同的、整體的進步，是精神帶動物質世界共同的進步。

磋商可以消除隔閡與爭鬥，唯有磋商能帶給人類幸福的未來。幾乎所有照顧到大多數人類幸福的公約，都是磋商的結果；所有成爲全人類共識的眞理，具有普世價值的眞理，也都是磋商的結果。參與磋商的人越多，所達成的公約越具有普世價值。處在相同時代的人們，可以面對面地磋商，達成人人受益的條約；而處在不同時代的人們，也可以透過精神完成磋商。比如此時我在閱讀《論語》，就在與孔子磋商。一個民族的優秀文化在傳承中發展，就是後一輩人與前一輩人磋商的結果。

現在你閱讀我的這本書，我希望也是一次爲了找到眞理所進行的美好磋商。

第三部

創新的密碼與狀態

Part 3: Decoding Innovation

成為空心竹子

順應生活的力量，是無爲而治者的行事依據

做企業從來就沒有固定的模式。在整個企業發展的歷史上，企圖找到固定模式，一勞永逸當個懶漢，是不會成功的。面對其他人的成功方法，簡單機械的學習和模仿也是不會成功的。優秀的企業家一定是創造者，企業家是最具創造精神的一批人。

堅信創造，但又要腳踏實地。一個具有創造精神的人不是空想家，也不是膽大妄爲的冒失鬼。有一個雕塑家，他對世界上的石材、泥土、鋼鐵、塑膠、紡織品等各種材料瞭若指掌，有著精深的研究。因此，他才能夠做出最具創新性的雕塑作品。世界上最感人的美，往往已經潛藏在自然世界中，等你用慧眼來開發。在創造的範疇，最重要的是發現。

企業家的創造性更是如此。爲了發現價值，他們要隨時隨地依據周圍環境的變化而變化，並且隨時隨地地調整自己的企業和自己的心態。任何經典的教科書，教你如何做企業，教你如何取得成功，最後都只能成爲你的額外負擔。成功的企業家一定是放鬆的，放鬆心態下才有智慧和幽默。緊張只能加大做事的成本，把事情辦得更糟糕。

我在剛學開車時，很緊張，手裡出汗。等開車技術提高了，人也放鬆了。做一個企業家也是

同樣的道理，要放鬆，不要緊張。有些人自從做了企業家之後就不會笑了，整天緊鎖眉頭。這樣的人，他的企業很難管理得好。在別人看來企業就是要賺錢，功利性很強。但是太把賺錢當回事了，太急功近利地想著賺錢，錢就離你越來越遠了。

無為而治的企業管理

在對企業的管理中，我比較推崇無爲而治。最早我在老子《道德經》裡看到無爲而治的觀念，但並沒有切身體會。有一次坐飛機趕到香港，按會議的時間安排我必須要在西安轉機。在西安停留的四個小時裡，我去參觀了漢代的陵墓。我已經記不清楚這個陵寢皇帝的名字了，只記得第一個皇帝和第二個皇帝的陪葬品都是一些粗糙的瓦罐什麼的，一大片堆在那裡。而在漢朝初年文帝、景帝的時期，也就是漢朝的「文景之治」時期，他們實施了無爲而治的管理，這時候漢朝就非常強大了。這一時期皇帝陵寢裡面的陪葬品就非常好，很明顯地顯示那是一個富庶的時期。「文景之治」是非常典型的無爲而治，我面對那片漢陵，眞切地感受到無爲而治的力量，受到的震撼比看史書要大得多。

「文革」期間，人們的思想、行爲被管得很緊，人們喪失了活力，經濟也上不去。改革開放後，行政干涉減少，給大家更大的空間，讓人們自主奮鬥。在追求幸福的動機下，人們會自行尋找合適的方法，自行管理自己。所以改革開放以後，條條框框少了，人們有活力了，也變富裕了。

我還慢慢發現，無爲而治實際上就是把管理者變成一個空心的竹子，一個甘願放棄自我的人。首先他相信世道人心，人不會輕易爲惡，引發敵對。相信人們只要以追求幸福爲出發點地生活著，都會是善意的。無爲而治者對於表現自己的權力沒有什麼興趣，因爲他明白，權力是在關鍵時候用的，出現問題的時候用的。在平常，人們自然地生活，而生活本身會自動創造和管理，這是存在於我們每一個個人周圍的更爲強大的力量和智慧。我們好像水上的小舟，依託流水的力量前行。我們要尊重它，感應到它，順應著它。如果你以爲你有一點權力，就可以無所顧忌地搞亂生活，是一定會受到懲罰的。

順應生活的力量，是無爲而治者的行事依據，是一個偉大的發現和總結，在歷史上也創造了輝煌。許多年來，我就慢慢把這種思想轉化成我的思想，發揮到公司裡去了。

取消高壓，催生自下而上的力量

在辦企業的過程中，我發現在一個高壓的領導下，員工的活力會逐漸萎縮。老闆總是罵人，制訂各種紀律，這個做得不對，那個做得不對，今天加班，明天加班什麼的，員工擔驚受怕，懷揣怨言而不敢發，這樣的公司是很負面的。即使老闆很有才能，他的自我也得到最大的滿足了，就像個皇帝一樣，但員工的積極性和才能沒有發揮到公司事務裡面去，只是戰戰兢兢地執行。實際上這樣的老闆是很累的，遲早會崩潰。因爲員工不舒服，可以跳槽，老闆卻沒辦法跳槽。你罵走了一批人，招來新員工接著罵。員工一任一任地走，你能堅持多久呢？罵人是很累的。無爲而治的原理，也可以將老闆從痛苦中解脫出來。

無爲而治，本質上是取消來自上面的高壓，催生自下而上的力量，爆發公司全面的活力。有些領導者最怕說到自下而上的力量，害怕這股力量將自己推翻，那是因爲他還是老舊的獨裁管理。你事無巨細，每一個環節、每一個領域都要去干涉，過濫的權力是一種破壞性的權力。你破壞了生活中善的秩序、公平的原則，當然要被推翻。就企業而言，法律保護私有財產，老闆不會被推翻，但是要把公司辦好，就需要所有員工齊心協力，努力工作。無爲而治的原理，依然是鼓勵自下而上的力量，爲公司提供活力，這是公司發展壯大的唯一道路，這就需要老闆做一個空心的人。

好多公司常常把領導者的講話貼到牆上，員工穿同樣的衣服，按時上班，打卡，如果不打卡還會被處罰。注重這種表面上的東西，最容易流於形式主義和教條主義的錯誤。前面說過，無爲而治要依據生活本身的力量，實施者其實也不輕鬆，須隨時保持著警覺，非常靈活地調整企業順應主流，以打破隨時出現的形式主義和教條主義。

在一個講究無爲而治的公司裡，對員工的要求也非常高，尤其要求其具有自律性、創造性。

但我們不能僅僅是單方面向員工提出要求，必須努力形成公司良好的環境，有一個主題鮮明、細節豐富的企業文化。這種文化應激發他們追求精神的東西，學習、上進，激發他們建立良好的磋商型人際關係。

一定要順勢而為

有人問過我，你現在公司這麼大了，還像當初那樣奉行無爲而治嗎？我想的是，我的公司有多大呢？沒有國家大吧。老子還說過一句話：「治大國如烹小鮮。」我的公司或許現在做大了，作爲我，依然堅持無爲而治。當然我不是什麼事情都不做，當翹腳老闆。我依然要做事，但只做一件事情，做船上的舵手，專注於及時、靈活地調整方向，不要像鐵達尼號一樣撞到冰山上，也不要擱淺。一定要順勢而爲，抓住市場和經營最本質的東西。作爲商人，最本質的就是這個社會上缺什麼，我們就去做什麼。所以大公司前面就要有一個燈塔，這個燈塔就是：市場需求。老闆應該專心研究市場需求。

我們公司目前業績很好，最重要的原因是來自於幾年前我們的一個決策。那時候我們看到，過去十幾年時間，開發商不斷蓋房子，注意力和資金全都集中在住宅的開發上，基本上一提開發商就是做住宅的，卻忽略了商業辦公大樓。據統計，在開發商之中，開發商業地產的連百分之五都不到。這裡面有個巨大的供應缺口，所以我們這幾年就把公司方向調整過來，瞄準即將出現的商業地產需求。當我們調整過來後，整個住宅產業就變成一個淺灘了，首先有「九十平米百分之七十」*的限制，今年政府釋出的土地超過百分之八十是廉租屋、經濟適用房，同樣地段的商品房不可能去跟成本很低的經濟適用房競爭。而我們的調整保證了良好的業績，而這個好的業績給我們傳遞的資訊就是市場上需要它。

市場中表現出來的需求就是人們在生活中的需求，其中有巨大的、遵循自身規律的生活力量，所以市場管理尤其是需要無爲而治的。經濟學裡面講到「無形的手」，其實就是指市場本身的規律。這無形的手爲什麼被經濟學家發現而不是科學家、政治家們發現呢？就是因爲經濟學家關注市場。市場中間，生活的力量是表現得最爲明顯的。現在你看看，我們的生活，沒有透過市場的原理和方法去應用的已經非常少了。

*根據（中國大陸建設部）規定，二〇〇六年六月一日起，凡新審批、新開工的商品住房建設，套型建築面積九十平方米以下住房（含經濟適用住房）面積所佔比重，必須達到開發建設總面積的百分之七十以上。

服務精神是一種基本品德

如果沒有服務精神，能力和智力就得不到發揮，甚至會起反作用

在我們開發建設現代城的時候，曾到哈佛去參觀，感覺他們沒有多少管理概論之類的東西，都是案例，提供一個個案例讓你思考。所以我想，與其出版員工手冊、制訂制度，不如給員工編一本《投訴潘石屹——批判現代城》。不光讓付給我們錢的人投訴，我們付給別人錢的，有服務不好的地方也應該投訴。

當時我們公司的工程總監因爲與部門經理意見不合，最後要離開了，他跟我說，我現在覺得一肚子氣。我問爲什麼，他說你要是把我炒魷魚了，我心甘情願；我現在氣的是我是甲方，讓乙方告狀，乙方給我氣受，世界上哪有這樣的道理？這種道理我還是第一次聽說，就問他甲方乙方有什麼差別。他說，甲方就是掏錢的人，人家就得聽我們的。甲方乙方在《合約法》上是平等的，但商場上，乙方求著甲方，甲方是業主，乙方是施工方，是供應材料的。由此看來，在中國人觀念中，服務意識上是不平等的：我掏錢給你，你就得求著我。這也就構成中國的獨特文化景觀：相互服務，還沒有被一些人意識到這是新型社會關係的核心。服務於他人，成爲沒有面子的事，他們所謂的服務是令他人爲自己服務。

我一再強調，房地產開發商不是把房子賣出去就完事，更重要的是以後的服務。這個服務不是指表面上要有多殷勤。一個有生命力的機構、公司，不僅要注重產品品質，更要注重服務意識與服務品質。

市場經濟仍然需要「為人民服務」。我覺得社會發展到現在的階段，服務他人是一個很值得說一說的話題。人的美德有許多，比如團結、勇敢、誠實、創造力、同情等等。但我想，還有非常重要的一點，那就是「服務精神」。服務他人的精神是當今社會中任何人都應該具有的基本品德。

過去我們公司衡量一個人，常常是按能力的大小、智力的高低去評判他，去給他安排職務和工作。但到了今天，我們意識到，服務精神是一個前提，有沒有服務精神和服務品質高低的重要性已經超過了能力和智商。因為，如果沒有服務精神，你的能力和智力就得不到發揮，甚至會起到反作用、破壞作用。

作為一個商業公司，過去更多的是強調為客戶提供服務。但社會發展到今天，僅為客戶提供服務已經遠遠不夠了。我們不能夠只為付錢的人提供服務，而在花我們錢的人面前，做大爺，做「甲方」；不能只是級別低的員工為級別高的員工服務，級別高的員工做大爺，發號施令。這都是違背服務的基本精神的。我們的員工、我們的公司不僅要為客戶提供服務，還要為我們的材料供應商、施工單位、設備供應商、設計單位等提供優質的服務。為此，我們專門研究並設計了兩套意見徵求表格：一套是徵求我們客戶的意見，比如購買了我們的房子有什麼樣的要求，我們的客戶服務部門、租務部門、市場部門可以隨時給他們提供服務；另一套是我們作爲甲方爲我們的「乙方」設計的意見表格，讓「乙方」也可以給我們提出意見。兩方面的意見對我們同樣重要，我們希望透過與我們周圍客戶和所有廠家的回饋，不斷提高公司每個員工的服務意識和服務態度，這樣才能讓公司整體的素質提高。

公司在社會中的價值和個人在公司的價值一樣，只有你爲社會提供了服務，爲社會提供了價值，你的付出才能得到社會和公司的認可。過去，我們作爲一家房地產公司，要跑許多政府手續，我們的員工受了不少氣，吃了不少苦。現在，政府也在改革，例如土地的「招拍掛」*，各政府部門配合把前置手續辦完了，提高了我們的工作效率。服務是一個人的美德，不能因爲前一個人對你態度不好，你就對後一個人態度不好，這就是孔子認爲最不能原諒的人的缺點：遷怒。只有人人都提高自己的服務意識，把自己定位於服務他人的角色，我們公司才能健康發展，整個社會才能和諧地向前運行。

而對於將服務他人當作沒有面子、失去「自我」的人來說，我要奉上一句：船錨要起作用，

---

*二〇〇二年五月九日中國大陸國土資源部公佈了《招標拍賣掛牌出讓國有土地使用權規定》（簡稱「招拍掛」），規定商業和商品住宅等各類經營性用地，必須以招標、拍賣或掛牌方式出讓，不得再以「協讓」方式出讓，以杜絕弊端。

就必須埋沒自己。

一個有生命力的公司，無時無刻都要注重服務意識與服務品質。（「SOHO尚都」的夜景。）

企業的社會責任

追求價值的最大化、利潤的最大化，同時遵守行業的標準

一個公司目標應該非常單一，那就是為社會創造價值。只有給社會創造價值，才有可能給社會更多的稅收。對企業來說，成績就是利潤。如果給一個企業加上過多的東西，我覺得就會有問題。這麼多年來，我們似乎一直在空談企業的社會責任。作為一個企業，它的任務就是追求價值的最大化、利潤的最大化，同時要遵守行業的標準。比如它是不是環保，這個當然要看標準：如果是在中國，你就遵循中國的標準；把產品出口到美國去，就遵循美國的標準。所以，一個企業遵守法律和規定應該是第一位的。至於做慈善事業、福利事業，這些事情不應該是一個企業的責任。企業是沒有資格做這些事的，因為屬於它的錢都是股東的錢，你不可以拿著股東的錢去做自己的慈善事業，一定要尊重股東的意見。企業要保護股東的利益，就要降低成本和創造價值。

所謂企業的社會責任，並不是要企業離開自己的範疇去做另外的一件事。企業本身就是社會結構的一部分，它的存在與發展就是社會責任。就像我們說一個人，他自然健康，有愛心地生活著，就有社會價值。但非要把社會異化，把整體放到局部面前來，要求局部再想想其他辦法成為整體的一部分，這就很荒謬了。這就好像讓一隻手去對身體負責一樣。實際上，一隻手能動，能

使用，它就已經對身體負責了。

在我看來，首要是建立秩序，而不是高談道德。建立良好的政治、經濟秩序，使其中的每一個企業都健康成長，才是正道。比如我們現在尤其要注意環保，那麼就去制定完善的環保法。企業講環保，並不是特別高調地擔當了什麼社會責任，而是遵守環保法。

企業的責任其實就是遵紀守法，創造利潤。如果我現在拿著公司的錢去做慈善，這就是股民最忌諱的事情，也是股東最忌諱的。如果分紅後，用自己的錢去關注教育問題、扶貧問題或愛滋病的防治問題，企業家自己去做，我認爲才會有做慈善的眞正快樂。

沒有上市的民營企業也一樣。你希望做慈善和福利事業，這是企業家的問題，不是企業的問題。其實做慈善是每個人自己的願望，應該用自己的錢去做。咱們常常把企業家的社會責任和企業的社會責任給混淆了。

每天要問的三個問題

不需要追求過多的經營知識與技巧，而要從根本上回答三個問題

想一想，自己從商時間不短了，但從來沒有認眞去思考過從商的技術問題，從商過程中所讀的書籍，也基本都和從商無關。十幾年來我幾乎沒有看過任何關於管理技巧的書籍，從我內心來講，我並不認爲一個好的商人需要追求過多的技巧，而是要從根本上去回答：爲什麼辦公司？要辦成什麼樣的公司？經商的目的是什麼？回答這些問題，其實就是公司對這個時代的貢獻和理解的答案。

中國的大背景是經濟高速增長，城市化過程不斷加快。未來中國的經濟還會快速增長，中國將有幾億人加入城市化的過程中。只有當你順應了這些大趨勢，你所做出的努力才是有意義、有價值的，才能得到市場和社會的承認，才能談得上對社會的貢獻。否則，大方向錯了，南轅北轍，就是做了反功，適得其反。例如，今天再有人去辦製造算盤的工廠，或者再去開生產 BB Call、錄音帶的工廠，就顯然不合時宜，技術的進步一定會把他們淘汰掉。用句俗語就是：「男怕入錯行，女怕嫁錯郎。」

土鱉VS海龜

如果極端地劃分，中國企業家可以分爲兩大類：一類是土佬冒，或叫「土鱉」，也就是「技術含量低」的這一類。這一類屬於經驗主義，沒有大方向，也沒有大畫面，就是外國人說的缺乏Vision。但他們不固執，摸著石頭過河，摸到了石頭就往前走一步，摸不到石頭，不知水深水淺時就另尋他途。這類企業家很容易成爲機會主義者，但千千萬萬這樣「技術含量不高」的企業家用這種辦法成功了。中國在世界經濟的影響力，「中國製造」現象就是從這樣一大批企業家手裡產生的，他們的生命力驚人頑強，可以在任何艱苦、惡劣的環境下生存。不光在中國的土地上，在世界各個角落都能看到他們的身影。最簡單的就是開一個中餐館，等待機會，慢慢起步。

與這一類企業家相反的是另一類，以「海龜」爲代表，學歷高，技術含量高，走南闖北，見多識廣，不光會講中文，英文、法文也都會。他們是最早走向國際的一批菁英，給中國的開放帶來了新的氣息。但他們是過於空幻的理想主義者，甚至是帶著眼罩的自以爲是者。自認爲學習到了所有知識，參透了世界上所有的奧秘，最常用的詞是：「世界將因我們改變」、「我們爲人類提供新的生活方式」。他們把未來中國和世界幾十年的走向講得一清二楚，對股價、匯價、房價等走勢的預測可以精確到小數點後幾位。但這一類企業家在現實生活中卻常常碰得頭破血流。他們如果沒成爲企業家，而成爲經濟學家，預測結果常常與現實結果完全相反，就只能用「市場不成熟」、「泡沫化」、「人們不理智」來爲自己辯解。如果說第一類企業家是有可能轉變成機會主義者的經驗主義者的話，這類企業家就是經常轉換爲教條主義者的理想主義者。

借用毛澤東說過的一段話：教條主義給中國革命帶來的損失比經驗主義嚴重得多，讓中國革命的力量在白區損失了百分之百，在紅區損失了百分之九十以上*。爲什麼會是這種結果呢？因爲中國的革命和中國的市場非常繁雜，是一個龐大、複雜的系統，任何人都不能百分之百去掌握，還有許多未知的領域。就算最有知識、最聰明的人，也有自己不知道的盲點和自己不知道的東西。還不如乾脆脆，一閉眼，跳到海裡去游，從細微處打開感官，用皮膚感覺水的流向，這樣游幾次，可能你就賺到錢了。

新的企業型態將在中國誕生

當代企業家應該具備什麼樣的素質？這與時代背景有關，與這個時代需要什麼樣的企業有關。計畫經濟時代，只有廠長，沒有企業家，這種經濟形式給我們帶來了無盡的貧窮和落後。資本主義初期，企業家創造財富的同時，也帶來了貧困，不在本國製造貧困，就把貧困輸出到別的國家

---

*共產黨統治區稱爲「紅區」，國民黨統治區稱爲「白區」。

去——這是馬克思當年總結的觀點，在今天看來還是適用的。那麼，符合人類新文明的新企業形態將會在什麼樣的國家誕生？不可能在歐洲，不可能在美國，也不可能在非洲，我認爲只能在中國誕生。這種新的企業形態，要在創造物質財富的同時，關注精神財富與物質財富的平衡發展，關注公平、正義，關注和諧平衡的發展。新的企業形態對中國的企業家提出了新的要求，他們既要有第二類企業家的遠見、知識和理想，也要有第一類企業家的務實精神，要尊重未知的領域。兩者都不能走極端，正確的道路是中庸之道，我想他們是一些務實的理想主義者。

圓腦殼的世界觀

「方腦殼」死守教條，不撞南牆不回頭；「圓腦殼」認為世界是不確定的，隨機應變

我們經常遇到兩類人，一類人認爲世界是不確定的，他只能摸著石頭過河，在探索中往前走。另一類人認爲世界是確定的，於是他帶著固有觀念的眼罩，昂首挺胸地走，卻總是不見棺材不落淚，不撞南牆不回頭。

漢文帝和他的兒子景帝推行「無爲而治」，由此出現了中國歷史上前所未有的繁榮和富強，被後人稱爲「文景之治」。因爲他們摸透了事物的規律總是不確定的道理。

中國的改革開放使中國的社會財富急劇增加。有一天我去看父母，父親告訴我：一九六五年我們一家三口全年一共只吃了一斤菜油，他拿計算機計算我們全家每人每天吃油的數量少到小數點後面還有好幾個零。短短三四十年時間，中國發生了翻天覆地的變化，人們開始愁錢多了怎麼辦，錢多了對環境的影響，錢多了對房價的影響。中國人解決了吃飯問題、解決了穿衣問題以後都開始關心住房，而且有幾億人想往城裡走，想進城去！用官方的話說，就是城市化成爲一股擋也擋不住的潮流。中國的經濟發展得快，人們的生活水平提高了，對房子的需求太旺盛了，以至於中央銀行要連續調高利息，壓抑需求。出現今天這樣的繁榮景象，都是沾了改革開放的光，要

歸功於鄧小平的「摸著石頭過河」，歸功於改革開放的先輩們對世界所持的不確定的觀點。

我相信市場是聰明的，有生命力的。因爲市場是由千千萬萬聰明的、智慧的人的行爲組成的。市場多數時候是千千萬萬聰明大腦的疊加，只有在少數情況下才會表現爲集體的非理性。我們不要把市場看成單一的、不變化的，市場不是不見棺材不掉淚，不撞南牆不回頭的。一些所謂的專家學者總喜歡把有血有肉的鮮活市場歸納成乾巴巴的一組組資料和曲線，然後用它們來預測市場，用一成不變的確定觀點來指導我們在不確定的市場中的行爲，結果一定是荒唐的。

我去四川，聽他們批評人笨，說是「方腦殼」，我想聰明人可能就叫「圓腦殼」。「方腦殼」就是那些死板教條，不撞南牆不回頭的人；「圓腦殼」就是認爲世界是不確定的，隨機應變的人。

我對公司的管理也實施「無爲而治」的管理方式，常常被批評爲不懂管理，但我想公司健康快速地增長證明我的管理方式是有效的。

認同世界的不確定性，實質上是讓我們對未知的世界要有一份敬畏。我們現在甚至連自己的身體都還沒搞清楚，癌症、愛滋病還在危害著人類的健康，我們怎麼可能把全世界的事都搞清楚呢？持確定性觀點的人太固執了，我們要多懷一份敬畏之心，摸著石頭過河。

創新來自於靈魂的啓示

創新，要將視野投放到人類廣闊的生活需求中去，還要以人類的精神進步爲前提

「創新」現在可能是媒體和大眾比較關注的事情，也是比較時髦的詞。每個人都談他們的創新，但有一個共同點：三句話不離本行，都沒有脫離自己的產品。劉軍在講聯想的電腦；牛根生在講牛奶；長安汽車的老闆在講汽車；愛國者的老闆講他的MP3、MP4，其他人也都不例外。大家也都談到了創新，都在講一定要自主創新，別讓外國資本主義掐斷我們的脖子，也講到我們還很落後，要先把基礎工作做好再創新，我們跟別的國家不能比。

說句實在的，大家在談論的自主創新，我有點不太能夠理解。我不知道自主創新是不是就是每一個公司、每一個行業在內部自己做自己的事情，如果是這樣，那實際上創新是很難的。創新是發現新的領域，常常是在那些跨行業的區域，沒人關注的領域才會有一片新的天地。如果把自己封閉起來，只關心自己家的一畝三分地，創新起來就會非常困難。

我想像的企業創新，首先要將視野投放到人類廣闊的生活需求中去，還要以人類的精神進步爲前提。創新最可怕的敵人是不能從根本上以精神的進步爲前提，因爲只有精神進步才能發現和創造美好，沒有精神進步，創新就變成一句空話，所謂的創新產品也就是一些外表新奇卻沒有實

際意義的花架子。這句空話，再被某些急功近利的人變成一句空洞的口號，那大家就會走到創新的反面。

我一直認爲人的靈魂、精神是可以得到啓示的，而帶來這種啓示的有時可能是一本書，有時是與某人的一次談話，或者是一件事，又或者是一幅藝術作品，是一首詩，再或者是佛教中的一個小故事，是阿難尊者的一個微笑。在禪宗中，這種靈魂的啓示可能是出其不意地大喊一聲，或是打你一拳，或是掃地的時候一個小石子撞到竹子上發出的聲音等等。在某一個時刻，某一個特定的狀態下，這些事件與人的心靈發生了共鳴，人的靈魂就得到了啓示。無論如何，任何啓示都是個人發自內心的活動，與旁人基本上沒有什麼關係，旁人的經驗也沒有太大的用處。別人用一種辦法得到了啓示，對你來說就不一定行得通。所以有句話叫「自行見證」，模仿是沒有用的，靈魂的啓示是無法簡單地去重複的。

創新實質上是靈魂的啓示，是精神的進步。我正在寫的這本《我用一生去尋找》，歸結其主題，其實就是我從物質追求到精神追求的心路歷程。一個人走著這從物質到精神的必由之路，我把企業當成一個人來看，也走著這必由之路。在企業中，既有奠定物質基礎的市場方法、經營管理，同時又有著高層面的傾向於精神的追求。我們ＳＯＨＯ企業，工作是提供高品質的住房，同時又將我們追求自然、人性化、環保、人跟人相互和諧共處等精神理念灌注其中。透過我們的每一件產品，其實都能看到我們的理想。如果讓我對我的公司下個定義，我願意說我們是一個與社會大眾分享理想的公司。

在某一個時刻、狀態下，某個小事件與人的心靈發生了共鳴，人的靈魂就得到了啓示。（「朝外SOHO」的建築倒影。）

對應客戶身上的密碼

客户跟你的關係就像鑰匙跟鎖的關係，一把鑰匙開一把鎖

我們做任何一個產品，都是我們對這個世界的理解的反映。物質產品是精神意識的反映。例如一些惡俗的建築，貼金貼銀，門口一個大獅子，每一個地方看起來都刺眼得不行，好多還都掛著大紅燈籠。大紅燈籠，天安門廣場掛兩個還覺得不錯，但大街小巷都是大紅燈籠，裡面也貼金貼銀，就顯得特別頹廢，沒有精神的追求。這種腐朽風格，在我們的產品裡是不合格的。我們的產品應該是人性的、自然的、環保的、健康的、向上的、人人平等的生活方式的體現。無論我們做住宅、商住兩用房，都倡導這樣的生活方式。

我常常跟大家說，你的客戶跟你的關係就像鑰匙跟鎖的關係，一把鑰匙開一把鎖。跟我們的價值觀、審美情趣比較相同的人，一看我們的產品就會受到吸引，就會成爲我們的顧客。所以我對我們銷售員的要求是只須把產品介紹清楚就可以了，不需要過度用力。人的審美和需求各有不同，你的產品中的空間規劃、建材、裝潢，實際上都包含著密碼。如果客人身上的密碼跟你的密碼對應了，鎖就開了，他就是我們的客戶。他要不是你的客戶，沒有你的密碼，任由銷售員怎麼跟他說，這是好房子，是豪宅，住進去肯定怎麼怎麼樣，他也不會接受，就算買下了，入住以後

也跟你鬧彆扭。

我們現代城是北京第一個做居室裡有落地玻璃的樓房，因爲我們覺得人應該跟大自然更好地接觸，應該看到更多的陽光，有更加開闊的視野。我們的想法是，一堵牆就應該是一面窗，應該有風景，應該讓住戶由此和自然聯通。這一點現在的玻璃品質完全可以實現，安全和保溫都沒有問題。結果做完之後，很多人喜歡得不得了，但客戶中有一個老太太見到我就跟我說：「我買了你的房子，但你得退錢，因爲我有懼高症，離落地玻璃一米的距離不是屬於我的，我不敢去那個範圍。」另外，我記得爲了讓我們的房屋更有自然感，我們在走廊鋪上專門從郊區找來的青石板，沒有磨光的那種，就是自然的青石板，放在高樓裡，讓人感到雖然是住在高樓，但也能接觸到自然元素，有一些自由的感覺。有的人看了就覺得好，說這是後現代主義。但有一個老太太就質問我：「你去過香港嗎？看看人家香港的豪宅，都是花崗岩，磨得亮亮的，亮得能照人，你怎麼搞青石板？」這就是密碼不對，如果密碼沒對應上，他就會從你的窗簾、色彩等等各方面挑你的毛病；如果你密碼正確，那就勝過千言萬語。現代城被一些人認爲是提供給具有現代意識的人的理想居住社區，卻不能滿足上個世紀三〇、四〇年代的價值觀。

我們設計產品的時候，核心就是提供需求的滿足，當然這種需求在不同時代有不同的特徵。我們把握住了現代人的需求，並且把這種需求明細化、具體化，具體到顏色、落地玻璃等處的細節設計。我們說到的企業文化，應該精心演繹在產品上，而不是跑到公眾面前跳個秧歌什麼的。

社會是有各種各樣需求的人的組合，人們千差萬別，透過各種渠道尋求滿足。我們只能找到其中一部分，挖掘他們對生活的理想，提供具體且符合理想的產品。所以我們做產品，要有創新，其實應該非常深刻地把握人們的內心需要。有很多符合人們理想的產品，被人們如明星一樣追捧著，例如蘋果電腦、蘋果手機、Google 的網路服務等等。人們不僅僅消費著這些產品的使用功能，還消費著它們新穎的哲學理念。這些產品體現了眞正的創新，他們帶動了時尚，驅動著生活發展出新的可能。因爲這些優秀產品不僅僅提供了使用功能，還提供了某種精神的啓迪，因此受到明星般的對待。現在有不少圍繞這些優秀產品的使用而建立起來的朋友圈子，在網路上你能看到很多這樣的圈子，這是眼下商業社會的特徵。

我們生產房子，也生產理想

做爲社會中各種組織形式中的一個，企業在當今社會顯現出最強大的活力，是我們邁向理想生活最直接的途徑。就拿我們公司來說吧，我們生產房子，同時也生產理想與顧客分享。我們希望簡單自然的生活空間，因此我們的社區建築風格崇尚簡單、自然。顧客入住也是因爲他們喜歡這種風格。我們和客戶，其實就是物以類聚，共同欣賞某種文化、某種品味、某個理想。在現代城，我們就集合了一群喜歡和欣賞簡約主義的朋友。這時候，企業就成為某種具有領先性的文化的帶頭人了。

在產品設計上我相信，企業不是被動的，而是主動的。你有資金、有研發能力，必須走在前面。很多時候需求並非來自市場，廠家只是被動適應它，正好是反過來的，應該是由商家主動地引領它們。我舉一個例子，設想四十年前手機還沒有出現的時候，我們去問大家，你有沒有這個需求？大家會說沒有這個需求，因為家裡有電話就可以了。手機這個市場有沒有，我需不需要買個手機？這個就需要引領，當商家把這個產品創造出來，人們就不斷挖掘它，需求就越來越多。也就是說，企業更應該主動引領、創造需求，甚至企業本身就是時尚的、先鋒的。

最優秀的企業就是市場先鋒，他們生產出符合理想的商品，他們推出的產品和服務有著令人歎為觀止的創新。最優秀的企業創造需求以及時尚，次一些的企業去迎合需求，也可以活下去。微軟就是一個先鋒企業，Windows 系統影響了全世界。另外我們看蘋果做的 MP3，就是一個白色的小方塊，但它改變了多少人的習慣，把多少行業消滅了：音響不需要了，因為 MP3 只要插一個喇叭就可以了；磁碟以後也不需要了，因為一個 MP3 裡面就可以裝二十六萬首歌；歌曲從哪裡找？透過網路下載就可以了，整個 CD 產業過不了十年就跟現在的算盤業一樣古老了。可是，它又產生了多少個新的行業？這的確是創造性的產品力量發揮得最好的體現。

創新的狀態

創造和創新，首先需要一種狀態和態度

從地球上有人類，到法拉第發現電磁感應定律這漫長的歲月中，電就一直在大自然中存在，磁場也一定在大自然中存在，只是人們不瞭解它，所以才會把見到的各種自然現象都歸入到鬼神之列，被「敬」起來了。從有人類開始一直到西醫有了解剖學，人們才弄明白了身體各種器官的功能，也因爲是人類不瞭解，才用已有的經驗和身邊常見的金、木、水、火、土來區分和解釋。今天，我們已經瞭解了全部的世界嗎？沒有，依然遠遠沒有。

我們已知的世界就像黑夜中手電筒照亮的空間一樣有限，未知部分是除了手電筒照亮空間之外的整個世界。有人在某一領域內不斷發現規律，擴大了人類已知的部分，讓我們人類的手電筒照得更亮、更遠。這些人無論他們在什麼領域和行業，都是值得大家去尊重的。更讓人尊重的是那些除了在自己的領域不斷發現，還時時刻刻留意其他沒有被手電筒照亮的空間的人，這些空間也是世界的一部分，而且還是很大的部分。

在孔子的著作中很少提及來世和鬼神。當他的弟子問及來世時，孔子說：「未知生，焉知死。」對鬼神的態度也是「敬鬼神而遠之」。這很能反映出儒家對未知領域的處理態度——在沒有

瞭解清楚規律的情況下，不要自以爲是，否則會受到傷害。二〇〇三年年初，SARS來了，病原是什麼？在新浪網上看到一些自以爲是的專家，肯定地說病原是衣原體，於是全國人民都按衣原體來治病。等到WHO發現病原不是衣原體，而是冠狀病毒時，時機已經錯過，得病的人、死的人已經很多了。當時，每天都在公佈又有多少人病了，又死了多少人，誰也不知道明天又會死多少人。這件事對我的觸動很大，這可能就是醫院常說的誤診吧。這位專家的眼神在我的大腦裡怎麼也抹不去。最近幾個月，我又見了許多的人，凡是具有這種眼神的人，我都有意無意地把他們歸到自以爲是的那一類裡去。

創新是發現未知的領域

有些人，包括我自己，總喜歡用創造、創新這類的詞，感到用這些詞過癮，覺得自己能做出一些創造和創新的事來。其實這也是自以爲是的一種表現。用「發現」這個詞可能要比創新、創造更符合事實，也更能表現出對未知領域和大自然的敬畏。

人們要發現，要創造和創新，首先需要一種狀態和態度。爲了方便和順口，我還是把它叫做「創新狀態」。不承認沒有被手電筒照亮的空間存在，對黑暗的空間、未知的領域沒有敬畏之心的人，是不可能進入這種「創新狀態」的。那位在電子顯微鏡下看到SARS的病原是衣原體的專家，肯定沒有進入這種狀態。這種狀態是什麼樣的狀態？幾千年來，人們在尋找的，可能是那種「出世入世」的狀態，也可能是「禪」的狀態。有人有這種狀態，有人沒有。有人改變自己的態度可以進入這種狀態，但有人永遠也無法進入。有人有時有，有時沒有。比如有位作家曾進入這種狀態，寫了一部很好的小說，後來再也沒有進入過這種狀態，以後所寫的所有小說很可能都是為了賺稿費，都是濫竽充數的垃圾。再比如，有人要進入這種狀態一定是在餐桌上，最好是晚餐，喝一點酒，最好是好的紅酒或香檳，在十杯之內，他一定會進入妙語連珠的狀態。這種「創新狀態」是最好最高的境界，沒有任何東西能夠控制人自由出入這種狀態。

其次，就是不要讓已經存在的標準成為你創新和發現的「緊箍咒」。當我們到一些旅遊景點時，導遊總要把大自然中的一些風景套上《西遊記》和《三國演義》的故事來提起遊客的興趣，想要創新和發現的人，萬萬不能進入導遊的思維狀態。手電筒照亮空間的標準和手電筒沒有照亮空間的標準是不一樣的。我們的頭腦中應該保有對「創新」和「發現」的好奇，而不要成為一些「像什麼」、「我早就知道了」的「知道分子」。有些天我在倫敦，借宿在朋友家。朋友說，最近在倫敦橋旁，有個男人在半空中的一個箱子裡不吃不喝待了四十多天，倫敦大小報紙都在報導這件事。朋友雇了輛計程車，帶我去看，計程車司機告訴我，這人是神經病，腦袋出毛病了，沒有什麼好看的，看看別的吧！做這樣奇怪舉動的人，百分之九十九可能是神經病，但也有百分之一的人是在試圖打破人們習以爲常的、既定的標準。

再次，就是不要被工具和形式所左右。電腦、語言、文字、公式都是工具，而不是事物的本質。我們只能借助這些工具去發現，但絕不要陶醉於這些工具本身。愛因斯坦在晚年（一九四六年）寫了一篇文章，題目是〈$E=MC^2$〉。在表示質量和能量的互等性時，他在文章中特別加了一句話：互等性的說法不確切。我想天才的愛因斯坦也想不出一個恰當的詞來表達。

想不到愛因斯坦研究的高深理論，若干年後卻被人頻頻引用：我從倫敦去機場的路上看到一座大樓名字叫 $E=MC^2$；北京新建的傳媒大道有一座過街天橋的名字也叫 $E=MC^2$；我家有戶鄰居，總喜歡買最便宜的東西，壞了以後全家動手修理，所有的工具她家都齊全，有一天，我發現她家買了一批便宜的折疊椅，椅子上面居然全印著 $E=MC^2$。這讓我想到另一種現象。十年前，我跟著易小迪背佛經，可能是我的悟性太差，沒有什麼長進。後來我看了禪的一些公案後，覺得對我這樣的常人的智慧很有啓發。但我很快發現，「禪」開始氾濫，建築師用「禪」來標榜自己的建築；畫畫的用「禪」來標榜自己的畫；做飯的用「禪」來標榜自己的餐廳；一些人覺得中文的「禪」不過癮，就用英文ZEN。這時形式已經與它的本質完全分離了，僅僅作爲一個符號，成爲街上一陣過眼雲煙的流行。

網路時代的建築

建築將不再比高、比大、比榮耀，取而代之的是網路精神的創新、個性、平等和共享

上個世紀九〇年代中期，我帶著好奇的目光去了歐洲、美洲、澳洲和亞洲等地方，看到了巴黎的拉德芳斯、日本的新宿、新加坡的萊佛士坊、美國的華爾街和香港的中環。高樓林立的大廈令人嚮往，我被告知說：這就是商業中心區，CBD（Central Business District）。

北京什麼時候才能有這樣的建築？什麼時候北京現代化的面孔CBD才能形成？我們在建設北京的CBD中能做點什麼？帶著對這些問題的思考，我們形成了建設現代城最初的想法。在北京CBD規劃的區域內，我們把北京二鍋頭酒廠建設成了今天的現代城。這幾年的建設讓我們的生活充實而又緊張。這五年來北京CBD的建設，與我們的理想、工作和公司的業績緊緊聯繫在一起。五年來我們一直在思考，我們建的房子如何吸收科技進步的成果？我們建的房子如何去適應市場？我感到一個新經濟的時代到來了！

即將進入二十一世紀時，我發現了一個有趣的現象：一大批從海外歸來、自稱「海龜」的學子，突然一改往日的鬱鬱不得志，變得熱情洋溢起來。無論是在飯桌上、咖啡廳，還是在我們家的客廳裡，他們都滔滔不絕地談論一個話題：網路。起初每當他們用一半中文、一半英文談得起

勁時，我都先睡覺去了，但隨後我便覺得不對勁。幾年前這幫「海龜」們回到中國時都心灰意冷，號稱要成立「豬八戒俱樂部」，因爲在外國，人們說他們是中國人，在中國，人們說他們是不瞭解中國國情的外國人，如同豬八戒照鏡子——裡外不是人。「網路」如何令他們有如此之大的變化？很快，我發現，電視、報紙也都在談著同樣的話題：「網路」。這世界變化眞是快，我意識到必須去外面看一看，看看這「網路」帶來的新經濟離我們還有多遠？利用春節假期，我們從北京出發，到了倫敦、波士頓、紐約、舊金山、矽谷和東京，繞地球轉了一圈，最大的發現是，全世界的人都在談論同一話題：網路。

一個新經濟的時代到來了

「網路」改變了世界，改變了人們的吃穿住行，肯定也會改變我們城市的發展和我們身邊的建築。其實我們這個世界本身就是以「網路」的形式存在著，只是由於資訊的不暢通，出現了不平衡和差異。爲了能在資訊不暢通的情況下運作，只能把社會分成許多等級，形成了金字塔結構。資訊技術的發展，使一個更平等的網路社會顯示出了它的原型。網路技術的出現消滅了傳統經濟中多餘的中間環節，優化了各種資源，減少了在傳統經濟中人們習以爲常的浪費。

傳統經濟中，當商品經濟發展到了極致，每個社會經濟的細胞運作良好——企業內部組織嚴密，效率逐步提高，企業內部能達到優化運作。但在生產大量物質財富的同時，由於未能解決資訊和知識共用，未能優化資源，又使得整個社會處於盲目混亂的狀況，生產積壓、庫存增加，中間環節多，許多商品如食品和藥品，因時間而失效，造成許多浪費，對經濟形成了打擊。近一百年前，馬克思認爲資本主義生產過剩會產生經濟危機，解決辦法是走社會主義計畫經濟道路。在資訊、網路不發達的年代，無數需求和供應資訊無法在很短時間內進行處理和優化。今天到來的網路經濟把人們想了一百年不能解決的難題就要解決了。當我們看到企業軟體公司 ORACLE 的功能後，我更確信了這一點，在這裡讓我們重複這家公司的廣告詞：「要麼實施電子商務，要麼無商可務。」

當然，在網路技術應用的初期，也出現了一些狂熱和泡沫，比如在傳統經濟中一塊錢可以做的事，爲了用網路技術就得一塊二。這些都是在傳統經濟中增加中間環節，誤入歧途。但我們看到更多的是節約、是優化、是成本的降低和效率的提高。如：美國的一家汽車運輸公司，利用網路技術將汽車的空載率從百分之五十降到了百分之五。有一家網站將書賣到了全世界，在美國國內二十四小時即可送到。有人發現，飛機起飛前還有空位，電影開演時票還沒賣出去，卻在最後一分鐘用網路全解決了……一個新經濟的時代到來了。

傳統經濟中人們根據資訊、資本和權力的多少劃分成了等級。城市也根據功能的不同劃分出不同的區域，如工業區、居住區、教育區、辦公區等。傳統經濟中人們每天風雨無阻地上班、下班，每天清晨通過交通工具把自己搬運到工作地點，傍晚，再通過交通工具把自己疲憊的身體搬運到居住地點，這就是我們重複了多少年的「上下班」。新經濟中，我們的工作數位化了，不能數位化的工作，逐級逐步地轉移到了小城市、鄉鎮企業。有了暢通的資訊網路，來回搬運的不再是人，而是工作，搬運工作比起搬運人更快捷、更經濟，讓人更舒適。人們可以在世界的任何一個角落及時地將你的工作完成。中國網通的總裁田溯甯將新經濟的中國稱為「線上中國」，他預計五年後中國國際網路的設備用戶將會達到二至三億之多，一個人可能擁有數個 Internet 終端，中國將成為世界上僅次於美國 Internet 用戶數的國家。這樣一個線上中國，將極大地提高國家核心競爭力，使中國整體經濟效益空前提高。同時，也將徹底改變人們，尤其是大中城市人們的生活方式和工作方式。

網路改變了城市空間

有人預測不久之後非 Internet 公司將不存在，因為新經濟下的任何商業運作，都離不開網路的支援。在新經濟中城市功能劃分、房子功能劃分一定會隨網路時代來臨而改變。網路將改變人們工作的概念，我們應該重新審視住宅與辦公室的功能；網路將改變人們購物的習慣，我們就應該重新審視商場、倉庫和居住的功能。

我們造就建築，建築也造就我們；我們造就網路，網路也造就我們。在傳統經濟中，尤其是資本主義經濟發展到了一定程度，商業社會發展到了極致，建築就成爲財富的象徵。建築越高大喻示著錢越多，與女人比鑽石大小、男人比汽車大小是同樣的心理。在技術允許的條件下，財富的競爭逐漸導致了建築的競高。美國的洛克菲勒中心一度成爲美日兩國資本家爭搶的制高點，引無數英雄競折腰，讓多少資本家傾家蕩產。當年誰擁有了洛克菲勒中心，誰就擁有了榮耀和夢想。近幾年建築高度開始從歐美向亞洲轉移，北朝鮮的大飯店，因爲太大了，建了下面一半先開業，上面一半許多年過去了還未建完。馬來西亞的石油雙塔，建成後的今天不知當年決策者有無後悔之意。網路新經濟中，人們將改變這種比高、比大、比榮耀的心理文化，取而代之的是網路精神的創新、個性、平等和共享。有個性的城市才是美麗的城市，有個性的建築才是美好的建築。

紐約有個 SOHO 區，多少年前曾是工廠和倉庫，現在變成了最有個性、最前衛、年輕人最喜歡住的地方。目前在美國加州，空間大、自由度高的舊倉庫「LOFT」成爲最搶手的物業，甚至在世界範圍內，可自由發揮、隨意改造的倉庫都成了最酷的建築形式。

有一次，美國最大的女性網站 Oxygen.com 的 CEO 與我們一起吃飯，他們非常自豪地介紹說，他們的辦公室以前是 Nabisco 餅乾廠，空間高達三十五英尺，可以想像他們在這種空間裡工作是多麼的自然而舒暢。我們在紐約和舊金山參觀了許多「.com 公司」，他們的辦公地點大多在當年的工廠裡。

越來越多的大牌錄音師和歌星也競相以個性裝點自己的工作室。加拿大流行歌手布萊恩・亞當斯（Bryan Adams）將一處廢棄的工業建築改造爲自己的「倉庫工作室」。外人很難猜想到，這個破舊磚牆的內部是個世界一流的錄音工作室。日本著名音樂製作人小室哲哉在夏威夷的工作室是由一個餐館改建成的。

個性化成為主流

網路時代是沒有權威和潮流的時代，最顯著的特徵就是不再有統一的模式，不再有明顯的界限，無論工作還是生活，都追求絕對的自由和隨心所欲的選擇，創造力至上，沒有程式化的個性化是最富有魅力的。新經濟中，創新成爲必不可少的精神。傳統經濟中許多重複性工作很快就被電腦所取代，如在傳統經濟中最有創造性的工作設計，在新經濟中基本上被電腦設計（CAD）所取代。所以，在新經濟中任何一個人和組織如果被傳統經濟的條條框框所限，沒有創新意識，很快就會被淘汰。

房子是要符合人的行爲的「大衣服」，人的生活和工作行爲在新經濟中變化，我們建的房子也應該變化。我們今天處在這樣一個時代，我們建房子就要適應這個時代。如果我們簡單模仿別人的經驗，生硬地照搬，那樣一定建不出好房子。網路技術使得現代住宅中居住空間和辦公空間像絲帶一樣交織在一起，而且隨著這兩者的日益融合，建築類型之間的界限也日趨模糊和淡化。

在美國的矽谷，有的網路公司把辦公室做成一個餐廳的式樣，四周的牆都是白板，有了靈感可隨即寫在牆上。

北京一家名叫「紐約音樂廚房」的餐廳，同時也可以當作歌廳、舞廳、電影院，咀嚼美味的同時也在享受著音樂、舞蹈和大螢幕，你本人也可以隨時即興演出。商店也不再是傳統的你買我賣。一部分購物需要透過線上購買在網路上實現了，當我們家中的冰箱和衣櫃都裝滿了時，購物的娛樂性就上升爲第一需要了。國外的商家爲了吸引顧客，不斷有新花樣推出，英國的牛津街SU214、紐約的Sony、芝加哥的Nike Town等商店現在不光購物，還有「風景」可觀，已成爲遊客必去的地方。在英國，爲了方便購物者，許多加油站已成爲居住在附近的顧客存放物品的地方；在瑞典，一種新的嘗試更加有趣：開發商在郊區建房子，會在每家門口放置一個大冰箱，你盡可以在商店裡肆意採購，享受了花錢的快樂，又不必有攜帶的煩惱，大可輕裝離去，商店自會安排物流公司送貨上門，家中也不必有人等候，放進門口的冰箱裡就是。有人打趣說，今後的馬路上，走動著的都是物流公司的人。

我的一個朋友在美國舊金山辦了一家成功的「e Translate.com」，公司總部只有八十多人，卻另有兩萬多人分佈在世界各地，老闆叫不出公司員工的名字，但能夠保證每接到一個任務，相關資訊會以最快的速度傳達下去，在非常短的時間內完成。只有在網路時代，我們才能盡享資訊暢通之美。

夢想中的北京CBD

多元、二十四小時、有連續不間斷的商業街可逛

城市的本來面目就是網路結構，但在資訊傳播受到制約的傳統經濟體制下，只能將其商業功能的一部分抽調出來聚集在一起，由此形成了一個城市人口最稠密、最繁華的中心商業區，簡稱CBD（Central Business District）。

CBD起源於資本主義發達國家的大城市，是發達資本主義國家金融資本發展的必然趨勢。產業革命發展到一定程度，促使金融資本發展到佔據龍頭的地位，銀行業、證券業、保險業以及諮詢、服務等行業的發展促使第三產業發展，隨著資訊處理日趨頻繁和商務辦公需要與客戶面對面地交流，CBD逐漸形成。城市規劃專家鄒德慈認爲，可以說，「CBD是隨著經濟發展自然形成的，而不是規劃師或建築師事先規劃出來的」。傳統CBD內，大公司、大銀行、證券公司、保險公司、公司總部、政府部門雲集，辦公大樓林立，與之配套的酒店、商場點綴其中，CBD猶如金字塔的塔尖，孤傲地挺立在一個城市的中心，而與商務無關的工廠或住宅區則遠離此地。於是，在世界各地，從紐約、倫敦到東京、香港、新加坡，出現了越來越多我們所熟悉的城市模式——高聳入雲的大樓、密集的交通網、豪華的酒店、熱鬧的商場、衣冠楚楚的白領人士。新加

坡的ＣＢＤ非常典型，爲了完善中心商業區的功能，政府將學校從此地遷出，停車場不斷壓縮，綠地減少，留出步行區域，增加商務人群的交往密度。傳統ＣＢＤ是資本和財富、權勢和威望的象徵。如紐約的ＣＢＤ集中在曼哈頓，而華爾街又是曼哈頓的核心，能把公司總部設在寸土寸金的曼哈頓，絕對是公司財力與權力的象徵。

傳統ＣＢＤ由於地價高的原因，建築形象多爲高層高密度。隨著財富競爭的日趨激烈，追求建築的「高」和「大」成爲時尚。眾人皆知香港匯豐銀行與中國銀行「爭高」的故事，中國上海的金茂大廈更是不甘落後，後來居高，俯瞰世界。這種時尚也造成了傳統ＣＢＤ內建築形象呆板冰冷、缺少綠地、缺少開放空間、缺少人情味。

在世界各地ＣＢＤ的建設過程之中，成功的ＣＢＤ促進了當地經濟的發展，這裡交流方便，商業機會增多，吸引了大量的商家。同時，房子空置率不高，租金水平也不低，如新加坡的ＣＢＤ以及美國加州一些城市的ＣＢＤ。但也有一些失敗的例子，不但沒有促進城市經濟的發展，反而扯了經濟的後腿，商家不願意進去，房子空置率高，租金水平低。如巴黎的拉德芳斯和上海浦東的陸家嘴。拉德芳斯是政府爲了建ＣＢＤ而規劃出來的，目的是要把巴黎城裡的人引出來，而城裡的人就是不願意出來，幾年過去了還是冷冷清清。上海在浦東建設了陸家嘴，想把浦西的人引過江去，但人們就是不願過江，辦公大樓的空置率依然很高。ＣＢＤ好與差的區別在什麼地方？一個好的ＣＢＤ應該是一個二十四小時的區域，黑夜與白天一樣散發著光芒，功能齊全，有吃、住，有辦公，有娛樂。一個差的ＣＢＤ是早上八點到下午六點的區域，功能單一，只是單純的辦公大樓。房屋空間、道路、停車場利用率忽高忽低不均衡，當然不會有人氣。

結合辦公、居住、娛樂

那麼在新經濟下，ＣＢＤ還有沒有存在的必要？ＣＢＤ的存在是不是與網路精神相悖？讓我們看一看電話的普及。上世紀七〇年代初，當電信革命迅速發展時，一些城市學家預言：城市的中心將很快解體。但到了八〇年代、九〇年代，預言的結果並沒有出現，人與人之間面對面的交往並沒有因爲電話的普及而減少，反而是增加了，於是又有人說：其理論是正確的，只是低估了人的慣性。網際網路的出現會不會也會像電話的普及一樣，不會減少人們面對面的交往呢？雖然網路資訊時代的人們利用衛星通訊、網際網路等資訊技術的交流（table to table）取代了一部分面對面（face to face）的交流，但是，由於大量的資訊更多是呈現平均化，並不針對某一特定用戶，因而越來越多的大企業或個人，爲了迅速、正確地選擇最恰當的資訊，而仍然把目光投向資訊密度最高的中心商業區。也就是說，資訊通訊的發達並不能取代企業的所有功能，反而在資訊化社會中，人們面對面的交流越發得到重視。比如，日本東京的ＣＢＤ丸之內地區，上世紀八〇年代末、九〇年代初期因辦公大樓供給不足，有許多大公司外遷，但幾年之後，隨著智慧大廈的建成，遷出的一些跨國公司爲了加強與客戶的接近和資訊的即時性，又重新返回ＣＢＤ。因此，可以說，網路時代，ＣＢＤ仍將繼續存在。但是，新經濟下的ＣＢＤ已不能依照傳統經濟體制下的規劃作爲參照了。隨著物業品種邊界的模糊化和全球休閒化，新ＣＢＤ內的物業將會是品種多樣化的，一定是辦公、居住、娛樂和休閒並駕齊驅的。只要我們以市場爲導向，就不會犯錯誤，走彎路，因爲在市場的需求中包含了人們的慣性。

ＣＢＤ是市場經濟的產物，過去在中國的城市規劃中沒有ＣＢＤ的概念。但是在北京生活的人都熟知「國貿商圈」，在此商圈之內擁有物業，一樣能獲得類似「曼哈頓」的優越感。自從國務院一九九三年將國貿周圍的四平方公里區域規劃爲北京的中央商務區後，這片土地更加散發出誘人的光芒。

然而北京ＣＢＤ的現狀卻頗難令人滿意。辦公大樓過盛、空置率高，極少寬頻網路，加上路網稀疏，已很難應對資訊時代的要求。在新經濟下，城市的ＣＢＤ內到底應該具備什麼樣的功能，才能在全球資訊化的今天不落伍？這是擺在我們面前的一個新課題。

我們想要什麼樣的北京？

美國學者詹姆斯．特拉菲爾（James Trefil）認爲：「在都市的發展上，我們已經到達一個轉捩點，因爲這是有史以來，人類第一次在建立都市的技術上幾乎沒有限制；我們可以建造出任何城市，只要我們能夠知道自己想要什麼。」我們想要什麼？這是一個非常尖銳的問題，我們可以很肯定地回答：我們想要在北京的CBD內建設適應新經濟需要的新型物業。

許多已經建成的CBD多以金融、辦公爲主。也有一些是因別的目的，如巴黎的CBD是爲了保護一個古老的巴黎城，而把現代化的建築集中在遠離城市中心的地方。

我們認爲：第一，北京的CBD應該是多元化的CBD。一是北京CBD地處涉外飯店、涉外辦公大樓和使館集中的地方，自改革開放以來，大多數外資企業就是從這個區域進入中國市場並成長起來的。二是許多大的、以資訊業爲主的公司已在這裡安家落戶，如IBM、HP、MOTOROLA等。絕大部分的「.com公司」也在這個區域之內。三是傳媒產業聚集，北京是中國傳媒產業的中心，有百分之八十的傳媒產品在北京製作和成交。一些大的傳媒公司也在CBD中，如新聞集團、北京電視中心等。

第二，北京的CBD應該是二十四小時的CBD，是能留住人的CBD。其中的建築樣式不應該只是單純的辦公大樓。一個好的區域應該有好的均衡性。如同北京人吃的炸醬麵一樣，有麵，有醬，有肉，還有各種小菜，這樣混合在一起拌均勻了才好吃；如果一碗是麵，另一碗是醬，不可能好吃。如紐約的華爾街在下城，單一的辦公大樓形式，使得此地下班後非常的冷清，沒有繁華起來。現在一些大的銀行如摩根史坦利已由下城搬到了中城。

第三，北京CBD應該有網路經濟的特徵，不追求高，不追求大，而是追求有個性、有智慧，能適合未來人的行爲。

第四，北京CBD的建設是面向市場，是在市場經濟這塊土壤上自由茁壯成長起來的CBD。巴黎的拉德芳斯和上海浦東的陸家嘴應該成爲我們的前車之鑑。

第五，北京CBD要想像磁場一樣吸引住人，就一定要有街可逛。有連續不間斷的商業街，才能形成繁華的商業氛圍。這兩年間我們在北京CBD內做了一次嘗試：一九九九年，我們在國貿往東一公里處，推出了SOHO現代城專案。我們的目標客戶是那些活躍在資訊社會、工作與生活自由度大的人群。它「有點另類、有點前衛」的風格，得到了追求個性、崇尚自由的現代人的認同，大樓在破土動工之前即已基本銷售完畢；但同時也招致了觀念分歧者的「批判」，在全國引起了廣泛爭議。

從未來的角度蓋房子

無論CBD區域是大還是小，在新經濟下，CBD中的房子一定是要變化的，如果不能適應新經濟，必將遭到淘汰。我們建設的房子要想在未來不被淘汰，就得瞭解未來，用未來思考現在。建房子最大的浪費莫過於房子最本質的空間永遠落後於人的生活和工作的要求。

我們在做現代城專案時，與中國網通合作，它是全世界首次大規模、全網路使用**IP/DWDM**技術，在兩根光纖上全程十七個城市開通80G全IP通道的公司。現代城已做到光纖入樓，爲用戶提供點對點寬頻應用，它的大容量、高速、低價、優質的特徵爲用戶資訊資源的開發和利用提供了空間和氧氣。在這個電信系統日益取代通道系統，數位化資訊溶解了傳統的建築式樣的年代，房屋已不再只是庇護我們生命的磚石，它不僅需要與自然和都市的環境相協調，也必須與電腦環境相適應，最終形成一種能觸動我們心靈的環境和空間。

因此，新經濟下的發展商應該考慮把更多資金投入在智慧的空間上，即寬頻的、互動的、個性化的、有豐富資料庫支撐的網路環境的建立上，以及充滿人情味的自然與人文環境的建立上。

我的建築理念

建築的本質就是容納，應該潔淨如玻璃瓶，給人眞正的寧靜

今天我們正在經歷著一場資訊技術革命，電腦、Internet、通信技術、衛星技術的發展對人們的工作和生活產生了巨大的影響，這也一定會對建築產生巨大的影響。中國正處在歷史上從來沒有過的建築發展的鼎盛時期，這是百年不遇的一次建築機會。有人把這次大變革稱爲新經濟、網路時代、資訊時代，無論怎樣稱呼，它將帶給我們的是更加自由和民主的社會生活。

封建社會所產生的建築一定是體現封建皇權的建築，從皇上居住的皇宮到神的寺院都是等級森嚴的集權建築。在封建社會，人們要有天子，有了天子心裡才踏實，社會需要集權，人們也需要集權，集權的建築就誕生了。看看我們的故宮，那麼多圍牆、台階，人們要見到皇帝是一件非常複雜和遙遠的事情。皇帝、親王、公爵、伯爵，每一個等級就是一段距離，一個圍牆。封建時代的建築，最明顯的就是圍牆太多了，形成一種相互隔離的狀況。在工業文明的時代，整個社會呈現完整的金字塔結構，工人要聽班長的指揮，班長要聽廠長的指揮，嚴格的管理和紀律產生了工業文明前所未有的效率，推動了社會的進步。這種模式反映在建築上也一定是集權的建築，比起封建的建築，只是應用了更多的鋼筋水泥，更具有標誌性和更誇張。追求建築的高度已經成爲

追求城市財富的同義詞。但美國發生的「9・11」事件，給了人們一些新的思考，這樣的建築符合我們的時代嗎？這樣的建築安全嗎？這樣的建築有效率嗎？

作爲一個開發商，我一直在思考著修建符合這個時代的建築。建築師山本理顯先生設計的「建外ＳＯＨＯ」建成後，再看看這組建築，我得到很大的啓發。建外ＳＯＨＯ沒有裝腔作勢的建築符號，沒有象徵財富和權力的標誌，甚至沒有廣場，沒有圍牆。所有的建築單元都是平等的，住在建外ＳＯＨＯ裡的所有人都是主人，都是平等的。山本理顯認爲符合中國人行爲尺度的最小建築空間是三米×三米×三米的小立方體，這就是構成建築和城市的細胞，讓這些細胞自由地成長，就構成了建築、街道，融入城市成爲城市有機體的一部分。建外ＳＯＨＯ在設計和建設過程中，以民主建築爲出發點，給未來的使用者足夠的靈活性和各種可能性，不去限制人們的生活方式和工作方式，而是提供一個盡可能大的平台，讓大家自由發揮。

潔淨的空間

從歷史上看，任何一種想把人們統一在一種生活方式下的想法，最後的結果，都是人類的一場災難。建築作爲人類生活空間裡體積最大的人造物，通常都被統治階層用作表達自己觀點、張揚自己權勢的媒介，無疑都有各種象徵意味的裝飾。我非常讚賞山本理顯去「意義」化的「貧困」

思想，做減法，不停地做減法，一直減到不能再減，那最後必須保留的東西往往是人們最爲需要的東西。在西方後現代主義中有一種極簡主義美學思想，主旨就是減去一切不必要的僞飾，直達本質。建築的本質就是容納，它應該潔淨如一個玻璃瓶，對於人來說，這種潔淨的空間，沒有繁雜資訊的空間，能給他眞正的寧靜。

建外SOHO就是從集權的建築思想中走出來，爲今天中國的民主社會設計和建設的建築。它是對今天社會變化和集權式建築給城市帶來的危害進行思考的結果。民主的建築將盡可能少地給城市帶來壓力，而成爲對城市功能有益的補充。它會讓居住和工作於其中的人們享受到更多的陽光和流動的空氣，享受工作和生活上的方便和高效率。民主建築讓在建築中生活和工作的人沒有了高高在上的自我封閉，也沒有了等級制度給人的心理壓力，獲得了精神上的解放，得到了更多的發展空間和機會。它將接受各種考驗，相信時間會證明一切。

由建築想到社區，再想到城市。曾有人請孔子用一個詞來概括教育，孔子的回答是：互惠。這個詞同樣可以概括城市的本質。城市本來的意義和功能是提供聚居、提供交流、提供創造力的溫床。人們聚在這裡，就是互惠。

流動的城市

新中國成立以來，一段時間裡曾經是一個個單位相對獨立的格局，城市由一個個彼此封閉的社區孤島構成。這個單位的人不能去那個單位，如果必須要去的話要出具單位證明，開介紹信。城市的功能不是互惠，而是隔離，單位與單位隔離，城市與城市隔離，城市與農村隔離。改革開放以來市場經濟的迅猛發展，迅速拆毀了城市中的種種藩籬。因為市場交換活動需要人們頻繁往來，阻礙往來的關卡都會被改革。市場中，有人流、物流、資金流和資訊流，無論是哪一種流，都需要流。對於這種流水一樣的東西，我國古代先賢大禹就有寶貴的經驗：不能堵，只能順。要建設一個能容納生機勃勃的各種流動之物的城市，必須將注意力集中在怎麼樣使城市居民更好地融合而不是隔離。

首先是功能的融合。送孩子去讀書的人不能繞遍整個城市，賣披薩的人十分鐘內能夠跑到辦公室裡挨餓的人跟前，卡車能夠迅速開到倉庫門口。所謂的窮人和富人，也應該住在一起。住在一起這個城市才有效率，否則的話，這個區域只有富人，家裡的阿姨、保母、司機住在八竿子打不著的地方，這些富人也沒法生活了。不同收入階層的人們是互為市場的，為什麼要用圍牆圍起來呢？圍牆會導致犯罪率非常高，最高的是強姦率，燈火昏暗的地方太多，女孩子都不敢走過，盜竊率也高。好的社區規劃不應該有死角，都該像建外SOHO這樣，沒有圍牆，沒有哪個地方是偏僻的，這樣就不可能發生犯罪了。任何地方，來來往往的人都很多，你去哪兒強姦呢？你要是撬開窗戶，所有的路人都會看到，拿起電話就打110了。

在我們的建築社區規劃中，我強調自然融合，以美好的大自然作爲榜樣，大自然就是一個融合的整體。我們中國道家最爲推崇「水」的特徵，市場的交換原則使得人們處在水一樣的流動之中，他們不僅相互提供服務，還完成各種交流，並透過各種各樣的磋商消除誤解，達成共識。

不對抗的美

最終大自然一定會讓房子都塌下來的，只是時間早晚而已

在獲得「威尼斯雙年展」建築藝術推動大獎的「長城腳下的公社」中有一個俱樂部，外牆用熟鐵皮做成，在經年的風霜雪雨吹打下，鐵不斷生銹，變化著不同的顏色。這是一種鐵的生命的體現，是一種與大自然和諧相處而不是對抗的美。這個鐵皮俱樂部的設計者是崇尚中國老子思想的韓國建築師承孝相，他也是體現「貧困美學」理念的「朝外SOHO」的設計者。

很多人堅持「與人鬥，與天鬥，其樂無窮」，總是喜歡在大自然面前逞能。我們這些蓋房子的開發商喜歡把房子蓋得越高越好，最終大自然一定會讓這些房子都塌下來的，只是時間早晚而已，只是看人自己拆除還是自然倒塌而已，就像船總要沉入海底，人總要死一樣。大自然會讓鐵生銹，我們就刷油刷漆，甚至做成不銹鋼；大自然會讓木頭腐朽，我們就不斷給它各種保護，與大自然抗衡，和大自然較勁；人們甚至改變動物和植物的基因，傷害大自然的神經。最終大自然總是給與等量的懲罰，也只是時間早晚而已。

極簡主義

講話不講廢話，做事不擺沒用的架子，建房子也少一些沒用的裝飾和建築符號

講話不要講廢話，也不要講永遠正確的客套話。做事別擺沒用的架子，要有效率。建房子也少一些沒用的裝飾和建築符號。現代建築中假惺惺地去模仿古代的建築符號，中國的建築去學習歐陸風情等等形式主義的建築，我都認爲是在無病呻吟，裝腔作勢。現代建築中有一種思想叫「極簡主義」、「少就是多」，我能夠理解並接受。近些年我們蓋的房子最重要的思想是「極簡主義」，盡可能簡單的線條，盡可能少的色彩。世界本來就不複雜，是人們自己給自己找麻煩。大自然中的動物、植物、流水，沒有多餘的東西和動作。當有多餘的東西出現時一定是發生了問題，比如癌症。

暴風雨的考驗

暴風雨之後，大地會更清潔，為健康成長的企業創造出更大的空間

當年我在海南島居住，每年的九月、十月份都有颱風登陸，和颱風一起來的還有暴雨。颱風來之前，大小媒體都會不斷通報著颱風的位置、走向和風力大小的變化。全島的人們都非常緊張，尤其是我們這些剛上島時間不長、沒有經過多少次颱風的人心情就更緊張了。但颱風之後，島上的風光是最美麗的，空氣絕對純淨，沒有一絲的污染，原來空氣中的污濁都被吹走了。地面上更是乾淨，沒有了枯枝破葉，風和雨把大地洗刷得乾乾淨淨。颱風過後的天氣總是風和日麗的，我最喜歡在這個時候開車行駛在高速公路上，路上沒有車輛，少有人跡，在公路上偶爾會發現有武警在清理被颱風颳倒的樹木。

颱風、暴風雨都是大自然的現象，其實在市場中也存在同樣的現象。我們企業就如同自然界中的樹木一樣，經受著各種考驗，平時一次次的財務、稅收等檢查就會將一些不健康的企業淘汰。金融危機、新政策的忽然推行也猶如暴風雨一樣，在它到來之前，由於資訊的發達，總是像預報颱風一樣，大道小道消息一起來，搞得人心惶惶。在暴風雨到來時，總有一些樹木處在暴風雨的中心，成為犧牲品，但更多的是考驗，考驗樹木的根紮得深不深，樹木生長得健康不健康。

在海南的博鼇，我們在「博鼇藍色海岸」種了許多樹，我看到那裡的紅土地沒有北方土地肥沃，就建議我們的園丁多施一些肥，讓樹木長得更茁壯一些。園丁告訴我，這裡緊鄰海邊，不能施肥，因爲施肥後樹木長得太高大，颱風來了，就會把樹連根拔掉，只有自然生長的樹木，才能經得住颱風考驗。有些企業在風平浪靜的日子裡拚命擴張，擴張的速度不只是施了肥的速度，而像是吃了激素一樣迅速成長；有些更是揠苗助長，導致企業資金調度十分緊張，當經濟波動到來時，金融危機和政府的「宏觀調控」新政策到來時，最先出事的就是這一批企業。這種企業太多了，無數案例在我們眼前掠過，死掉的企業比活著的企業多得多。還有一類是已經垂死掙扎的企業，經不起任何風吹雨打了，從機制上看，爲社會創造價值的能力已經沒有了，但因沒有暴風雨到來，所以還在那裡死撐著，浪費著資源，佔據著空間。如有些房地產公司早已瀕臨死亡邊緣，但名下還有許多土地荒蕪著、浪費著，只等待一次暴風雨的清理。

對於好的企業來說，暴風雨並不可怕，也許這場暴風雨之後，大地會更清潔，爲那些健康成長的企業創造出更大的空間。

第四部

美麗的新可能

Part 4: The Brave New World

新世界的叩門聲

邁入新世界，像一個蹣跚學步的幼兒，剛走第一步就摔倒不是失敗

當代的一些智者，都在預言著一個新世界即將到來。如美國歷史學家房龍在他的《人類的故事》最後一章，前美國聯準會主席葛林斯潘在他的《我們的新世界》中，還有中國改革開放的設計師、資訊時代的預言家們、網路英雄等，都在他們的著作中描述出一些即將出現的新世界特徵。如和平，而不是爭鬥和戰爭；團結，人類一家，全球化，「同一世界，同一夢想」，而不是分裂和歧視；物質和精神同步發展，而不是物質過度發展，忽視精神進步；新世界是文明、智力的世界，而不是野蠻、無知的世界……尤其是房龍在《人類的故事》一書的最後，借用法國大革命爆發時期最高尚的人物之一孔多塞侯爵被打死前講的一段話，描述了我們人類面對新世界的趨勢和特徵：「大自然給了我們無盡的希望。人類掙脫了鎖鏈，以堅實的步伐在眞理、美德和幸福的大道上闊步前進的景象，爲哲學家顯示了一個人間奇蹟，使他從至今仍玷污和折磨人世間的錯誤、犯罪以及不公正中得到安慰。」

的確，未來新世界是更具智慧的世界，人們更有智慧地行走在眞理、美德和幸福的大道上。智慧從哪裡來？

10550

台北市南京東路四段25號11樓

網路與書股份有限公司台灣分公司 收

廣告回信
台灣北區郵政管理局登記證
北台字第15343號

地址：

市 鄉／鎮 路 段 巷 弄 號 樓

縣 市／區 街

（請寫郵遞區號）

Net and Books 網路與書

讀者服務卡

謝謝您購買本書！

如果您願意收到網路與書最新書訊及特惠電子報：

— 請直接上網路與書網站 www.netandbooks.com 加入會員，免去郵寄的麻煩！

— 如果您不方便上網，請填寫下表，亦可不定期收到網路與書書訊及特價優惠！請郵寄或傳眞 +886-2-2545-2951。

— 如果您已是網路與書會員，除了變更會員資料外，即不需回函。

— 讀者服務專線：0800-322220；email: help@netandbooks.com

姓名：＿＿＿＿＿＿＿＿＿＿＿＿ 性別：□男 □女

出生日期：＿＿＿年＿＿＿月＿＿＿日 聯絡電話：＿＿＿＿＿＿＿＿

E-mail：＿＿＿＿＿＿＿＿＿＿＿＿＿＿＿＿

您所購買的書名：＿＿＿＿＿＿＿＿＿＿＿＿＿＿＿＿

從何處得知本書：1.□書店 2.□網路 3.□網路與書電子報 4.□報紙 5.□雜誌 6.□電視 7.□他人推薦 8.□廣播 9.□其他

您對本書的評價：

(請填代號 1.非常滿意 2.滿意 3.普通 4.不滿意 5.非常不滿意)

書名＿＿＿ 內容＿＿＿ 封面設計＿＿＿ 版面編排＿＿＿ 紙張質感＿＿＿

對我們的建議：＿＿＿＿＿＿＿＿＿＿＿＿＿＿＿＿

＿＿＿＿＿＿＿＿＿＿＿＿＿＿＿＿＿＿＿＿

＿＿＿＿＿＿＿＿＿＿＿＿＿＿＿＿＿＿＿＿

＿＿＿＿＿＿＿＿＿＿＿＿＿＿＿＿＿＿＿＿

教師是一個啓發者

這首先要說一說教育。在我們的傳統教育中，教室裡、課堂上的老師是知識、智慧的代表和象徵，要用各種儀式樹立老師的地位和威嚴，似乎只有如此才能做好教學，用儒家的話來總結就是「師道尊嚴」。這套辦法在舊世界中的確有效，但在新世界到來的今天，這套辦法似乎已經顯得落後，因爲今天一個小學生可以掌握的知識遠比一位當年讀著拉丁文、拿著鵝毛筆的飽學之士的學問還要多。知識和智慧散佈在教室的每一個角落，每一個學生的頭腦裡。新世界的教師更應該是一個啓發者和發現者，發現和啓發每一個同學的智慧和天才，讓每一個同學發現自己的潛能。同學之間也互相啓發，互相發現。但我看到現在的教室還是舊世界的格局——高高的講台，老師的腳底下還鋪墊著高高的台階。前不久，我去北京科技大學與他們管理學院的同學們交流，就被架在這種高高的、僅能站兩個人的講台上。我對請我去的趙曉博士開玩笑說，你是不是嫌我個子矮，墊這麼高。他說，不是，每個老師來，都這樣的高高在上。

我覺得我們的教室，尤其是大學的教室應該像星巴克咖啡廳一樣，討論不同課題的同學們聚在一起，一邊上網，一邊喝著飲料，一邊學習和討論問題（尤其是案例），透過案例，提出一個小組方案，而不是個人的解決方案。同時在解決問題的過程中，培養自己的團結合作精神，提高各種能力。老師在這裡應該是協調者、組織者、服務者，不應該像高高在上的大幹部，更應該像咖啡廳的服務員。

公司具備服務意識

以上僅是一個簡單的比喻，因爲教室對多數人來講好理解。同樣道理，在公司裡，在新世界中最重要的資本一定是智力、智慧，公司的領導人如果採用家長式、行政命令式的管理模式，這個公司智力資本的品質一定會很差。因爲公司的智力同樣分佈在每一個員工身上，作爲公司任何一級領導，都是一個啓發者和服務者。同樣要有餐廳服務員一樣的服務意識，啓發和發掘公司每一個同事、辦公室每個角落的智慧。爲了這些智慧，辦公室需要營造良好、舒適的氣氛，有可口的小吃，有香濃的茶和咖啡，有單獨靜想的地方，有互相討論的各種大小會議室等。有了愉快的心情，才可能有創造力。而這些僅僅局限於自己公司還遠遠不夠，與你打交道的人和公司也都要給他們以幫助、力量、啓發和服務，把大家的智慧都彙集起來。我們公司剛剛搬進新辦公室，就是按新世界公司的模式來營造的，希望公司的同事們喜歡。

前幾天我去中央電視台做了一期關於「二〇〇八年房價會不會出現反彈」的節目。做節目時，我就在想，新世界的電視台也要改變，電視節目再也不是過去高高在上老師般的說教，端著永遠放不下的架子，而該是如何去啓發電視機前的億萬觀眾。這些觀眾的智慧遠遠高於幾個嘉賓和幾個主持人、編導。在節目裡即使出現了錯誤、偏差，但這些錯誤如果能啓發電視機前億萬觀眾的智慧，就是一期好節目，犯了錯誤也值得。總比那些假的、裝腔作勢和說教形式的節目好過一百倍、一千倍。有些編導、主持人總認爲我們節目是給八億農民看的，觀眾水平低，這種想法一定是錯誤的，只是他們高高在上，離觀眾太遠了，不瞭解觀眾。更有一些電視節目和電玩，不去追求美好和啓發大家的智慧，而是不斷用武力、宮廷權謀甚至色情來吸引眼球和注意力，殊不知走了這條路，它的「閾値」越來越高，要用更強大、更殘忍的武力、更陰險的權謀，才能讓觀眾過癮，永無止境，就像吸毒一樣，直到徹底崩潰。不久前，我曾遇到一位做電玩的老大哥，我從來沒有玩過電玩，不懂他們的行當，他給我介紹說，現在他們公司的這款線上遊戲不行，是以明朝爲背景的，使用冷兵器，不刺激。下一款遊戲是以現代社會爲背景，網友們湊在一起可以成立一個國家，花一些錢，買一顆原子彈，必要時可以發射到另一個國家去……這話著實把我嚇了一大跳。

磋商成為新的文化現象

對舊世界的描述，很容易以批評的態度出現。其實，我們每個人都身處其中，我們存在的缺點和遇到的問題是相同的，只是領域不同，問題的表現方式不同而已。我們邁入新世界時，像一個蹣跚學步的幼兒，剛走第一步就摔倒了，但這不是失敗，畢竟我們已經邁出了這一步。

在教室、在公司、在電視台是這樣的道理，仔細想想，其他行業，其他的領域，在世界的每個角落，小到一個家庭，大到一個國家以及全球都是一樣的道理。

新世界將產生出一種新的文化現象，那就是磋商。我這本《我用一生去尋找》有大量的篇幅是在寫關於「磋商」這種文化現象的。我希望通過這本書與大家共同磋商，共同面對新世界。我已經聽到了新世界的叩門聲。

神奇的四周

網路上，每一個知識的背後都隱藏著一個發佈者，因而知識也呈現其主人的個性

我兒子七歲時，數學已經開始學乘法了。但他所在小學沿襲國外的一套教學模式，很少讓學生們死記硬背什麼東西。他們在學乘法時，居然也不讓學生背「九九乘法表」。以我過去的經驗，「九九乘法表」是要背的，背下來之後，對於以後的計算、工作都方便得多。因爲「九九乘法表」已經成了你大腦中的一部分，有時候碰到沒有任何計算工具的時候，你也隨時可以拿出來使用。

於是我拿出尺、鉛筆和橡皮擦，想自行給我的兒子潘讓製作一張「九九乘法表」。我先畫了一個方框，然後橫著九等份，豎著九等份，畫直了每一條線，外邊框用雙線，中間的分割線用單線。花了大約十分鐘時間，這張「九九乘法表」終於製作出來了。在製作的過程中，太太張欣回到了家，看見我在桌子上埋頭苦幹，就問我這麼認眞在幹什麼。我頭也沒抬地對她說：我正在製作一張「九九乘法表」，給潘讓學數學用。做好這張表之後，我把潘讓叫過來，想給他好好講上一番我小時候的經驗，然後讓他背會這張「九九乘法表」。潘讓看著這張自製的「九九乘法表」，突然詫異地對我說：爸爸，你爲什麼自己畫？你爲什麼不到電腦上去搜尋呢？聽他這麼一說，我恍然大悟，連忙上電腦，在「百度」裡鍵入了「九九乘法表」幾個字。電腦上顯示用了 0.045 秒，就搜尋

出來了與「九九乘法表」有關的7380篇文章，其中包括了各種各樣的表格，連湖南出土的中國古代戰國時期刻在竹簡上的「九九乘法表」都有。

知識無所不在

這件事令我感到新世界到來的第一個變化，就是知識的自由使用。以前知識的擁有屬於權力階層，他們以愚民政策維持自己獨佔知識的特權。但現在，因爲網際網路的廣泛使用，知識以網路的形式存在於我們每一個人的周圍。網路化的知識存放系統，不僅僅提供知識本身，還提供檢閱、搜尋等尋找知識的便利方式。一個六歲的小孩子，只要會使用Google、百度，一分鐘之內就可以找到超過老師記憶何止十倍的資訊。看看網路，知識自由使用的廣度與深度前所未有，它不僅打破了所謂的師道尊嚴的幻象，也破壞了以封鎖、管理知識爲特權的愚民策略。因爲知識公開，透明，人們處在前所未有的平等感覺中。看看那些上網成癮的人，東開一個網頁，西開一個網頁，驅使他們通宵達旦四處流覽資訊的，正是那種「什麼都可以知道」的快感。

隨著網際網路的發展，不僅僅是索取知識的權力平等了，言論權也會平等了。網路早期流傳一句話：「上網吧，沒有人知道你是一條狗。」這句頗具調侃意味的流行語說明了在網路上，人們說話的權利是完全平等的。事實上，如果一條狗能開口說話，無論其觀點和態度如何，那也貢獻了狗的知識。網路之所以奇蹟般地增長為海量知識庫，正是因為突然實現的言論權和知道權回到普通人手中後的萬民狂歡。

人人爆發自己獨特個性

透過網路儲存和傳播知識的方式，對於每一個人來說，是一場資訊爆炸，是一種知識的包圍。每一個知識的背後，都隱藏著一個發佈者，因而知識也呈現其主人的個性。好玩的標題，配著圖，帶著音樂伴奏或者閃動著卡通，這就使得網路上知識的表現形式頗有娛樂感。所以透過網路，知識的傳播再也不會有傳統意義上的嚴肅了，而是眞正的「寓教於樂」了。

當知識無所不在，又唾手可得時，我們又面臨一些新的問題。那天我聽到有人說可以在網上找到炸彈的製造方法，嚇了我一跳。公開的知識太多了，任何人都可以輕易找到相應的知識以滿足自己最隱密的想法，你根本不知道他獲得了什麼知識，擁有了什麼技能，掌握了什麼工具。就像人們站在大海面前的感受一樣，你看見知識的確完全敞開了，但你瞭解生活的難度也相對增大了。在思想一致、主題鮮明、知識逐層遞減的時代，這個人知道什麼、會說什麼，似乎都可以把握，人與人之間不用費什麼心思就可以瞭解了。但是那個時代已經不可挽回地過去了，現在，每一個人可能擁有的才能眞是叫人無法預料了。

於是，現在，與每一個人相遇，都可能會出現刺激和新鮮感，你的確可以眞正奉行孔夫子所說的「三人行必有我師」了。因為知識公開存在於你的四周，人人均可獲取自己感興趣的知識而形成獨特的智慧。即使是那些年輕的孩子，也可能是在某方面獨具慧眼的發現者。我們面對著的新世界的奇妙之處在於，人人都是有才華的人，而且才能都各不相同。在這個人人爆發自己獨特個性的時候，我們也必須要有更開放的心態，因為自由吸取知識也可能會產生很多「怪人」。

這個時代充滿無處不在的知識和應用著知識的人，這是我對網路時代的第一個感歎，我感到一個神奇的新世界正在我們四周形成。

從此以人為中心

將不再以民族利益、國家利益爲中心而建立知識系統

德國有一個人，在網上發了一個消息，他說我想吃人，有沒有自願報名的人。有二十多人報名，說我願意讓你吃掉。然後商量好，簽好合約，這個人就把其中一個人殺了，把肉放在冰箱裡面。等到當地員警破案的時候，他已經吃掉了二十公斤的人肉。

判刑的時候，法官很爲難。開始以爲他是一個精神病患者，但經醫院檢查以後，這個人的精神是正常的，不是精神病。第二，他不是故意殺人，因爲他有和那些自願被他殺了吃掉的人相互來往的 E-mail 與合約。他並沒有強行殺死那些人，那些人是自願被他殺，而且自願被他吃掉。在這樣的情況下，按照德國的法律，只判了他五年刑。服完五年刑這個小子又出來，又在網上發佈消息要吃人，又到街上遊蕩了。

這件事令我非常驚歎，網路能把藏在全世界最偏僻角落的有著最古怪想法的人都挖掘出來，聯繫在一起，平靜地達成如此可怕的協定，足見網路的巨大能量。

我接觸網路比較早，一九九四年我就架了一個網站，當時 Internet 還不支援，我都是在電話上處理，當時起的名字叫「東方策略」。爲此我還寫了一篇報告給朋友，萬通集團的王功權。他拿

著報告譏諷說：「這是什麼意思，不知道的人還以爲是推翻政府的綱領呢！」現在這個網站叫北京房地產資訊網。我記得做這個東西的時候還在保利大廈，在一個由男女廁所改造的會議室裡面開會，基本上來開會的所有人都反對，反對最厲害的是武曉焯，但是他講清楚了他反對的理由後，我說：「行了，總經理就是你了！因爲你說了反對的理由，說明你對這個問題有思考。」最後大家就是在武曉焯的帶領下開始做這個網站的。

爲什麼要設網站，當年對我影響最深的是沃爾瑪，那時候微軟還是一個小公司。我看一本國外的雜誌上介紹沃爾瑪，說它爲什麼能在幾年內營業額急劇上升，是因爲他們使用了電腦網路，降低了成本。第二個啓發我的是美國的漢德公司。這個公司什麼都沒有，在美國一個很偏僻的州裡設了一個中心調度室，使用大卡車樣子的卡片，這個卡片上面有一個800免付費電話，只要有東西要運，打個免費電話，美國的任何地方都能處理。這個貨運路線從哪兒到哪兒，什麼地方運貨、卸貨，用什麼航空公司，編排好之後，調度一下，很快就能送到。當時的操作還很原始，沒有手機，也上不了網，就是在卡車前面裝一個方盒子，用來接收衛星訊號，指示這個貨是現在卸下來，還是再往前走一段路。後來爲了擴大規模，漢德公司把加拿大、美國、墨西哥三個地方都連了起來，把陸地、海運和航空運輸也都連在一起，效率非常高。透過這兩件事，我看到了網路的力量是非常強大的。

網路帶來最大規模的磋商

但是任何事情都是有利有弊的，這實際上是一個哲學的思考。從現實生活的角度，網路可以帶來高效率，將商業上的成本降下來。但從情感的角度，人應該活在眞實裡，在現實生活當中一定要面對面去交流。人是神聖的，網路只是一個工具，情感是人非常和諧的一部分。在網上可以調動沃爾瑪，可以做物流，可是在網上談對象的事情，我覺得基本上不可靠。

因爲巨大的連接能力，網際網路現在已經成爲一個朝向未來的社會所必需的基礎建設，因爲它不光是一個技術，同時也是一個社會的結構，是人和人的一種新型關係。在有關磋商的篇幅裡，我寫過因爲網路的跨國界，自由度，無身分感，已經形成不分種族性別、不分高低貴賤的最大規模磋商。在這大規模的磋商裡，涉及的主題包羅萬象，有的具體到一件業務，有的簡單到一場約會，有的高深到討論宇宙的成因，有的複雜到設計一架核潛艇。這些涉及各方面的磋商，將最大限度地減少人與人之間的偏見，並且整合各種文化，眞正令全人類從精神上連爲一體。

網路，是人們交流之迫切需要催生出的知識分享的燦爛花朵，它的基本意義，是連接與分享，與人類的精神追求、愛、團結合作的價值非常一致。這個奔湧著巨大知識量的網路，將不會以民族利益、國家利益爲中心建立自己的知識系統，而是將以人爲中心。參與這個偉大的磋商系統並提供自己的知識與願望的人，可以是最沒有身分的人，一個沒有任何修飾與限定的人。

新世界的特徵

過去成長起來的大企業是一條必由之路，但卻不是路的終點

工業革命之前，是一個全世界經濟發展和人們生活水平基本沒有什麼提高的時代，發展非常緩慢，所以叫「黑暗的中世紀」。後來，三四百年前，歐洲文藝復興時，繪畫、哲學、建築、詩歌等方面爆發巨大的能量，包括他們的數學研究等等，一下子給人耳目一新的感覺。其實歐洲在中世紀的時候，中國正是明朝、元朝吧，也沒有什麼發展，但那時候歐洲就開始發展起來了。歐洲的文藝復興奠定了現代化的思想基礎，有了知識方面、哲學方面的準備，就把黑暗的中世紀、把人類的思想從教堂解放出來了。

亞當・斯密寫了一本《國富論》，核心就是社會化的分工。他一開始就說，人和別的動物的區別就是：動物不會在生產和分配的過程中做國際化大分工，就是社會分工。比如狼追一隻羊，儘管牠們可以互相配合著追，但把羊吃完之後，牠們不會拿著羊腿跟別的動物交換，所以社會化的分工是人的天性。如果你把一個大頭針做十幾個工序生產，成本會大大降低。這是亞當・斯密最聰明的地方。

隨後發生了英國的工業革命，科學取代宗教成爲歷史的領導者。在工業革命的影響下，什麼

都是大規模，因爲只有生產規模大了，成本才能降下來，管理、銷售成本才能分攤到裡面。只有大才有效率，只有大才有競爭力。流水線生產一雙鞋，成本比你媽媽一針一線縫出來的低，品質要好得多，效率高得多。所以英國的工業革命一下子把歐洲帶動起來了，隨後歐洲的先進技術傳到美國，美國又發展起來了。一個規模化生產極大化的公司，其生產資料和產品的銷售都不僅僅局限於一個國家，其對資源的索求和銷售的擴展，促使公司跨出國門，這樣就出現了能量驚人的跨國公司。它的能量有多大？大得可以影響國家政局，顛覆一些小國家。過去五十年間，是跨國公司的天下，影響了整個世界，惠普也好，我們喝的可樂也好，麥當勞，肯德基，這些跨國公司就是「大」。

更好的企業形式是小

可是我們馬上面對的是一個新的世界，新世界主要的特徵是小。因爲公司大了，將漸漸失去控制，船大了就掉不了頭，容易受到致命的打擊。對於這個話題，很多人會提出異議。因爲我們經過努力，現在中國石油是全世界第一大公司，中國工商銀行是全世界第一大銀行，萬科是全世界第一大房地產公司，難道我們要放棄我們努力的成果？放棄當然是不必要的，而且規模化也是必由之路，我說的是已經出現的新型企業的苗頭。如果我們將觀察的視野放得更加開闊的話，一定會看到，近幾年我們國家成長起來一些巨大的公司是一條必由之路，但卻不是路的終點。更好的企業形式是小。因爲小，所以更有個性，更具有靈活性，把握機會十分靈敏、逃避危險的動作也快。

小的企業，目前由網際網路孵育著。在網路上，你會看到一些很小的企業，小得甚至只是一個人。過去，巨大高效的組織形式是大型企業的專有資源，因此一定規模的市場環境其實都是某個大型企業的專屬，因此出現壟斷問題。現在網路將這種組織形成變成了公有資源。網路把億萬個分散、單獨的個人組織到一個交流、協作的渠道中來，彼此提供服務。而使用這個渠道的成本之低，個人都能承受。因此你發現，透過網際網路，世界變得扁平了。你坐在中國ＳＯＨＯ的房間裡，可以看到澳大利亞某個小孩在追趕一隻小兔子。幾乎是同步的，你能看到他寫的部落格，他發放的照片，他放上去的視訊。這個小孩子的活動全世界都可以立刻看到，因此他有著比過去沒有網路時候多得不知多少倍的機會。

個人的力量大增

湯馬斯・佛里曼在《世界是平的》這本書中，把全球化的進程以哥倫布發現美洲、二次世界大戰和二十一世紀爲標誌分成三個主要階段。隨著階段的前移，世界的尺寸越變越小，而我們現在所處的時代，正是國家從小縮成了微小、競爭場也變平的階段。在全球化第一階段，推動全球化的力量來自於國家；在第二階段，推動的力量來自於企業；今天，在全球化第三階段，推動的力量來自於個人。個人的力量大增，不但能直接進行全球的合作，也能參與全球的競爭。我們目前的階段與前兩個階段不同的是，世界不僅僅是變小了，而是發生了質變——變平了。

世界本來是有弧度的，一個人要看見另一個人，需要壘起高塔，或者經過漫長的旅行，但現在，僅僅透過電腦螢幕，透過網際網路，相互就能看見了。透過網路簡捷有效的聯絡，解決了過去需要巨大的政府、企業能力才能解決的交際、交易成本，單獨的個人也因此擁有了力量。同時對於很多公司而言，因爲有了網路，可以削減不必要的部門，降低成本。

前一陣子阿里巴巴、淘寶網興起，我上去看，註冊用戶上千萬，數量大得驚人。他們都是小，小企業，小商戶，很多都是個人。每個人都可以透過網路買東西、賣東西，每個人都可以在一個公共的組織平台上，做一個最簡化的商人。我說他們是簡化的商人，指的是他們只做最核心的事：提供創意和保證信譽。透過完善的網路機制，一個人可以將某個創意賣給將創意變成具體產品的人，生產者生產出來，再購買運輸服務，運輸者再將其產品送到最終消費者手上。而這一切都可以透過電腦螢幕來完成，這就是網路的偉大之處。你坐在電腦面前，就坐在了世界面前。

小為什麼是美

以擁有物質財富的多少去衡量人的幸福程度，是隔靴搔癢

幾年前，我們公司的同事推薦給我一本書，是英國經濟學家舒馬赫（E. F. Schumacher）發表於一九七三年的《小即是美》。我看完這本書後認爲，此人一定是印度聖雄甘地的弟子或者崇拜者，因爲我覺得這本書的思想是甘地的思想在經濟學中的延伸，同時我也覺得書中的觀點更像是從經濟學的角度提出了信仰和道德的問題。這方面我當時還不能確切地去理解，但書中「小即是美」這一觀點，我卻印象極深，成爲我的世界觀和思想框架的一部分。

幾年後的今天，大陸譯林出版社要再版這本書，並請我爲這本書寫個序。於是我又把這本書看了一遍。再讀這本書時，覺得每句話都好像在往心裡面鑽，有些話甚至震得我頭皮發麻，與我幾年前第一次讀這本書時的看法、感覺完全不一樣了。其實，這本書中的每一個字都沒有改變，改變的是我自己對發展模式的反思，對信仰、道德的進一步理解。我現在懷著無比虔誠的心情把這本書推薦給那些樂於思考未來的朋友們，眞心希望更多的朋友能夠看到這本書：無論是有權的、無權的；無論是窮人、富人；無論是年老的、年輕的……相信這本書會給每個人智慧的啓發。

聖雄甘地有一句名言被大家廣泛傳誦著：「地球上提供給我們的物質財富足以滿足每個人的

需求，但不足以滿足每個人的貪慾。」瞭解甘地理想中的世界也許可以幫助我們更理解這本書。甘地說：「我將爲這樣的印度而奮鬥：在這裡，窮苦人將她當成自己的祖國，在事關她的發展的問題上能有效發表意見；在這裡，沒有階級地位的高低；在這裡，所有的社會群體都將和睦相處；在這裡，女性享有與男性同等的權利。這就是我夢想中的印度。」

《小即是美》一書中探討了教育、土地、資源、技術與發展的關係，並反思西方工業化的發展模式對於世界的影響。無法想像這竟然是一本三十三年前寫成的書，書中提出的觀點如此深刻而具有前瞻性。西方工業化的發展模式什麼地方出現了問題呢？這種發展模式的原動力來自於比較和競爭，就是這種發展模式啓動並放大了人性中的貪婪和嫉妒，這些貪婪和嫉妒摧毀著人類的智慧、平靜和幸福。在這樣的發展模式下，無論物質財富如何快速地增長，都不可能帶來持續的和平，也不能給人類帶來普遍的幸福感；在這種發展模式中，「發展的衡量標準只是GDP的增加，但它僅是統計學中的統計資料，而並非人民的眞實感受；在這種發展模式中，基層人民備受日益增加的挫折感、疏離感以及不安全感的壓抑。」

社會的發展應該是物質財富和精神財富的平衡發展。科學的發展爲技術提供了基礎和原動力，人們不斷地在發現物質世界規律的基礎上，掌握這些規律並創造出物質財富。在精神世界中，信仰是道德的原動力和基礎。如同在物質世界中，科學的發展爲技術提供了基礎和原動力一樣，沒有信仰的道德是斷了線的風箏，道德也只能變成沒有力量的口號。信仰和道德推進了人類精神的進步。如果只注重物質財富的增加，只在物質世界中進行物質的搬運、化合、分解及不斷的組合，甚至是什麼也沒有變化，只是擁有的權利變化了，這不可能解決人類精神的問題，促進人類精神的進步。以擁有物質財富的多少去衡量人的幸福程度也是隔靴搔癢，更不可能觸及到人性的本身，因爲這完全是兩個世界的問題。

回歸於人，回歸於人性

同時，「持續的和平」不僅僅是人與人之間的和平，更是人類與大自然的和諧、共存。在不斷戰勝大自然的過程中，我們取得的勝利也只是短暫的、自以爲是的，從終極來看，人類永遠不會戰勝自然，因爲我們本是大自然的一部分，我們的力量和智慧都來自於大自然。在有信仰的人看來，大自然的背後就是上帝，這其中蘊藏著許多人們無法知曉的奧秘。人類是大自然的一部分，局部怎麼會大於整體呢？局部怎麼能戰勝整體呢？

我想我們還應該更深入地思考人和環境的關係問題。這幾年我常參加一些綠色環保的活動和會議，但常因沒有明確的指導思想，這些活動變成了一次又一次的技術競賽，甚至成爲商家一次次新產品和新設備的推廣會。在環保問題上沒有方向性指導思想，只在技術層面上施展雕蟲小技，

10550

台北市南京東路四段25號11樓

網路與書股份有限公司台灣分公司　收

廣告回信
台灣北區郵政管理局登記證
北台字第15343號

地址：

市　鄉／鎮　路　段　巷　弄　號　樓

縣　市／區　街

（請寫郵遞區號）

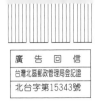

Net and Books 網路與書 **讀者服務卡**

謝謝您購買本書！

如果您願意收到網路與書最新書訊及特惠電子報：

一 請直接上網路與書網站 www.netandbooks.com 加入會員，免去郵寄的麻煩！

一 如果您不方便上網，請填寫下表，亦可不定期收到網路與書書訊及特價優惠！請郵寄或傳眞 +886-2-2545-2951。

一 如果您已是網路與書會員，除了變更會員資料外，即不需回函。

一 讀者服務專線：0800-322220；email: help@netandbooks.com

姓名：______________________ **性別**：□男 □女

出生日期：_____年_____月_____日 **聯絡電話**：______________

E-mail：______________________________

您所購買的書名：______________________________

從何處得知本書：1.□書店 2.□網路 3.□網路與書電子報 4.□報紙 5.□雜誌 6.□電視 7.□他人推薦 8.□廣播 9.□其他

您對本書的評價：

(請填代號 1.非常滿意 2.滿意 3.普通 4.不滿意 5.非常不滿意)

書名______ 內容______ 封面設計______ 版面編排______ 紙張質感______

對我們的建議：______________________________

我們就會成爲顧頭不顧尾的企鵝。而《小即是美》在三十三年前就明確提出了未來的發展模式和方向。

在美國發生的災難性的「9·11事件」，是西方工業化發展帶來的仇恨與城市建設中追求高大、標誌性兩條道路相交帶來的結果。而這兩條道路的指導思想與《小即是美》背道而馳。如果我們的發展沒有正確的指導思想，像「9·11」這樣的悲劇也許還會重演。

再回過頭來看，世界發展的出路究竟何在?我想應該回歸於人，回歸於人性。也正是基於此，舒馬赫呼籲：這世界上最偉大的資源是教育。

超級個人能量體

你能在網路上能發揮傳達、組織、調配功能，就有機會成為「超級個人能量體」

依託於完善的網路平台，一個人就可以成爲一個「超級能量體」，儘管目前還處在萌芽狀態，但它是未來的發展方向。這些個人，將組織、整合的事情，交給網路來做，因此特別強調更具創意和個性的「單幹」。在我們用賦了於流水線生產出來的東西之後，有個性的、個人情趣十足的產品，小而專門的服務，就顯得格外珍貴。當然，小的、「單幹」的個體，在沒有網路的時候是缺乏養分的。一旦小的東西跟網路接上軌，它就是網路整體上一個有活力的細胞，而網路也就成爲一個集合億萬細胞的大型生命體。

人都會得感冒，有一種感冒是病毒性感冒。造成感冒的病毒七天之後變異了，之後你的感冒就好了。你不需要吃藥、不需要打針，因爲對這種病毒目前科學家還沒有辦法，唯一的治療辦法就是要休息，多喝水，等待它自行變異，完成一個生命週期。在顯微鏡下看，病毒很小，對這種小的東西你眞是沒有辦法。一個大公司消滅一個中型公司是非常容易的，可是消滅一個小的、寄託在網路上的個人，就很困難。超級個人能量體也會有巨大的摧毀力，比如賓拉登，他躲在山洞裡，透過網路發出指令，於是三五個人，拿著塑膠刀上飛機，就把美國世貿大樓炸了。布希被賓拉登給弄懵了，把航空母艦調來調去，什麼用都沒有。用賓拉登的「9．11事件」，也可以詮釋超級個人能量體的強大生命力。

中國現在最厲害的生意人是溫州人。我一直非常關注溫州現象，關注他們如何四處出擊，在世界上與各國人競爭。我認爲溫州人做生意的方法，就符合我的「小即是美」觀念。那些溫州人，賺了錢就住飯店，不賺錢也能夠到倉庫裡面睡覺，衣服都不用脫，起來就走了，這能有多少成本！美國人一做什麼就要想幾星級，多高檔次，多大規模，多麼氣派。溫州人沒有這種感覺，因此能夠找到最不容易找到的利潤，最細的需求。他們有可能悄悄控制了世界，但我們無所覺察，就像造成感冒的病毒一樣，要用顯微鏡才能看得見。看他們在國外，把義大利、法國人的生意搶得不得了，才短短幾年時間，溫州人就能與當年的猶太人相比了。

超級個人能量體有幾個很典型的代表人物，賓拉登是一個，還有一個溫州小姑娘，她一個下午可以調動好幾億的資金。我們去溫州專門瞭解「溫州炒房團」的秘密，追蹤溫州炒房團，追蹤他們的團長是誰，到底什麼樣的人在做這件事，最後出現了一個小姑娘。她有一半時間住在北京，她的親戚朋友都非常信任她，她有一個不算緊密的小團隊，一些人打探市場，一些人調動資金，她就是調動資金的核心人物。她的樣子三十來歲，秀秀氣氣的，完全看不出有那麼大的力量。她殺到重慶，重慶的房價馬上漲了三千塊；她跑到深圳，深圳房價就飆升。這個可怕的小姑娘，就是個「超級個人能量體」，但你跟她坐在一起喝茶完全覺察不出她是個可怕的炒房團首領。

當年存在於大公司中各司其職的單位，現在已經分化出來，獨自承擔社會責任和市場責任。比如在美國，當時礦業公司同時也擁有鐵路公司，現在他們分開了。在中國，過去的大型國營企業更不得了，一個企業不僅僅有採購、運輸等等部門，還有學校、派出所，完全是一個包羅萬象的獨立系統。過去幾十年的改革，將這些系統拆散了，讓每一個單位獨自面對社會，他們不得不與更加廣闊的社會整合於一體。

讓每一個單位，獨自與更加廣闊的社會連接在一起，網際網路就是這麼一個偉大的基礎建設。在這個系統上，個人的、獨立的、有價值的東西，能夠迅速被另外的需求者發現。網路代替了大公司以及某些職能政府，依靠線民的自然力量，發揮著傳達、組織、調配的功能。沒有國界，不需要過多強調身分，沒有個人與公司的區別，現代社會越來越清晰地逐步變成一個網路重新組織過的社會。在這個巨大、廣泛的重新組織之後，「超級個人能量體」一定會應運而生。

網路上現在有很多「紅人」，芙蓉姊姊就是一個，她僅僅透過網路發佈自己的照片就天下皆知，她已經有一些「超級個人能量體」的雛形了。在未來，會有很多更有價值的「紅人」，這是可以預見的。給「超級個人能量體」預備的環境已經逐漸成型了，這是一個趨勢，不是一兩個人能夠左右的。

給「超級個人能量體」預備的環境已經逐漸成型了。（潘石屹親自勘查工地。）

阿里巴巴與鳥之羽毛

沒有誠信等精神財富，創造物質財富基礎只能是無源之水

認識馬雲是一九九九年的事了，那幾年正是 Internet 熱的年份，幾乎全民都參與到 Internet 改變世界的偉大事件中了，當年中國 Internet 行業的帶頭人、被稱為「數字英雄」的基本都是海外留學歸國的「海龜」，唯有馬雲例外。在一群「海龜」中忽然出現一隻本土出產的「土鱉」有些奇怪，也有些另類。記得好幾次會議上，馬雲的阿里巴巴、淘寶網的商業模式都受到許多人的質疑。我對當時流行的幾十種、上百種的 B2B、B2C 的商業模式一知半解，只知道這幾十種模式似乎都是書本上總結出來的，它們在市場上能行得通嗎？沒有經過市場的檢驗，這些商業模式生存下去的道理又是什麼？我不得而知，一直將信將疑。

但馬雲的阿里巴巴模式我聽明白了，與我想像中未來中國企業形態的背景相吻合。未來中國企業形態有些什麼樣的特點？我認為最重要的是「小」，美好的「小」。從今天看，全世界第一大公司是中國石油，全世界第一大銀行是中國工商銀行，好像中國的大企業風光無限，但我堅持認為未來還是小公司的時代，小企業更有生命力，更有靈活性，也更符合亞當·斯密在《國富論》中倡導的分工原理。今天，這些大企業都是高度壟斷的產品，他們的效率和服務遠遠不及小企業。

但如果只有分散的小企業，沒有像阿里巴巴這樣的平台把它們有機地聯繫起來，這些小企業各自爲政，如同一盤散沙一樣，也是沒有效率的。但有了阿里巴巴，幾十萬家企業被整合到一個網路平台上，一切就會改變。

在小企業裡，經濟學聖人亞當•斯密關於分工的原理得到了充分的實現。但在Internet的新空間裡，人們不再面對面時，更需要誠實。在看不見的網路裡，人們能做到誠實相對嗎？如果能做到，未來Internet世界就會有發展前景，一個無可估量的前景。如果不能，不管這張網的技術有多先進，商業模式有多先進，這個新空間都是沒有任何希望的——誰會與騙子在一起呢？一個互相欺騙的世界又能創造什麼價值呢？對此，我與馬雲交談了多次，他認同我的看法，並給我介紹，大家在阿里巴巴和淘寶網上是如何重視自己的信譽，如何誠實。爲了證實馬雲的觀點，有朋友如果去阿里巴巴和淘寶網上做生意，我一定會問他們這些網上的會員誠信嗎？有欺騙行爲嗎？如何保持誠信？如何杜絕欺騙行爲的發生？得到的答案是一致的：在阿里巴巴網上，大家愛護自己的信譽像鳥愛惜自己的羽毛一樣。

馬雲的幾張網在未來能擁有多大的發展空間，取決於他是否紮根於中國經濟這塊土地上，眞正地爲千千萬萬個中小企業服務，而不是創造一個無法落實的概念。多少飄浮在空中的「數字英雄」都成了過眼雲煙，馬雲的阿里巴巴卻留了下來。我相信，阿里巴巴如果緊緊把好中國經濟的脈搏，爲中國的企業服務，它一定會獲得一個廣闊的生存空間。SOHO中國在這一點上與馬雲的阿里巴巴也是相同的，也是面向千千萬萬中國的中小企業，也爲這些中小型企業提供服務，所不同的是，SOHO中國爲這些中小企業提供了有形的空間——房子；而阿里巴巴爲中國高速成長的中小型企業提供了虛擬空間——網路。未來阿里巴巴和馬雲的發展基礎與我們SOHO中國以及所有企業一樣，就是建立誠信，增加誠信，在社會物質財富增長的同時，讓精神財富也同步發展。這兩種財富一定是相輔相成，相互促進的，沒有誠信等精神財富，創造物質財富基礎只能是無源之水，無法源遠流長。

只可能產生在中國的可能

我們既然在西方文明的經驗和協助下發展了物質財富，就應該在更高層面的磋商裡與全人類的精神融合爲一體

我們以百年爲單位來劃分時間，從中會看到，過去的一百年是中國人和中國的經濟災難最深重的百年：義和團起義，八國聯軍入侵，慈禧政府的流亡，抗日戰爭，解放戰爭，反右，三年自然災害，文化大革命。每次少則死幾百萬人，多則死上千萬人。國家的經濟發展基本停滯，也顧不上發展經濟。改革開放的這二十多年，是從零起步，今天我們看到的增長，是壓抑了上百年以後的爆發性增長。像彈簧一樣，壓得越重彈得就越高，「哪裡有壓迫，哪裡就有反抗」講的就是這個道理。中國經濟就是被壓迫了上百年的彈簧。有人簡單地拿西方經濟發展的資料和經濟週期理論來分析改革開放後的中國經濟，得到的結論一定是錯誤的。中國這一大週期的經濟增長起點是從鄧小平南巡講話開始的，這時才有了眞正意義的財富。此前的改革只是讓中國人吃飽飯、不至於餓死人。農村人民關心的是「包產到戶」，並不關心土地產權；城市、工廠裡的人關心的是獎金和工資等等，這都是活下去的最低、最基本的要求。未來中國經濟還會高速增長，二〇〇八年北京奧運會只是高速增長曲線的一個重要起點，順應趨勢，這個點更促進了經濟的快速增長。

所有事物都是平衡和諧發展的，這是創造主王國不變的規律，也是上蒼的最終願望。老子在《道德經》中貫穿了這一思想，周文王在演繹《易經》時也貫穿了這一思想，所有歷史上的聖人、智者的言談中都體現了這一思想。在中國人平均GDP只是香港的十分之一、美國的二十分之一時，這樣一個國家的增長是必然的，世界要平衡和諧發展，中國的經濟發展是無法阻擋的。

我們公司進行上市路演*時，創下基金經理們下單率高達94.8%的奇蹟。爲什麼會有如此的奇蹟出現？我們的保薦人分析了許多理由：我們上市的第二天美國降息達五十個基點，全球股票市場看好；SOHO中國在中國是家喻戶曉的品牌，有其獨特和神奇的商業模式；SOHO中國是有活力、有創造力的民營企業等等。但我認爲以上都不是最根本的原因，最根本的原因是全球都看好中國，相信中國的未來是全球最有希望、經濟增長最快的國家。同樣進行路演的遠洋地產，雖然與我們有許多不同，甚至有很多完全相反的地方，比如兩個公司的商業模式是相反的，開發的物業形態是不同的，企業性質也是完全不同的，但兩個公司都受到了同樣的追捧。原因就是我們都有一個共同點：來自中國，來自未來全世界最有希望的國家。

中國是世界上最有希望的國家，來源於很多例證。就拿世界五百強企業來說，目前已經位列

*「路演」（Roadshow），是國際上廣泛採用的證券發行推廣方式，指證券發行商在發行證券前，針對投資者的推介活動。活動中，就公司的業績、產品、發展方向等，向投資者做詳細介紹，以展現上市公司的投資價值，並藉由問答方式，讓準投資者們達到更深入的瞭解。

其中的中國石油是全世界第一大公司、工商銀行是全世界第一大銀行、萬科房產是世界第一大房地產公司，但這些還僅僅是大，是按照兩百年前工業革命開創出來的模式發展到極致的大規模公司，再大也是老式的。現在全世界的人們都希望中國有所創新，開拓新的價值。眞正的企業創新不僅僅能夠大幅提升物質財富的生產，還能輸出新的價值觀。現在全世界都注視著中國，希望這個幾千年不間斷地創造過輝煌的國家，再次給全人類帶來新的啓示。

新的企業型態將在中國產生

我們會讓世界人民失望嗎？我覺得不會。首先我想到一種新的企業形態可能會產生在中國，而且只能在中國產生。像歐洲國家，法國、英國、德國，牌子太老，社會財富太多了，所以他們一去度假就是一個月，常常脫得光光的在沙灘上曬太陽，他們太追求享受了，太奢靡了。歐洲人從精神上遠遠比不上美國，而美國又太驕傲了。現在最主要的企業形式是美國式的，美國新企業形態創造了一個輝煌的商業文明，但它開始走下坡路了。原因是什麼呢？不是制度本身，而是他們的思想中出了毛病，太自我了，覺得我是全球最強，我想打誰就打誰。一會兒開飛機過去打，一會兒開航空母艦過去打。第二個，他們的思維狀態跟這個時代團結合作的意識是不和諧的。小布希說要不就是反恐的國家，要不就是恐怖國家。要不是黑，要不是白，這個邏輯跟我們談的團結的背景、磋商的原則這些大家共同的精神財富是背道而馳的。

過於自我，是我對美國的觀察結果。這一點在普通的美國人身上都極爲明顯。如果一個人走路時抬頭挺胸，旁若無人，一看就是美國人，亢龍有悔，所以他們一定會走下坡路。而在中國，人和人之間的謙卑、勤奮、有效率、強調和諧、講究磋商等等意識，構成一個極有可能催生新企業形態的環境。這種新企業形態會帶來更偉大的文明，中國應該擔負起這個偉大的責任。

對於新的企業形態，我至今還在思考。七八年前我說過，做企業要做得跟水一樣。水是液體，如果企業能做得跟水一樣，可以倒在碗裡、倒在杯子裡，就能夠對市場保持最大的敏銳和適應性。這是我原來提的一個想法，其焦點是提倡企業的靈敏度和適應性。現在我感覺新形態的企業應該是一種「小」，是在保持靈敏度和適應性的同時，增強其個性，而網路有效組織「小」企業、促進了個人進行創造與交易的能力，更加強了我對「小」的信心。

作爲一個中國人，我們現在已經相當有信心了，但是我們依然要保持謙和，尤其要嚴防狹隘的民族主義。我們既然基於西方文明的經驗和協助下發展了自己的物質財富，我們更應該在更高層面的磋商裡與全人類的精神融合爲一體。

人類社會的第三個階段

非好即壞；不是天堂，就是地獄；不是朋友，就是敵人的第二階段過去了

小時候看電影，總是想先分清電影中的人物哪個是好人，哪個是壞人，但電影的故事情節設計中總有一些隱藏起來的壞人，到電影結尾時才會暴露出來。這讓我們在看的過程中很著急，常常問大人這人到底是好人還是壞人。隨著年齡慢慢成長，才發現這個世界並不是非黑即白，非好即壞的。

最近在讀一些聖人的文章，如巴哈歐拉*、瑣羅亞斯德*，這些聖人有一個共同的認識就是：把人類社會的成長比喻成個人的成長。就是說人類社會也是呈週期性變化的，在一個大的週期中基本分三個階段，也有摩尼教稱爲「三際」。

第一階段是渾沌狀態。人們在認識上、價值觀上，以及宗教信仰上都非常的模糊，就如同剛出生的嬰兒般懵懵懂懂。人類社會在這個時期的一些特徵，在《聖經》中、在老子的《道德經》中都有過詳細地描述，我在這裡就不引經據典了。

---

*巴哈歐拉（1817-1892），原爲一位德黑蘭的波斯貴族，爲「巴哈伊教」的創始者。

*瑣羅亞斯德（BC628-551），古波斯先知，創立「祆教」（又稱瑣羅亞斯德教、拜火教）。

第二階段進入典型的二元論階段——非好即壞。不是天堂，就是地獄；不是朋友，就是敵人；不是反恐國家，就是恐怖主義國家；在拜火教中被稱為「光明之神」阿胡拉和「黑暗之神」安格拉。這是一種不成熟的心理特徵，而個人的成長在兒童期就常常表現出這種不成熟的心理。

人類社會的第三個階段就是人類大週期中的成熟期，統一、合作、團結是成熟期最主要的標誌。「天下大同」、「人類一家」、「同一世界，同一夢想」就是人類成熟期的主旋律。那些停留在第二階段的思維習慣、價值觀和那些過了時的迷信，都會放慢和阻礙我們人類進入成熟期。

人類成熟期的特徵在巴哈歐拉的著作中也有過詳細的描述，參照當下的情況，全球一體化是主流。全球一體化正是人類社會走向成熟期正面的推動力量，而各個國家的貿易保護主義及相互制裁則是阻礙走向成熟期的力量。

人類一家、互相關愛是促進這個成熟期的進步力量，而極端的民族主義則是阻礙這個成熟期的反動力量。無論眼下在人們進入成熟期過程中遇到多少困難，人類進入成熟期的大趨勢是阻擋不了的，就像小孩子一定會慢慢長大一樣。

第五部
財富也者
Part 5: Money and Wealth

金錢的魔咒與靈性

要從單一的財神信仰中解放出來

我出生在西北農村最貧窮的地方，家裡又是村子裡最貧窮的一戶人家。小的時候，我想做醫生，因爲做醫生能夠解除人們的痛苦。當時在村子裡醫生是很受尊重的，天天背著個藥箱，挨家挨戶走動，所有的人都殺了最後的老母雞請他吃。我還想過，如果做不成醫生，那就做電工。我們村子裡那時候剛剛裝上電燈，這個東西多神奇啊，一拉線燈就突然亮了。我覺得世界上最了不起的人除了醫生就是電工。有了這種想法，我在我的玩伴中間已經算是很有理想的人了。上了中學，我的理想又變了。那時我經常被饑餓折磨，看到食堂裡的饅頭和發糕，我的理想變成長大後當一名廚師，因爲廚師能吃飽飯。後來漸漸感到有錢對我來說太關鍵了，有了錢我就能給我媽媽治病，就能讓全家人有飯吃、有衣穿。那時候我做夢都夢到錢，夢到的錢不是人民幣，而是我們食堂的飯票。起床後覺得更餓了，更是特別想有錢，哪怕只有一點點錢。

從當醫生、電工的理想，到想做一個有錢人的理想，中間有一個很大的轉變。當醫生、當電工，首先你都得學習技能，並且把有關技能應用於對他人的服務，這是個樸素的職業規劃的萌芽，還有一些人生的設計在裡面，我覺得很好。其實第二個理想根本不能叫做理想，因爲那是爲貧寒所迫，是一種對金錢支配力的崇拜。

抱著年幼時候的貧寒記憶，懷著對金錢的強烈佔有心，是改革初期大多數人的狀況。那時「錢可以解決一切問題」的思想將金錢放大到無比崇高的地位。到處都是財神，法國部長給在法國的華人拜年的時候，都會模仿當地的華人說「恭喜發財」。外國人都認爲中國人有信仰，信仰財神。財神取代了玉皇大帝，取代了觀世音菩薩，取代了釋迦牟尼，在任何事中我們都唯財神馬首是瞻。那些年的生存渴望，令金錢對我們施了咒語，控制了我們的靈魂。現在很多人富裕了，覺得這種想法有問題了，覺得我們的神不應該僅僅是財神，還應該有智慧之神、愛情之神、藝術之神。我們的精神應該全面發展，首先就要從單一的財神信仰中解放出來。

金錢幾乎給我們這整整一代人都下了咒，我們就像受到鞭打一樣急急忙忙，到處找錢。找到一分錢就趕緊放在床底下藏起來，感覺佔有了錢。十幾年前我曾經拿到一張鈔票，上面寫著某個人的名字，還蓋著手印。猜想這個人想的是把這張錢簽名畫押了，這張錢就永遠是他的了。結果這張錢還是跑到了我的手裡。

消除金錢的魔咒，其實就是要消除我們自己給自己設定的荒謬思想，減弱對金錢支配力的崇拜。當時因爲貧窮導致的急功近利、見識短淺的思想，現在看來確實是十分荒謬了。就拿「佔有金錢」這個動機來看吧，其實與鈔票本身蘊含的智慧是相衝突的。

客觀地說，集中大眾的智慧、歷史的智慧所發明的鈔票，有它的道理。鈔票是商品價值的度量，同時鈔票只有在流通之中才能發揮其功能智慧。它狀如流水，沒有一個人能夠在流水中挖一個坑，佔有這流水中的某一部分，說自己是這裡的「財主」。資金流，跟隨資訊流，代表著物流，永遠在流動之中。在世界巨大的流動資金裡，可能有部分劃歸你的名下了，那是標記你做了其中某一部分工作，是你工作的報酬。就是這部分法律保護下的私有財產，放在你口袋中了，也很難說它就安靜了，你還是要把它花掉，放到別人的口袋中去。因爲你生活在一個互爲支援、互爲服務的社會中，金錢是這種服務往來的憑證。所謂佔有金錢，確實是一個幻象。總想著佔有金錢的人，守財奴，事實上是賺不了多少錢的。你也許理財的才能高明，懂得將資金放到合適的水渠中去，成爲組織和調動某個商業事件的力量，從而能夠創造更大的價值和財富，那你就是一個資金流動的指揮者，但你不能佔有它。你一佔有它就是僵化了它，就好像把一條魚放到冰箱裡面一樣。一個最善於使用金錢的人，終其一生，他可能會留下一個優秀的企業。他死後，這個企業依然在社會中自行生存、發展，給其他人帶來收益，給社會創造價值。

愛錢，不如去瞭解錢的力量，而錢的力量就是你不能獨佔它。流通是它的天性，從這點來看它是人類發明的靈性之物。在健康合理的社會中，金錢的流向、交易的保證都完善，錢不會走錯路，它走的路永遠是絕大多數人的需求滿足和財富增值之路。

財富的社會屬性

金錢、財富作爲社會最重要的資源，其保護和管理都蘊含著社會最大多數人的智慧和意見

就在三十年前，我們還是計畫經濟，國家經濟幾乎崩潰。突然轉到市場經濟，要創造財富，就必須依靠創造財富的積極性，這就涉及到私有財產的保護問題，企業家的待遇問題。當時一切都是空白，人們的意識和法律都需要緊張忙碌地轉型。因爲沒有先例，很多制度的建設，都是「摸著石頭過河」的企業家觸及並引發的。

鄧小平說的「摸著石頭過河」說得太形象了，水急，水花四濺，眼睛都睜不開，只能彎著腰，手在水裡摸著一塊石頭算一個依靠，這個過程是我親身經歷過的。我在海南開磚廠時，只有做一個企業家的夢想與激情，但還不會做生意，最困難的時候發不起工資給工人，只能每天去買一袋米交給工人。那時候還能想什麼呢？拚命想銷售，逮著任何一個人都問你要不要磚頭，就這樣還被人罵做「推銷員」。那時候「推銷員」是一個罵人的詞，我們經過很長的時間才改變了人們對銷售和服務的偏見。我的這個經歷只是千千萬萬個早期下海的人的微小例子，事實上，當時「下海」的人遇到很多問題，而這些問題在過去是從未有過的。

當時的企業家，他們尚不能肯定自己的身分。一方面得相信新的體制，新的價値觀，新的市

場經濟，一方面又因爲市場體系法律制度的不完善而受到制約。他們在朝向創造財富的每一步努力，都冒著觸犯原有法律或道德的風險，如果事實證明企業家的行爲對社會更有益，國家會修訂法律適應企業家的行爲，但那是後來的事情了。他們也會跑到法律和道德的空白處，那兒只有需求，其他什麼都沒有。這時候他們所做的任何事，都很難有什麼政策依據。

在這種情況下的企業家，不得不依靠傳統的道德理念來保全自己，其中一點就是克制物慾，個人絕不佔有金錢。即使透過自己的努力，創造了大量財富，也絕不多拿一分。這是一種依靠道德力量的超脫。

創造中國社會財富的奠基人

在中國的第一代企業家中，我認爲這方面做得比較好的有三個人：第一個是王石。我們當年到深圳的時候，萬科已經做得非常大了。現在，萬科是全世界第一大房地產公司，從開發房屋的套數來看，萬科開發的套數相當於整個香港的開發量。可是王石佔的股份只有零點二幾。如果沒有從金錢的佔有慾面前超脫的話，他也可能會成爲轉型期的犧牲品。第二個人是柳傳志，聯想集團現在做得非常大，把美國的IBM PC業務都收購了。這樣的情況下，他在聯想中佔的股份也非常少。還有像張瑞敏，就是在一個國營企業，自己拿點工資獎金，再有點期權什麼的，其他就沒了。

時代讓這一代的企業家成功，企業家本身卻可能沒有賺多少錢。他們的私有財產跟後來的像我們這批第二代企業家比，太少了，可他們是中國市場經濟中眞正創造社會財富的奠基人。他們開創了整個市場制度，我們受惠於他們，他們是我們的兄長。

我們這一輩權益合法化後的企業家，同樣需要從金錢的佔有慾中超脫出來。說到底從金錢中超脫就是從各種慾望中超脫。你不能因你有錢，任何慾望都去滿足，你就放縱自己，或者利用金錢的力量傷害道德。道德是人類社會磋商出來的公約。你令他人喪失磋商權，他可能就會以暴力來表達不滿了，會以惡對惡了。所以隨時克制自己的慾望，或者從中超脫，是保命仙丹。

我們在發展自己企業的同時，必須關注和推動經濟制度的建設和健全，否則，只顧數錢，最終會沒錢可數。金錢、財富作爲社會最重要的資源，其保護和管理都蘊含著社會最大多數人的智慧和意見。而你，也必須積極參與磋商，最終要的是建立制度，完善環境。金錢身上的社會屬性眞是太明顯和太強烈了，換句話說，你的錢最終還是社會的錢。你死了，錢不會賴在你身上不走。

對每一張鈔票都要問的問題

鈔票永遠在流通，不會停在某一個人身上不走，因此沒有人可算是財主

在生活中，我對待金錢的原則就是，進來的每一分錢，都是有原則的，都是有依據的，都得問一問，這個錢是怎麼進來的。錢的到來一定遵循著依據，而錢的出去也遵循著原則。我的原則就是各種依據：市場的依據，法律的依據，政策的依據。這些依據保證我的錢有活力但無害地流動著。

有的人不管錢是怎麼進來的，花的時候隨心所欲，一會兒塞到這個領導口袋裡算一個紅包，一會兒塞到那個領導口袋算一個禮品。這些錢違反了法律和政策的依據，它們猶如決堤洪水，給社會造成混亂和災難。我們不能這麼亂用錢。就好比稅收，我一分錢不欠，也不多繳，多繳了我還得追回來。錢的進出都要有依據，多繳就是你失去這個原則，失去這個依據，就不太好辦了。

金錢在社會上有自己的規則、規律，你對它瞎指揮，胡亂花，它會懲罰你。即使你是一個擁有海軍陸軍飛機大炮的政府，胡亂用錢也會受到懲罰，歷史上有很多經濟破產引發改朝換代的例子。錢身上有大眾的力量。無論你賣速食麵還是賣房子，大眾用鈔票來買你的產品，就好像投給你選票。選票越多，你的責任越大。政府也是，你稅收越多，對納稅人的責任也就越大。公司上

市後我一直在思考，從前我們的產品是房子，現在我們的產品既是房子又是利潤。無論何種產品都有自己的社會責任。還有，就算是歸在我個人名義下的錢，我能獨立使用，但使用方法也是有依據的。我不能用錢買官，我不能用錢買兇殺人。

我從小有個習慣，不收藏任何東西，包括錢。有人問我存摺裡面有多少錢，我也不知道。發工資就往裡存，存完就花。我爲什麼要管錢呢？錢是社會在管著，有各種法規管它的安全性，管它的創造性。社會在進步，會越管越好的。

金錢是流通物，從這個口袋流到那個口袋，如果沒有滿足人們眞實需要的商品的遷移，鈔票這種信物就沒必要存在。人們需要滿足，並非需要鈔票。鈔票永遠在流通，不會停在某一個人身上不走，因此沒有人可算是財主。賢哲說「錢財乃身外之物」，就是告誡我們不要把金錢納入自我。看清楚這一點就能夠從金錢中超脫。

私有財產的保護，是對當事人理財能力的讚美。它保護一定規模的資金停留在有才能的企業家手上，讓企業家的能力和資金的支配能力相結合，繼續創造社會財富。我如此看待金錢和私有財產，似乎有些理想主義。但我相信，在不遠的將來，我的看法一定會得到全面的驗證。

透視錢的第三層

最荒謬的需求就是相互比較、相互炫耀而激發出來的需求

超脫，不是盲目地拋棄，而是想清楚那個使你困惑的東西，站在更高的層面思考它。一層層剝下去，你會看到，錢就是一張特殊印刷的紙，人並不需要錢，需要的是各種商品和服務，錢只是代表這些商品處在流通過程中的簡化形式，一種票據；再從根本上來看，人們也可以說並不需要商品，需要的是這些商品帶來的滿足需要的功能。商品的功能歸根到柢又是什麼呢？其實是對人們生理和心理需要的滿足。其實這個道理是很容易想明白的，關鍵是順序，我們應該由物到人、由外到內地思考和行動呢，還是反其道而行之？

我認爲我們應該反過來，從內到外，從人的內心、精神的需要來看待外面的金錢以及物質。從自己的內心出發，做一個誠實的人，誠實的人不需要超脫。

舉個例子來說，我需要喝水，於是我買了一個水杯，這個需求其實就解決了。解決了這個需求，我們再去解決另一個需求。但好多人不是這樣的，他們的消費往往不從自己的內心需要出發，而是從物品的表象出發。比如他在商店看到一個水杯，覺得比家裡那個更好，就把這個買回去，把家裡那個丟了。如果他買的這個水杯比朋友那個好呢，他會帶到朋友那裡炫耀一番。這就是浪

費和奢侈，滿足的都是很不健康的心理。

在生活中，最荒謬的需求就是相互比較、相互炫耀而激發出來的需求。花錢本來是件快樂的事情，可有的人喜歡比賽花錢，你買賓士，我就買寶馬；你結婚花掉十萬，我就花二十萬。這時候的人，遠離簡樸，永遠不會滿足，陷入永恆的物慾的不滿足與相互的爭鬥之中。那是個無底的漩渦，牽引你遠離精神需求。現在隨時可以聽見「刺激需求」，我看需求越受到刺激，就越不能滿足。應該平衡需求，給窮人更多福利以平衡貧富差距，給精神更多養分以平衡物質與精神發展的不同步。對個人而言，要平衡物質的需求與精神的需求，只有這兩者間達到平衡時才有幸福感。

面對物質需求，我們要大做減法，達到簡樸。我自己最簡單的時候，有兩樣東西就足夠了。一個是老玉米，不是什麼甜玉米，就是地地道道的老玉米，放在鍋裡煮了，我最愛吃。第二個是蘋果，千萬不要削皮，每當我啃不削皮的蘋果，就想起小時候吃蘋果時的感覺。我說的是我的眞實感覺，裡面有著美好的童年記憶，絕不是作秀。我覺得包含著童年記憶的東西就是最幸福的東西。

人需要的不是錢，而是內心的滿足

有的人可能就愛吃魚翅，有的人可能就愛吃龍蝦。可是他們眞的愛吃這魚翅和龍蝦嗎？我看他們愛吃的是「我吃得起魚翅龍蝦」的感覺。今天請你吃一頓魚翅，只有一個效果，證明了我是一個有錢人。可是證明了這個有什麼意思呢？魚翅的味道我感覺和粉絲差不多，還沒有我們蘭州的拉麵有味。就這樣，人們在很多「有意義」的東西面前變得不誠實了。我出生在西北，西北沒有大海，海鮮就是吃不慣，但是當吃海鮮成爲一種標誌身分和地位的東西時，你吃不慣還得吃，還得拿出你經常吃的樣子來裝模作樣，這完全沒有必要。其實你眞想吃什麼就吃什麼，你眞想穿什麼就穿什麼，你就按照你的方式去生活。按照你本來的方式，而不是比較出來的方式、流行的方式。東西越少越好，從你內心出發，眞正需要的東西就那幾件。再多的就是負擔，還會壓抑你的精神，你還要操心打理它。我蓋房子講究簡潔，設計、裝修都做減法。在我的家裡也是這樣，尤其不想家裡堆滿了東西。每一件東西都會發出某種資訊，東西多了，資訊就多，那會影響人，讓人不能安寧。

驅使人們拚命蒐集東西的，有兩股最大的力量，那就是求名和求利，並且幻想用物質的形式佔有之。我們得了一個獎，這名氣的代表就是一個獎盃；我們賺了一百萬，一百萬就變成了現金和家具放在了家裡。你仔細看看我們身邊所有的東西，百分之九十都有名和利的含義在其中。人們之所以大量蒐羅、囤積，就是因爲這些含有名利意義的東西是可以蒐羅、囤積的。但是名終究是流動的，而且必然是有風險的，所有獨自佔有的企圖都必然會是失敗的。

財上平如水

不能讓財富成爲「愛者與所愛之間的藩籬」

佔有名和利，是很難擺脫的觀念，有的人窮其一生都走不出來。這種觀念驅使人們達成各種各樣的團隊，實施各種各樣的計畫，形成各種各樣的事件。現在最常見的是企業形式，而其對名利的追求儼然成爲第一驅動力。

利益的追求表現在企業的經營行爲中，就是拚命去追求利潤；名聲的追求表現在公司的經營行爲中，就是不斷去追求品牌的知名度。我看到有一些公司，大肆地做品牌戰略、品牌工程，不惜重金去做公司的ＣＩ設計，可是，這些是我們追求的最根本的東西嗎？

不斷提高公司的利潤，不斷提高公司品牌的知名度，表面上看的確是一個企業的目標；但是，這些利潤、這些品牌的知名度是建立在什麼之上的？我想一定是這個公司爲社會做出貢獻後，社會給與這個公司的回報。消費者購買企業產品的每一分錢，我寧願將其理解爲是投給企業的選票。這個選票，包含著對你滿足其需求的承認，也對你應該承擔的社會責任有著強烈的要求。從這個角度說，名和利只是一個副產品，是公司爲社會提供產品和服務後的衍生物。如果不把爲社會提供產品和服務放在首位，不注重研究產品，不注重提高服務品質，就會使一個公司失去了根本，

「名」、「利」這兩個衍生產品也將不復存在。這樣的做法將會是本末倒置，捨本逐末。

經濟學之父亞當・斯密曾說：市場有一隻看不見的手會分配給你財富，但如果你擁有了財富，卻不能夠爲社會創造更多的價值，或者反而讓這些財富給社會帶來反面作用，造成浪費，造成破壞，那這隻看不見的手也一定會把財富追討回來，重新分配給別人。看不見的手背後有一種讓你看不見、但能感覺到的強大力量，這種力量我想不僅僅是市場的力量，甚至可能是社會道義的力量。

韓國有本小說《商道》，書中主人公林尚沃一生經商，最後他歸納出兩句話：「財上平如水，人中直似衡。」我想這是他對商業精神的一次總結，他一定眞切地體會到了那種看不見、但能感受到的強大力量，正是這個力量最終會體現出社會公平的一面。

我提醒自己和我的同事，上市給我們帶來了發展的資金，但不能讓財富成爲「愛者與所愛之間的藩籬」，不能成爲社會進步、工作並爲社會創造價值的障礙。作爲一個上市企業，我們因爲具有管理股民投來的資金的能力而獲得回報，我們肩上的責任更重了，我們要創造出更多的價值，來回報社會，回報投資者。

第六部

喧鬧中的冥想

Part 6: Thinking in a Noisy World

參差凌亂中有生機

多種鮮活的力量和觀點都在市場中角力，同時又相互制衡，最終會形成穩定的力量

很多時候人們喜歡整齊劃一，誤以爲團結就是步調一致，這樣才有力量，其實恰恰相反，有時混雜凌亂才有生機。

市場經濟和股票市場中最忌統一思想。一隊士兵過橋時，指揮官一定要統一步伐，要齊步走，甚至正步走，不聽話的人還要被批評、指正，因爲大家認爲只有統一到一致的步伐上才是正確的，所以就有了「步調一致才能得勝利」這樣的名言。這句名言在很多時候的確是眞理，但在股票市場中卻正好相反，步調一致帶來的可能將是一場災難。有時爲了統一思想，有關人士甚至不惜動用強大的媒體力量，例如發表各種評論什麼的來引導投資人，引導市場。這就很容易在市場中發生物理學中的共振現象，共振現象一旦發生，摧毀力是十分巨大的。幾十人、幾百人齊步走的力量可以摧毀一座橋樑。試想，如果大家思想統一，觀點一致，並且採取了一致的行動，都看好股票市場，或者都看跌股票市場，幾千萬人，甚至一億股民齊心協力地去推高股票市場，最後推得越高，跌得就越低，災難就越深重。看歷史上股票市場的災難，如一九九七年前後的香港，都是大家一致看好的原因。人們常常說連大街上擦皮鞋的人都看好股票市場時，災難一定會來到，這

時候一定要快拋，快跑，因爲連擦皮鞋的都看好股票市場時，就是大家的步伐已經高度統一了，也即將發生股票市場的「共振」現象了。

有人總是擔心市場的雜和亂，覺得要統一，要整齊，要有一致的看法，我的觀點正好相反。我上次去紐約證券交易所，看到他們的交易大廳非常亂，我對旁邊的一位朋友說，我就喜歡這雜亂的市場，他笑了。我們去納斯達克，就沒有這樣雜亂的情形了，一進去乾乾淨淨的大廳，整整齊齊的機房都在有條不紊地工作著，電腦伺服器及工作機和我們辦公室也沒有什麼兩樣，也都非常整齊。其實我前面說的雜亂並不是眞的雜亂無章，而是多種鮮活的力量和觀點都在市場中角力，同時又相互制衡，最終形成穩定的力量。市場經濟表面雜亂，背後有一種平衡的規律，而整齊、步調一致是單調的，無法產生平衡力量，最終會走向死亡。整齊劃一反而會帶來巨大的災難和風險。這一點我覺得和羅素說的「參差不齊乃幸福本源」是一個道理，從人生角度，從市場角度，從社會角度來看，單一只會將生命力和平衡扼殺掉。

做大事和做小事的運動規則

做小事情要整齊，整齊才有效率。做大事情，系統複雜能量大，所以要開放，容許「亂」

人一般分兩種：一種人認爲世界是不確定的，我們和我們所做的事是這個不確定世界的一部分，做起事情來輕鬆，不費力氣，效果不錯；另一種人認爲世界是確定的，我們一定要全部掌握事物所有的規律，制訂出來一整套的規則和程式，這種人做起事來，總是費力不討好，沒有效率。

十年前，比爾•蓋茲的微軟用 Explorer 開放思維的方式打敗了 Netscape，建立了微軟的帝國，成了世界首富，也成了全世界年輕人學習的榜樣；今天一種更開放的 Google 在挑戰微軟，讓比爾•蓋茲坐臥不寧，他正在組織力量，全力以赴地製造「Google 殺手」。微軟比 Google 大十倍，爲什麼 Google 會成爲微軟最大的敵人呢？看一看他們軟體的介面就知道了。Google 軟體的介面是極簡主義的典型，Google 可以和世界上任何一個網站連接。而微軟功能複雜，自成體系，是一個自我封閉的帝國。全世界所有人不可能永遠寫文章時都用 Word，算帳時都用 Excel，上網時都用 Explorer，演講時全用 PowerPoint，這世界需要一些變化了，世界本來就是豐富多彩的。我們不可能永遠生活在比爾•蓋茲爲我們制訂的遊戲規則中。

微軟和Google在未來的市場競爭中誰輸誰贏，現在下結論爲時尚早，決定的因素將是有沒有開放的思維，是否承認人是有差異的。把人這種開放式的思維，變成機器的語言，寫成用戶接受的軟體，這對一個大公司非常的困難，因爲它已經官僚化了。但對一個小公司要容易得多。用比爾‧蓋茲的話說：「他們（Google的Sergey Brin和Larry Page）就只知道穿黑衣服，要酷！」這說明他們更年輕，思想更沒有負擔，就像當年的比爾‧蓋茲一樣。

做大事和做小事有不同的規則。小事情要做到整齊。例如，自己的錢包、自己的電腦檔案、自己的辦公室，只有整齊才有效率。小事情就像做圓周運動一樣，是第一宇宙速度的模式，有一個中心，自我封閉起來。做大事情，系統更複雜，能量更大，所以做大事情的指導思想要開放，容許「亂」，更像做拋物線、雙曲線，是第二和第三宇宙速度的運動方式。

一座城市、一次會議和一家公司，都是複雜的系統，需要大的能量，指導思想一定要對，要開放。你所做的只是萬千世界的一小部分，千萬不要自以爲是，井底之蛙，只見樹木，不見森林，把自己的思想圈在一個小圓中。表面現象的「亂」就是不要太人爲了，不要把自己的喜好和價值觀強加在別人和別的事物身上。這樣將更接近自然，更接近客觀的規律。

定期歸零

哈佛大學校長的故事

有一位北大的朋友告訴我一個故事：哈佛大學的校長來北京大學時，講了一段自己的親身經歷。有一年他向學校請了三個月的假，然後告訴自己的家人，不要問我去什麼地方，我每星期都會打電話回家，報個平安。然後這位校長就去了美國南部的農村，去農場幹活，去飯店洗盤子。在田地做工時，背著老闆吸支煙，或和自己的工友偷偷地說幾句話，都感到很高興。最後他在一家餐廳找了一個洗盤子的工作，只工作了四小時，老闆與他結了帳，對他講：老頭，你洗盤子太慢了，你被解雇了。這位校長回到哈佛後，回到自己熟悉的工作環境，但感到換了另外一個天地——原來在這個位置上是一種象徵，是一種榮譽。這三個月的生活，重新改變了自己對人生的看法，讓自己復了一次位，歸了一次零。

在這個世界上，一個人要放棄自己已有的東西，是非常艱難的過程。幾年前，我們幾個年輕人下海、辦公司時，借鄧小平南巡的東風，讓我們成爲先富起來的一批人，完成了資本的原始積累，有了一個比較大的「舞台」。短短幾年，資本規模迅速擴大，在商界也成爲人人議論的奇蹟。伴隨而來的是各種榮譽、拍馬屁、合夥人之間的明爭暗鬥。有一天我突然意識到作爲三十歲出頭的人，應該擺脫這種狀態，要離開這個公司，重新把自己放在最原始的狀態，讓自己重新開始。另一個原因是在此之前，有人把我的成功歸結爲運氣好，並總結出六個好運氣。改革開放初期的中國，成功若不是來自於權勢，必然就是來自於好運氣。我更看重的是自己能力的提高和培養，所以我下定決心，要讓自己重新回到一無所有的狀態，鍛鍊自己，證明自己的能力。

剛一離開，許多事情發生了翻天覆地的變化，完全出乎我的意料。我的合夥人給我開了一個批判大會，主題是正本清源。我馬上提出抗議，這位合夥人也很坦率，對我說：「把你的名字借我，我罵你一年後，等我的威信樹立起來，等公司穩定後，我再也不會罵你了。」似乎是我的錯誤，我太吝嗇，一個小小的名字都不願借給別人用一用。膽小的同事不敢與我往來了，見風轉舵，拍馬屁的小人更是遠離我而去。白天我並沒有感到有多痛苦，但每到晚上，我總是不斷地重複著一個夢，夢見許多人在流淚，不讓我離開，不斷地喊叫：「我們需要你！」我也不斷地流淚。等到醒來後，總是發現枕頭上有不少的淚水。

最近，我把這個夢講給了一位學心理學的朋友。她解釋說，做這個夢不是他們需要你，而是你太孤單了，你需要他們。這個夢重複了許多個夜晚，終於有一天，我病倒了，流了一身虛汗，休克倒在廁所裡。等我醒來後，體力有些恢復，我打電話給在國外的老婆，她馬上通知北京一位姓王的大姊來照顧我。這次經歷，使我的心理有一種脫胎換骨的感覺，眞正勇敢地讓自己回到了人性最原始的狀態。心理強大了，意志變得堅強了。

幾年前，我寫了一本《茶滿了》的小冊子，有好幾位朋友問我，爲什麼茶滿了不好？爲什麼人的大腦沉澱的東西越多越不好？我說，我們只有讓自己處在一種空靈的狀態，處在一種沒有負擔的狀態，處在一種沒有污染的狀態，才能像一個空杯子一樣，裝進智慧，裝進創造力。如果一個杯子滿了，沒有空間了，它就變成一個沒有用的杯子。

從科技手中搶回來一些東西

大腦駕馭肢體比較容易，駕馭肢體同時又要去控制機器比較困難

我有一個特別要好的朋友，住在法國。我們去法國時，他對我們照顧得無微不至。每一次度假的時候，他會把我們的車租好，開著來接我們，每天早上起來爲我們煎雞蛋，把所有的垃圾收拾好，碗櫃收拾好。他對周圍的人也很有禮貌，乍看這人眞是無可挑剔，他還是博士，家庭背景也非常好。但這麼個完美的人，就是不能開車，只要一開車就開罵。每次一上車他老婆就說他，你少說兩句。而且他每次租車都要租一輛速度比較快的車，把汽車開得飛快，衝到別人的車後就罵別人開得慢，罵髒話，粗野得不得了。簡言之，他一上汽車就變成一個粗野而壞脾氣的人，但一下車，又是一個非常好的人。

我就回去琢磨這事情，汽車怎麼把人變成這樣子了呢？我想，人在自然情況下可能是處於一種習慣了的平常狀態中，他覺得安寧，而上了汽車，速度快了，大腦跟速度不和諧了，頭腦中就比較亂，一亂，語言就亂了，等到一下車，又是平常的動作和力量，所以又恢復了正常。所以我覺得對人類來說大腦駕馭身體比較容易，駕馭肢體同時又要去控制機器就比較困難了。

人類最善於發明工具，汽車是其中一種。通常我們透過製造和控制機器來獲得力量，獲得生

活的便利，但現在看來，工具反而控制了我的朋友。仔細一想，像我朋友這種被工具所控制的人還不在少數。拿著手機的，發簡訊上了癮，甚至打攪別人的休息。有一天半夜兩點，我收到一封熟人的簡訊，上面寫著：「姿勢不對，起來重睡。」對著電腦上網的，不分白天黑夜，化一個名，在網上造謠、謾罵。再仔細想想，這些朋友的情形也不是被工具所控制，而是利用工具的便利性，將自己惡的一面誇大變形到了極致。

科技帶來物質進步，精神進步卻落後了

一個人坐在汽車裡，拿著手機，對著電腦，他其實都是孤獨的，那時候只有所謂的自我。自我控制著某個工具，他感覺到自己很強大。他頻繁地體驗這種強大，感覺過癮極了。等他覺得獨自體驗不夠的時候，他就要把這種體驗向其他人表現了。有些開著車的人，故意衝到積水裡，讓積水濺起來，濺到路人的臉上，他感覺很快樂。這是一種不道德的快樂，說到底還是自我的魔鬼作怪。如果他這時候手裡有一顆核彈頭呢？這可不得了了。

其實動物都會使用工具，比如猴子就知道用石頭敲開核桃，但人類將工具的使用發揮到了極致。懶得走路，人們坐車；要去遠處，人們坐飛機；進行複雜的計算，人們使用電腦。這些工具令普通人越來越依賴工具，依賴發明工具的人。一旦那些天才的工具製造者有了壞心可不得了，

他可以統治我們。外國就有一些科幻片，講一些邪惡科學家，天才得不得了，利用科學技術進行獨裁統治。這說遠了，在現實中，因爲科學帶來了大量人們需要的工具，科學的地位由此上升到一種絕對高的位置，現在人們崇拜科學和原來人們崇拜耶和華差不多了，講什麼都要以科學爲標準。

科學帶來的進步主要是物質進步，但精神的進步卻落後了，這很危險。我那個在法國的朋友無法控制汽車，就是因爲機器的力量遠遠大過了他的精神力量。大腦作爲我們精神力量之源，可以控制四肢，但同時控制四肢再控制汽車就不行了。所以大腦會給他一個煩躁的信號，表明危險。每當我們感覺煩躁，就是大腦亮起了紅燈。

科學家已經發現，我們的大腦不能控制我們現在所擁有的複雜工具了，於是想發明人工大腦來幫我們控制這些工具。他們想藉由工具來控制工具，等他們實現了這個願望，這個世界就變得與我們人類沒有關係了。想想看，一台超級電腦，控制著一大堆機器人，他們自己管自己，把什麼都做完了，我們人做什麼呢？

我覺得我還是需要從工具手中搶回一些事情自己做，比如讀書，不能讓工具把這點樂趣也給剝奪了。

成敗起伏才是豐富

天天快樂你就不知道快樂

兒童期我們應該享受關愛；少年期我們應該努力學習；青年期我們應該奮發圖強，努力創新；中年期我們應該更有責任感；至於老年期，我們應該安閒，並將自己的智慧和經驗傳遞給年輕人。孔子說：「三十而立，四十而不惑，五十而知天命，六十而耳順，七十而從心所欲不逾矩。」他已經將各個階段的人的特徵和意義闡述得十分經典了。

每一個年齡階段適合做的事情上帝早有安排。我們的身體、精神，在各個階段都有不同的特徵，要根據特徵來，不能搞亂了，亂了會出現精神異常。而每一個年齡階段，都有其獨特的價值，這構成了我們生活的豐富性。

「文革」期間，我們將「年輕」當作偶像。革命、造反等等富有革命性的精神都給了年輕人。近幾年，年輕的娛樂明星成爲流行文化的焦點，「年輕」還是偶像。年輕一再被塑造成爲各年齡階段之中附加價值最大的一個階段。人過三十，就有年輕不再的焦慮，更有甚者，他們謊報年齡，生怕別人說自己不再年輕。而在古代，曾經出現過年輕人將無用的老年人背去山間餓死的事，這些醜陋不人道的現象雖然已經消失，但那種看重年輕、輕視年老的觀念卻依然在文化的洪流中暗暗流淌。

簡單地說，人要從時光飛逝、青春不再的焦慮中超脫出來。當時光飛逝，反省自身，你會發現怎麼想自己的過去都有遺憾之處。我很多年前就對理想生活狀態有一些想法。第一是有能夠滿足基本需求的物質基礎。第二呢，要有幾個談得來的朋友。別人的談話能給我啓發，可能他的幾句話讓我又想到好多。如果周圍的人，表現出一種不平等的、歧視的、非常敵意的狀態，給我的感覺就會很不好。第三就是我所處的自然環境，應該是一個非常自然的，沒有受到污染、沒有受到破壞、沒有沙塵暴的環境。

但世事並非十全十美，每一個人都是有缺憾的。尤其是青春，必然會喪失。我們不應該執著於其時間，而應將其活力、敏銳轉換爲一種狀態。美好的人生，一定是滿意和不滿意、成功和失敗夾雜在一起的，這就是豐富。豐富就是美好的。美好的人生是一個豐富的人生，一個單一的、天天快樂的人生就是美好的嗎？我覺得未必，天天快樂你就不知道快樂。所以人生應該像大自然——天晴，天陰，出太陽，下雨。這個豐富性就是快樂，要把握住這種豐富性，沒有必要因爲自己人生中的某個缺憾而不能釋懷。

如何解放自己

我做了四件事，解放了自己

有一段時間很流行隱私，認爲隱私是個人權力的一部分，沒有隱私的人也要弄個什麼隱私出來說說，好像很時髦一樣。在我們的「自我」中，這些隱私往往是沉重的負擔。難道我就不能丟掉它們嗎？在邁入二〇〇七年的時候，我做了幾件事，做完這幾件事後我徹底解放了、放鬆了，擺脫了這些事情對我多年來的折磨。

第一件事：多年來，總有一些當年的好朋友、好同學、同事等以各種各樣的理由跟我借錢，以解決他們眼前的困難和問題。但借完錢之後有些人就消失得無影無蹤，聯繫不上了，甚至十多年時間都沒有再聯繫上。每當想起他們跟我借錢時的承諾：「下個月就還給你」、「幾個月之後就能還給你了」等等這些話，我的內心就有大大的上當受騙的感覺。而讓我覺得傷害最重的不是被借走的錢一去不復返，而是這樣的事情不僅徹底破壞了我們當年的友誼和情感，同時也讓我在與別人交往的時候不能夠敞開自己的心胸，很多時候總是在提防著別人。

現在我讓自己安靜下來，把這些向我借過錢最後不能還的人列了一個清單，然後在點燃的蠟燭上把這個清單燒了。讓所有舊帳隨著這張紙化爲灰燼一筆勾銷，從此，這些舊帳再也不會成爲我心理和精神上的負擔了，以輕鬆的心情和敞亮的心胸來邁入新的一年。這些朋友中我還能聯繫上的，我也會盡快與他們主動聯繫，給他們拜年，希望我們大家都能輕鬆愉快地邁向新的一年，更希望我們當年的友誼和情感重新回到身邊。他們解放了，我也解放了，我們一起解放了。

讓舊帳一筆勾銷

第二件事：比起前面說的這些舊帳，更讓我覺得壓抑的是，在這前半輩子中，有些人懷著各種各樣的目的欺騙過我，用各種手段折磨過我，傷過我的自尊心，一些事讓我至今還不能釋懷。我也用同樣的辦法把這些我心裡面一直記恨的人列了一個清單。清單理出來後，我仔細地看了看，發現單子裡我感覺傷害我最深的人，是我小學時剛加入紅小兵的那天，把我提出來批鬥的那位老師——我的一位遠房叔叔。我這個遠房叔叔，我記恨了三十四年。小時候，我的成績很好，考試總考一百分。但因爲家庭因素，我小學四年級的時候才加入紅小兵，老師剛把紅領巾給我繫上，我很高興，就跟旁邊的同學說話。學校規定開會的時候不讓說話，我叔叔就當著全校一百多位同學的面，把我拎起來放在講台上站著，還有調皮的同學往我身上吐唾沫，下面的同學都在笑，我在哭，好幾個老師都說讓我下來，他就是不准我下來。我在全校唯一的講台上站了一兩個小時，這對我來說是一個天大的侮辱，是永遠忘不了的事情。當時，我覺得像世界末日一樣，感到沒有臉見自己的親人了。一直到前些年，我都不能原諒他，幾乎到了無法理喻的程度。前些年我給我媽媽買了一張輪椅，買了後發現有一個台灣生產的輪椅更好更輕巧，我就買了這張台灣輪椅給我媽媽用，把原來買的大輪椅閒置了。有一次我回去發現大輪椅沒了，就問輪椅哪兒去了。我爸爸不敢說，我媽媽說送給你叔叔了，你叔叔的腿有點問題。我一下子勃然大怒，你為什麼送給他呢？把我們家裡人都嚇壞了。你可以想一下這記恨有多大，它在三十多年後還能操控我的情緒。

現在他離開人世已經許多年了，我卻還在記恨著他，有關他的印象還不時跳出來控制著我的大腦，折磨著我，時不時在我的大腦中分泌出一些不愉快的物質。想想多不值得，死人還在折磨著我，控制著我，這不就是我們常說的鬼嗎？而這鬼是我自己招來的，是我心中的仇恨把這鬼引來的。於是，我把這個清單也放在火上燒了，隨著這張紙的燃燒，也預示著我在這個世上再也沒有任何仇人了，沒有了仇恨就沒有鬼了，沒有什麼可畏懼的了。看到火苗吞噬著一個一個的名字，我的鼻子有點發酸，眼淚不自覺流了下來：我解放了，我的思想和精神徹底解放了，以後在這個世界上，我除了朋友還是朋友，永遠沒有了仇人，沒有了仇恨。

成為情感上沒有負債的人

第三件事：在過去的許多年，我傷害過不少的人，做過對不起別人的事情。有些是為了自己的私利，有些是爲了自己的面子，有些是出於自己的幼稚和不成熟。這些人中，還健在的，我要盡快對他們說聲：「對不起，請原諒我！」無論如何，不能把這件事拖進新的一年；而那些已經離開我們的人，我也要同樣眞誠地對他們說一聲：「對不起，請原諒我吧！」因爲只要我能想起來的人和事，一定是在控制和影響著我的情感。讓我成爲一個在情感上沒有負債的人吧！在這其中，最讓我難忘並覺得對不住的就是我的爺爺奶奶，他們在世時疼我、愛我。離開我之後，他們的教誨和做事的原則，一直是我行爲安全的保證和我生活的指引。我卻沒能爲他們做任何事情，他們就永遠離開了這個世界。

第四件事：作爲一個公司的領袖，我也在想如何讓公司對社會有所貢獻，讓每個員工在愉快和受鼓舞的環境中工作。我們反覆商量，對ＳＯＨＯ中國的所有員工們確定了三項基本原則：

一、不斷地反省，我們所做的每一個決定，都在促進精神的進步和物質的發展；

二、我們每天的工作都給身邊的人以力量和鼓勵；

三、我們的一言一行都遵循誠實和團結的基本原則。

在中國經濟的高速發展中，我看到不少的大公司和好公司失敗了，最根本的原因是欺騙和分裂，走到了與誠實和團結相反的道路上去了。

當我做完這些事情後，走到長安大街上，下午的陽光十分明媚，大街上每一個人的笑容都非

讓自己安靜下來，把舊帳一筆勾銷。（「長城腳下的公社」之一「竹屋」。）

常燦爛，我身上也有如同大病初癒的感覺，是那麼的放鬆、愉悅。我要永遠懷著這樣的心情和我身邊的人一起走進這個城市，走進這個社會，走進未來。

我解放我自己了。

遷怒之戒

遷怒從來都是自上而下地轉移，暴露一種不平等的人際關係

孔子曾讚揚弟子顏回「不遷怒」。當時我看到這句話的時候年紀還小，不是很理解，我只看到人類有許多的缺點，比遷怒帶來的破壞性要多得多。今天，再看孔子這句話，才算眞正理解了孔夫子的本意。

在我們的現實生活中，有多少人受了公司長官的氣，回到家裡就遷怒在無辜的妻子身上；有的人在家裡受了妻子的氣，就到公司遷怒在自己的下屬身上；連正在成長的孩子們也常常成爲這種遷怒的「受氣筒」。

因爲這些遷怒者的自我不夠堅強，不能獨自承受錯誤與壓力，他們只能靠著將自己的挫折感分散到無辜者身上來重新獲得對自我的肯定。仔細看看遷怒者的替罪羔羊，往往是更弱小者。遷怒從來都是自上而下地轉移，這暴露了一種不平等的人際關係。而利用這種不平等的人際關係，利用遷怒重新獲得肯定的自我是可鄙的。在組織機構中我們尤其要警惕這一點，不能因爲對上級發怒，轉而對下級發怒，這是不可取的。根本上我們要戒掉發怒。發怒激化衝突，而更不應該的是遷怒，它會把人際關係逐漸變成「惡」的關係。

想做英雄之前

英雄越大，有時給人類整體造成的傷害越大

有時候我們把犧牲自己成全他人當成「無我」，那其實指的是「無私」。某些「無私」的英雄達到這個境界，人們會說他達到「大我」境界。通常概念下的英雄總是少不了勇武之氣，也少不了代表某一群體以及代表某一民族的驕傲。但這樣的英雄往往有時代的局限性，岳飛當年是民族英雄，但在各民族團結的今天來看他是狹隘的。岳飛作爲一個「大我」的代表，在今天失去了意義。

即使在今天，很多爲了某個民族、某個信仰集團而犧牲自己的英雄也會在將來失去意義。「一將功成萬骨枯」，可悲的是，英雄越大，有時給人類整體造成的傷害越大。

成爲豪邁英雄，至今仍然是很多人的夢想，所以英雄主義仍然有市場。但是當英雄主義的熱血湧上腦海時，你一定要靜一靜，想一想。你即將實施的行爲，是否有個人野心的渣滓，受益者是否是最大多數。更重要的是，你應該仔細掂量自己的行爲是否必然導致傷害，是否增加世界上負面的力量，如果有，還是不要做「英雄」吧。

喚醒自己的真實感受

我們容易相信相信別人的說法，卻不容易相信自己的眼睛，相信自己的眞切感受

韓國電視劇《大長今》裡有一段對白，尙宮娘娘讓大家去品嚐貊炙裡面有什麼特殊調味料，幾乎所有人都回答是白糖，只有長今一個人說：「不是白糖，是紅柿子。」尙宮娘娘問：「你爲什麼認爲裡面放了紅柿子？」長今說：「因爲我嚐到了有紅柿子的味道。」

長今簡單的回答裡面說了「我嚐到」，而其他人都是用某種廚師教科書上的標準答案來回答。長今答對了，她嚐到的就是自己眞實的感受，沒有任何教條和說教比自己的親身體驗更眞實可靠了。

教條常常使我們迷失方向，不相信自己，不相信自己的眞切感受，不相信自己的眼睛，而相信別人的說法。話又說回來，當「自我」裝滿的全是傲慢、個人恩怨、偏見、教條和迷信的時候，我們怎麼找得到自己呢？這個時候，我們可以把「自我」這個滿滿的垃圾袋扔到垃圾桶去。

現在是流行自我膨脹的時代，認爲拋棄了自我，就什麼都沒有了。但很早以前，哲學家就提出過「無我」的狀態。這是一種什麼狀態呢？我們來想想所謂「我」的存在，一定是因爲有一個「他」的比較。「我」是因爲「他」才出現的，沒有「他」就沒有「我」。比如一個人獨處的時候，

自我就消失了。那時候如果你還有一個「自我」，一定是因爲你還想著一個不在眼前的「他」。

一旦你徹底獨處了，你就只和你自己身邊的事物發生關係。你看看桌子，看看檯燈，或者摸摸它們，這時候你的感覺完全打開了。你的生命因爲聽覺、視覺、觸覺而與各種事物發生眞切的關係。你的生命變得具體而活躍起來。那是很愉快的入靜的時刻。這一點可以證明，人是可以「無我」的，而且得到的回報是來自生命的眞切感受。這就是我提倡的獨處和靜坐，此時有一種生命被喚醒的喜悅。

回到太陽底下

「每臨大事有靜氣」

紅紅的太陽，照在大地上，給各種生命帶來無限生機。各種生物都在按照各自的方式成長著。如果沒有人爲的破壞，自然界中的各種生物總是各取所需，平衡地演化著、發展著。同樣的太陽照在不同的植物上，光合作用的效果千差萬別，開出了不同的花，結出了不同的果。所以，我們看到的大自然千姿百態，姹紫嫣紅。我不太瞭解植物科學，據說不同的植物之間互爲依靠，互爲營養，誰也離不開誰。而我們現在卻人爲地在馬路兩邊種上清一色的白楊樹，每年到了秋天這些白楊樹都會得病。常看到空中有噴農藥的飛機在給這些病了的白楊樹噴藥，我眞擔心會不會對人體造成什麼傷害。

自然界是千姿百態的，在人類社會，我們大家的生活方式、工作方式也應該是自由的、千姿百態的，這樣人類社會才會像自然界一樣，透過多樣性帶來和諧和平衡。歷史上曾有人認爲自己的民族是最優秀的民族，所以就要消滅其他的民族和人種，不惜發動世界大戰，最後，給世界帶來可怕的災難。現在，也有人常常認爲他們的信仰是最好的信仰，要把他們的信仰傳播到全世界，讓全世界的人都去信，於是也不斷地在我們身邊發起各種各樣的戰爭。我們自己在歷史上也曾採用單一的農業生產模式——人民公社的方式——帶來的是饑餓和死亡。

大自然除了多樣性這一特徵之外，還有一個重要的特徵，就是週期性，有春夏秋冬，有天熱天冷，有白天黑夜，有颳風下雨。人類社會也是同樣的道理，有好日子過，也有窮日子過；有富足的時候，也有貧困的時候；做生意有市場好的時候，也有市場不好的時候無論遇到任何……事，尤其是遇到大事時，要做到「每臨大事有靜氣」，要讓自己的心安靜下來，這是最關鍵的。

就在我滿心愉悅、觀賞大自然美景的時候，一個星期時間沒有上網，居然有人懷疑我已經被抓起來了。上網看了看，看到一片慌亂：一位房地產發展商得知他沒有辦到開工證的項目，按規定要求九〇平方米以下面積的戶型要占到百分之七十時，就在建委門口號啕大哭；又看到一個會議的主題是「面對有形之手反覆摔打的房地產」；還有個會議的主題是「憶苦思甜」，還有什麼「烏魯木齊共識」等等。這些混亂的資訊，給我一種人人都在發神經的感覺，好像社會學家說過的「群體性的癲狂」。

群體性的癲狂，有時的確是存在的。網路有巨大的聚眾能力，人們的言論、情緒，透過網路非常容易相互渲染，把所有人都捲入癲狂。所有人都在胡言亂語時，我們尤其要保持冷靜，甚至堅持孤獨，讓自己的心安靜下來。從古到今，任何激進的行爲、冒進的行爲，任何過分渲染的喧嘩，都不會長久。轟然而來的東西，往往也會轟然離去，大自然如此，人類社會也是如此。每個人都會遇到這種巨大的喧嘩場面，如果意志不夠堅定，很容易被裹挾其中，被無謂的群體情緒消耗了生命。

我想起孔子說的小人。人往往就是因爲盲從，被裹挾在荒謬的「大眾情緒」中，作爲人所具有的獨立、自由均被抹殺，才成爲「小人」的。

你應該回到紅紅的太陽下，把自己想清楚。

西行25°

除非重大事件，我一般都不安排計畫，給日程留下大量空白和靈活性

二〇〇三年三月份，《SOHO小報》要定選題。我建議本期主題寫如何看女人。中國在國際化，女人地位也隨著變化，快過三八婦女節了，就寫一期「如何看女人」。三月八日晚上，張欣請來了許多朋友，有女人，也有洋人，開了一個女人節的Party。晚上玩到很晚，大家都很高興，尤其是女人。Party結束，張欣為所有女人準備了一份禮物。

早晨六點整我起床了，開始了計畫好久的「西行25°」。

計畫這個詞，我曾追求過它。工作要有計畫性，生活要有計畫性。最早計畫的事情是早晨起來跑步，每天早晨六點起床，跑步三十分鐘，要把枯燥的動作變成身體和意志的鍛鍊。很快我就發現，大多數早晨散步和跑步的都是老人，早晨跑步似乎不是讓我年輕，而是讓我更早加入老人的行列中去。於是這個早晨跑步計畫就擱淺了。

後來我去了趟日本，發現日本人把每天行程安排得井井有條，每分鐘都不差，一排就排幾個月、半年。回來後，我也學習著排自己的日程，也用了許多工具，如電腦記事本、Outlook等。很快我發現，不排計畫的一週過得很慢，排好計畫的一週過得很快，因為週一開始就知道這一週如

何過了，這是在縮短我的生命，最起碼感覺上是在縮短。更讓我感到不舒服的是，你想見的人和想見你的人，因計畫不能見，要往計畫裡排，排到的時候，已經時過境遷了，他可能不想見你了，你也可能不想見他了，計畫變成了成天見一些不想見你、你也不想見的人。生命的品質在下降。所以我乾脆爲自己制訂了這麼一個計畫：除非重大事件，一般都不要安排計畫，給日程留下大量空白和靈活性。

這次西行，我就想少一些計畫和目的性，更加隨意一些。有人問我：「要去開發大西北嗎？」我說：「沒有。」有人問我：「賣房子去嗎？」我說：「沒有。」有人問我：「你去訪貧問苦嗎？」我說：「沒有。」「那你到底要去幹什麼？」我說：「什麼也不幹！」

這就是一次沒有目的的西行，就是想出去看一看，看到什麼東西就是什麼東西。日出而作，日落而息，如果碰到下葬的，我就跟著去看下葬；碰到結婚的，我就去參加婚禮；如果迷了路就想辦法找回來。沒有目的可能會使生命更有新奇和意義。

石頭與鳥

每個人的手裡，都握著即將拋出的一個東西，你可以決定它是一隻鳥還是一塊石頭

石頭從人的手中拋出，最終總會落回到地上。石頭拋出去的軌跡，物理學家稱爲「拋物線」。用力大一些，石頭就拋得遠一些，用力小一些，石頭就拋得近一些。儘管這些拋物線的形狀各有不同，但這條軌跡一定是符合拋物線公式規律的，跑不出這個圈子。除非你拋石頭的速度特別快，超出了第一宇宙速度，擺脫了地球的吸引力，這條曲線才會從本質上發生變化，那樣的話，你手中的石頭就變成人造地球衛星了。當然，這些都是屬於物理學家們探討和關心的問題，我們只考慮第一宇宙中的問題——我們日常生活中碰到的問題。如果我們手中拿的不是石頭，而是一隻飛鳥，把鳥拋出去後，鳥就會飛上天空，鳥飛行的軌跡與你拋出去的速度、方向、用力的大小都沒有關係，牠也不用遵循拋物線的規律，自由地在天空中飛翔，既不會遵循你原來的計畫，也脫離了你原來的想像。

石頭和鳥是最近一年來常常被中國房地產同行們提及的一個故事，也成了同行們口中的一個暗語。每當在網上或報紙上看到關於房地產的某一則消息，就互相在電話上、MSN上討論：「這是隻鳥，還是塊石頭？」是石頭就代表是有規律的，有一定的規則可以遵循的，同時也會大體

知道這石頭會打在誰的身上，打得痛不痛；如果是隻鳥，飛出去後，可能連拋鳥的人自己也不知道牠會落在何處，會是什麼樣的結果，完全是隨機的。

其實每個人的手裡，都握著即將拋出的一個東西，你可以決定它是一隻鳥還是一塊石頭，它會給你帶來截然不同的兩種感受。

想不明白的問題就不要去想

「瞎耽誤工夫！」

很長一段時間，我陷入無力解決的問題裡，我就像一個了不起的哲學家一樣思考「世界的本原是什麼」。愛因斯坦說 $E=MC^2$，C 是光速，是一個常數，常數的平方當然也是一個常數。也就是說，能量等於質量乘以一個係數，能量和質量是可以相互轉化的。在特定的情形下，很小的物質可以轉化成巨大的能量，於是地球上就出現了原子彈。但 $E=MC^2$ 到底是什麼？我沒有讀懂，頭腦中還是一片混亂。英國有位殘疾科學家叫史蒂芬•霍金，他的回答十分直截了當，沒有隱語，也沒有暗示：「宇宙是大爆炸形成的，時間是一百五十億年前。大爆炸後，就有了時間和空間。大爆炸初的十分之一秒，宇宙密度比水大三千萬倍，溫度是三百億度。十四秒後，溫度是三十億度，第一個氘原子核形成了。三十四分鐘後，用了七十萬年時間，電子能附在原子核上形成了原子。在過去一百五十億年的大部分歲月裡，質子、中子和電子結合形成了恆星。」

科學家的語言總是這樣精確和肯定，時間可以精確到十分之一秒。但爲什麼會大爆炸？在這個起點之前的世界是沒有時間和空間的嗎？如果我們回到沒有時間和空間的世界會是什麼樣子？這樣的世界存在嗎？沒有物質存在的存在又是什麼樣的狀態？

爲了「世界本原是什麼」這個命題，我接觸了我能接觸到的宗教、藝術。但困惑我的問題還是沒有答案，有時甚至到了吃不好飯、睡不好覺的地步。二〇〇二年，上海舉辦「上海雙年展」，主題是「都市營造」，請我去參加他們的研討會。晚上在上海新天地，和幾個朋友在一家酒吧裡聊天，我對藝術評論家舒可文說出我的困惑。舒可文告訴我，有位哲學家叫維根斯坦，他最大的貢獻就是「哲學終止」，他最著名的話是《邏輯哲學論》最後的一句話、也是結論性的一句話：「想不明白的問題就不要去想！」人無法徹底瞭解宇宙，是因爲人和宇宙都存在於同一個邏輯中，就像人不能看到自己的眼球一樣，透過鏡子看到的眼球，也只是眼球的投影，是一個假象。人也是不能揪著自己的頭髮離開地面的。想不明白的問題就不要去想！

舒可文還告訴我，他們單位有個司機看到他們整天在忙，總是用一句話形容：「瞎耽誤工夫！」就要離開上海了，我坐上汽車去機場，「想不明白的問題就不要去想！」「瞎耽誤工夫！」這兩句話一再在我腦海中迴蕩。

那一瞬間，我感覺我喪失了欲窮盡一切眞理的慾望，放棄了做一個大徹大悟者的妄想，回到了平常。從此我再看世界上的一切事情，就多了一份敬畏，山外有山、樓外有樓，永遠有無法認識的未知領域。對人、對市場、對情感、對藝術、對未來，我都懷著一顆敬畏的心面對。天慢慢暗下來，大上海商業廣告的霓虹燈亮起來了，一句句豪言壯語般的廣告詞在我眼前掠過。其中一

有位哲學家叫維根斯坦，他最大的貢獻就是「哲學終止」。
（「朝外SOHO」的小豬雕像。）

句房地產廣告詞留在我的記憶中：「後現代的豪宅」。像得了一場病，發了一場囈症一樣，我醒來了！維根斯坦和那個司機的話一刀斬斷了我心中的「惡魔」。

大美無言

書本知識，不是全部的知識

二〇〇二年，我去威尼斯參加建築雙年展時，建築評論人方振甯向我介紹說尼康 D100 是最好的相機，用普通的鏡頭可以配在數位相機的機身上。回到北京打聽，沒有這款照相機，後來好不容易在香港買到了。

這款相機，就是我心目中理想的相機。不浪費膠卷，是數位的；不浪費電池，不會污染環境，是可充電的電池；可用普通的鏡頭，反應速度很快。最重要的是對我這個外行來說，它的儲存容量很大，可以放心隨便拍，晚上再從電腦上刪除、修改。我的照相技術不好，但我的 Photoshop 技術不錯。這發揮了我的優勢，避免了我的劣勢。從此我隨身的包包裡一直都有這台相機。

有了這台相機，我才發現自己眼睛看到的東西是不眞實的，這些東西經過了大腦，又把自己的情感和過去的記憶夾雜在圖像中去了。

有了這台相機，我才發現太陽光是多麼的美，多麼的重要，任何人造光源都比不上太陽光，尤其是早晨的霞光和傍晚的餘暉。

書本上的知識固然重要，它們是現實生活中規律和經驗的總結，但書本上的知識是遠遠不夠的，人們對世界的瞭解現在也只是冰山的一角，還有很多未知的領域等待我們去發掘。如果只把世界抽象成書本中的知識，並認爲這就是世界和生活的全部，死記硬背，而忽略了身邊的現實世界，這樣的人，將來也只能是一事無成的「書呆子」。書本上的知識是由語言承載的。由此我想到，這些知識必須具備一種可供交流的形態，因此可以被談論，可以被磋商。透過磋商，很多知識可以成爲共識，成爲維繫社會和諧的基礎。有些知識可以帶來智力快感，成爲遊戲。比如代數，把活生生的現實抽象成符號，再讓這些符號成爲數學模型，關起門研究，在電腦上運算，把研究的結果再來指導千變萬化的經濟生活。但是代數在人和事物之間設置了過多的中間過程和媒介，沒有了人接觸事物時的靈感、火花和智慧。有位叫陳景潤的數學家在做一個數學遊戲叫「哥德巴赫猜想」時，過著與世隔絕的生活，當年成爲許多小學生學習的榜樣，包括我在內。那時我們忘記了與其他人的溝通與接觸，也忘記了美好的大自然。

這些書本知識，並不是全部的知識。我們要學習書本上的光學知識，更要直接地感受陽光，感受它帶給我們的生機、色彩，在我們生活中留下的美麗投影。要學習書本上的生物知識，更要直接感受大自然中的花開花落，春去秋來的變化，和它生機盎然的生命力。大美無言，只有你的皮膚才能感覺其中的智慧。

再見吧！潘總

小心賽倫女妖的歌唱

世界上有一種最危險的歌唱，是賽倫女妖的歌唱。傳說奧德修斯的船航行過賽倫女妖的海峽時，海員們必須塞住自己的耳朵，否則會因爲女妖的歌聲誘惑投海而亡。有一天我突然覺得「潘總」這個名稱，可以算作賽倫女妖的歌唱。

我最先下海後到海南，身邊全是經理、總經理、董事長。海南人說：掉下來一個椰子，打死三個經理。我去一家合資企業打工，明明是部門經理，但也叫總經理，公司總經理改叫總裁。理由是鄧小平是總設計師，設計出樣子，我們去裁剪，所以叫總裁。開會時，除了沏茶倒水的以外，都是「總」。我們朋友中有劉氏三姊妹，都是如花似玉的美人，從法國回來後每人註冊了一個公司，人家在家門口喊一聲「劉總」，三個人都探出頭來答應。總經理改稱總裁，董事長也得升級，都改叫主席。在中國人的意識裡，最大的官就是主席了。小時候，叫主席的，只有毛主席。不知比主席再大的官銜是什麼，這趨勢將向何處發展。

當人失去自信後，就用一大堆的頭銜來嚇唬人，在嚇唬人的過程中，便失去了自己最本質的東西。儘管大家都明白這個道理，可是還必須給自己弄個「總」。一九九五年，我與辦公室主任去某機關辦事。我名片上沒有頭銜，遞上我的名片給一位當事人，他不理我，只與辦公室主任談。我們辦公室主任馬上叫我「潘總、潘總」，還是無濟於事，事沒有辦成，回來後我只好印上了「總經理」這個頭銜。

想想這聲「潘總」，別人為什麼叫得起勁，因為覺得你愛聽。我還恰好不愛聽。看來還是我爸給我取的名字好，比那個千篇一律沒有任何個性的「總」好。

「你好，潘石屹！」

「再見，潘總。」

第七部

在愛情與家庭之間

Part 7: Love and Family

幸福的感受

幸福與物質有點關係，但關係不是很大

中央電視台《今日說法》節目曾經採訪過我，要我談談什麼是幸福。我談了一遍，記者覺得不滿意，要我再談一遍。我再談一遍，記者還是覺得不滿意，就舉了幾個例子引導我，比如誰在談到幸福的時候說，幸福就是柴米油鹽醬醋茶，幸福就是老百姓平常的日子。又比如誰在談幸福時說，老婆怕他發胖，不讓他吃肥肉，昨天老婆不在家，他吃了一頓紅燒肉，感覺很幸福……

但這些好像都不是我自己的感受，我對這位記者說，單純的物質不一定能帶來幸福。我記得有本雜誌採訪了美國華爾街最有錢的一百個老闆，超過九十個人覺得自己不幸福，同時這本雜誌又採訪了一百名露宿街頭的印度人，超過九十個人說他們很幸福。我想，幸福與物質有點關係，但關係不是很大；柴米油鹽醬醋茶、紅燒肉與幸福也有點關係，但關係不是很大，我覺得更重要的是精神感受，可分享的。

這位記者還是反覆引導我，一定要我講一個關於幸福的故事和幸福的時刻。

我說，當我在海邊騎著自行車，戴著MP3聽音樂時，有幸福的感覺。前幾天，又聽了一遍《同桌的你》，它把我帶回了中學時光，這時刻我也感覺到幸福。的確，哪怕我再疲憊，再煩躁，

只要有音樂就能讓我安靜下來，尤其是莫札特的音樂，每一首我都喜歡，我聽莫札特音樂的時候，就能感覺到幸福。所以我覺得幸福與精神的關係可能更大一點。要讓人們獲得幸福就離不開信仰，信仰才是幸福眞正的源泉。

記者仍然覺得不滿意，問我能不能再講一個具體的故事。我說，前幾天，我見到了我的中學同學，我們在一起吃飯，飯桌上還有許多人。看到這位同學，我就回想起我們一起度過的中學時代。那時，我們二十多個學生住在一間宿舍中，冬天沒有暖氣，也沒有爐子取暖，同學們就在床板上鋪上厚厚的麥草來取暖，到了春暖花開的季節，再把麥草清理乾淨。那時，床板上有許多臭蟲，每天晚上我們都被咬得全身是包，有時我們用竹棍或筆去戳床板的每一個裂縫，裂縫裡都會有血流出來。有一天，我實在忍受不了臭蟲的折磨，就帶了兩毛錢和一個空瓶子去公社的生活資料門市部，想買一點殺蟲劑「敵敵畏」，但這個門市部「敵敵畏」只能整瓶銷售，不零賣。正在發愁時，正好有一位解放軍叔叔來買一瓶「敵敵畏」。我就問他能不能賣給我一點，這位叔叔說可以，但要注意安全。於是他分了我一些「敵敵畏」，但堅持不收我的錢，白送給我了。回到宿舍後，我先在床板上撒了一些，等上完課回來，床板上一大片的臭蟲都軟趴趴，跑不動了。從那天起，我終於可以睡安穩的覺，宿舍的同學們也都睡了安穩的覺。這次同學來到北京，一起吃飯的人都不斷地講話，誰誰是什麼「長」，誰誰是什麼「總」。帶「長」的都是當官的，官似乎都做得

（潘石屹與張欣。）

很大；帶「總」的都是賺錢的，談到錢的數目也都很大。但在我的腦海中出現的一直是那兩毛錢和那一小瓶「敵敵畏」。

回憶也許也是一種幸福。

愛情的最佳狀態

應該是一種包含親密的溫情脈脈的狀態。不夠熱烈，但是極爲長久

可以與信仰的力量相比的，可能就是愛情的力量了。愛情無法用言語來描述，可是對人的作用太明顯了。我經常看到一些人因爲有了愛情，一下子變得漂亮了，精神煥發了，人也快樂、愛笑了，皮膚似乎也變得白皙細膩了，就像換了一個人一樣。愛情成了他們人生重要的轉捩點，也成了推動他們生命前進的動力。愛情的強大力量，足以從生理上改變我們的外貌，也能令我們運用全部的能力去追尋、瞭解所愛者，並因此對世俗生活發出由衷的讚美。

理想的愛情很早就由詩人、哲學家描述過了，可是沒有親身體會還是很難理解。因爲愛情是一種狀態，如果不在這個狀態裡，或者從來沒有經歷過這種狀態的人，你跟他說得再多，他還是不懂。就比如同樣一首詩，有人讀著感動得落淚，另一個人可能毫無感覺，甚至嘲笑詩人太酸。我經常會被文學作品裡的愛情故事打動，覺得能經歷眞正的愛情是人生最幸福的事情之一，也是人生最重要的事情之一。

《平凡的世界》*是我最喜歡的一本小說，每次遇到困難的時候，我總會拿出來翻一翻，不知看了多少遍了，裡面關於孫少平和田曉霞的愛情故事讓我非常感動。我想作者路遙一定經歷過一次眞正的愛情，否則他一定無法把田曉霞死去後孫少平的悲傷寫得那麼眞切感人。另外，孫少平和田曉霞每次約會總在杜梨樹下，由此我也牢牢記住了杜梨樹，把這種樹當成愛情的信物看。後來，路遙去世，很多讀者去悼念他，都帶著杜梨樹枝，可見，不只是我，還有無數人被他描寫的愛情打動了。這也說明，愛情在人們的心裡是珍貴的，富有感染力的。

愛情的理想主義者，心中有著對愛情的全盤構思，其中包括完美的道德操守，以及浪漫行爲的設計。爲了實現這個構思，他們像一個苦行僧那樣克制，以便令自己無論是在精神情操、行爲方式還是生活的格調上，都符合愛的要求。我們這一代人年輕時，都認爲愛情的理想如此神聖，堪比當時對「四個現代化」的夢想。

理想愛情，包括了彼此情投意合、相互奉獻、忠誠於對方、長相廝守和浪漫感覺，更深層的內涵則有兩性平等、對性的理性認識以及對弱勢女性的保護。

建立在男女平等的基礎上

我一直認爲，補償現實中男女不平等的，正是愛情的理想主義。理想的愛情必須建立在男女

---

*《平凡的世界》是作家路遙（1949-1992）的長篇小說，一九九一年出版，曾獲中國大陸第三屆矛盾文學獎；另一部中篇小說《人生》，曾改編成電影。

平等的基礎上，而男女平等是指其基本人權上的平等，並非是抹除一切差異的胡亂平等。「文革」時期，所有的女人都追求和男人完全一樣：一樣的髮型，一樣的服裝，一樣的工作，結果成就了一批看上去不男不女的「馬列主義老太太」。這與現在西方極端的女權主義者們追求的男女平等思想有異曲同工之處。這難道是眞正的男女平等嗎？

人是由兩部分組成的：一部分是物質的人，另一部分是精神的、靈魂的人。男人和女人的身體結構是不一樣的，但他們的靈魂是一樣的；他們的體力是不一樣的，但他們的精神是一樣的；男女的性格是不一樣的，但他們追求眞理、渴望擁有美德的品質是一樣的。所以在社會和家庭中，男女的角色、分工是不一樣的，而他們在社會和家庭中的地位應該是一樣的。

這個社會需要男人，也需要女人。如果只有一個性別存在，人類過不了一百年就會滅亡。所以，在地位一樣的情況下，男女雖分工不同，但互相協作，互相配合，才是眞正的男女平等。「馬列主義老太太」追求的不是眞正的男女平等，西方女權主義追求的也不是眞正的男女平等。

男女從自然屬性上看是有差異的。自然屬性中包括他們的感覺和思維方式，大自然規定了男女有不同的分工，男性女性也以自己不同的才能創造了不同但同樣珍貴的文化。

看見優點，包容缺點

我們不能單方面地厚此薄彼，不同民族的矛盾要磋商，不同性別之間的矛盾和差異也需要磋商。男女之間的和諧直接影響下一代的成長。雙方眞誠地互相關愛，互相理解，更多地看到對方身上的優點，給對方更多鼓勵、肯定的語言，忽略和包容對方身上的一些缺點和不足，這樣的氛圍就是愛的氛圍。在這樣的氛圍中，人生就會得到積極的推動，因爲當一個人受到精神上的鼓舞時，他（她）得到的力量就是一種向上的力量。相反，如果沒有眞正的愛情，或者是一方面的單相思，那就會得到相反的力量。這是一種向下的力量，這種力量會讓人自卑。如個子矮小、長相、講話口音、家庭狀況、學歷背景等等都會成爲對方挑剔、不滿和指責的理由。在這種缺乏愛和欣賞的氛圍中，自己就會變得越來越渺小，越來越自卑。在這樣的狀態下，就會沒有力氣去做任何事情，自然也會一事無成，有時甚至會給對方和別人帶來負擔。自己本身沒有力量，又如何能給周圍的人以力量呢？

戀愛絕不僅僅是本能之需，而是一門學問，要在其中大量運用磋商，搭建最好的、最親密的人際關係。年輕人在戀愛的過程中，要學會愛，學會表達自己的愛，也要理解對方的表達，上好「戀愛」這人生中最重要的一課，並把愛情轉變成爲堅實牢固的婚姻，建立美滿的家庭，使人類社會得以延續。在這一課中，要學會理解、愛、忠誠、寬恕這些美德，並把這些轉化成自己性格的一部分。這對每個人的一生都將產生重大而深遠的影響，人生的很多方面都會因這些美德而獲益。但在現實生活中，還有許多粗俗的傳統與眞正的愛情是格格不入的，例如買賣婚姻、包辦婚姻、換親，甚至有些地方還存在著童養媳的陳規陋習。

從激情到溫情

我覺得男女感情最佳的狀態應該是一種包含親密的溫情脈脈的狀態，它不夠熱烈，但是極爲長久。從激情到溫情，轉換好了才能永遠在一起。老在激情中爭吵，分手是遲早的事情。我覺得這好像是大自然安排的，你必須要轉到溫情，否則即將出生的小孩子受不了。我覺得冥冥中有股力量在安排男女感情，在爲後代做準備。

小孩出生後，需要溫情、關懷、祥和的環境。對於年輕的夫婦來說，新生的孩子是個新問題。對他的照顧，對他的教育，都需要磋商。前面我講過磋商的原則，平等、互惠、民主，這些都導致家庭是一個溫和的地方，而非充滿大起大落的激情的環境。

愛情是屬於精神範圍的東西，我覺得這樣一種愛的狀態是神聖的。就像我們做生意也有理想一樣，對於愛情，我們追求的是一種理想主義的愛情。

愛情本身是不需要結婚的

只有生孩子，才需要結婚

我很早就發現，任何固定關係都是奴役與被奴役的關係。人在一起時間久了，必然分出主次，一定是其中一個領導另一個的關係。好在時間久了，人們會產生感情。這感情掩飾著關係的不平等，把關係上的不舒服給淡化了。

工作了一段時間，相互之間有了一些默契，有了一些共識，這是一種很美好的東西，也很神聖。可是一旦把它固定化了，就會出現問題。如果說兩個人是好朋友，好到不管對方發生了什麼事，周圍怎麼改變，永遠是好朋友，那麼這兩個人當中一定存在一個奴役和被奴役的關係。《莊子》說的「君子之交淡如水」，應該就是對固定關係所造成的問題的警醒。這一點，不論是從我個人的經歷，還是從別人的經歷得出的都是相同的結論。所有的關係，可能不一定是用奴役和壓迫來形容，至少是主動和被動——因爲關係一定是出現了主動和被動之後，才能夠固定的。

如果總想著要平衡和平等，就不可能形成固定的關係。事實上，固定的關係也不需要去平衡。在一個家庭裡，你得想明白，要不就是大男人主義讓老婆怕，要不就是怕老婆。想結婚的人要先把這件事情想清楚了。現代人提倡自由、平等、博愛，多少人想反抗，最終的結果不是離家出走就是一拍兩散。我剛結婚時也沒想明白，張欣就離家出走了。

固定的關係不自然，馬克思在《共產黨宣言》上都說不好，但固定的關係對眼下的社會穩定和發展有利，在現實生活當中爲了做成一件事情就得把關係固定下來。比如爲了蓋房子就得成立公司，在公司裡就要聽我的，不聽我的，這個房子就蓋不起來；在家庭裡，要生兒育女，要撫養孩子，沒有夫妻關係，生一大堆小孩怎麼辦？柏拉圖當年提出來說，父母生了孩子後都不能見，直接送到學校去，由社會共同撫養。這個提議直到現在也沒實現，甚至在當時就遭到了很多人的批評。他的提議放在今天的中國來看，簡直是滅絕人性的，人家生的孩子，憑什麼讓你抱走？所以結婚一定要想清楚。愛情本身是不需要結婚的。只有生孩子，才需要結婚。從結婚開始所做的一切都是爲了孩子。一個家庭，圍繞孩子建立起的關係，其實是一個事業，裡面有磋商和事務。

在當下的環境，我們需要磋商，而且磋商已經出現了，但是很難說我們能夠實現完美的磋商。比如完美磋商所需要的人格平等，並沒有完全建立起來。完美磋商所需要的資訊透明，沒有智力上的差別，也沒有達到。你怎麼辦呢？並不能因爲理想還沒有實現你就不活了。我們還得活下去，活下去，盼望環境變得更好，或者一點一點地努力改善。想清楚這一點，也許你就獲得較好的心態，內心安寧了，也就超脫了。

父親留下的遺產

現在，我和孩子建立了「父與子工作室」

在我的記憶裡，我爸爸非常勇敢和樂觀，媽媽非常善良。一個心理學家對我說，一個孩子如果對父母有這麼正面的印象，那這個孩子一定是健康和幸福的。他這樣說我感到非常慶幸。父母良好的形象會伴隨孩子一生，永遠會激勵孩子、啓發孩子，我把它稱之爲「父母的形象遺產」。仔細想想中國傳統文化裡面講究的孝道，就非常強調父母的形象。

一個人如果被人注意，他就要穿上乾淨整潔的衣服，努力完善自己的儀表。而一個人沒人注意，他也就變得灰頭土臉，衣冠不整了。現在我們的「父輩形象」在哪裡呢？被「文革」時期的「革命小將」打砸搶了。重建父母的形象非常重要。

父母作爲孩子的第一位指導老師，其經驗、智慧和道德，都無可避免地傳給了孩子，這是傳統中「孝道」的實際內容，我覺得是十分優秀的。我們要從社會價值的角度重建父母的形象，要有一種制度，將父母放在廣闊的社會中來評定。作爲父母本人，也應該時時刻刻明確自己對子女的社會責任，一定要拿出優秀的東西可供傳承。

父母對孩子的影響是特別巨大的。我小時候生長在封閉的農村，貧窮而單調，也沒有什麼文化娛樂，我的幼年教育百分之九十都來自於我爸爸的言傳身教。即使我現在有了很多閱歷，遇到一些事，我也會首先想到小時候父母的做法，他們的很多做法都成為我現在處理問題的原則。

有幾件事情給我印象特別深。我爸爸在一個軍官家庭裡長大，又是大學生，一直處在很好的環境裡。後來被劃成右派下放到農村，他個子矮小，不會幹農活，很受氣，但他永遠是樂觀的，而且話多得不得了，天天高高興興的。我記得有一次，我爸爸穿著只有一個袖子的襯衫到學校接我，手臂上都是血，我問他為什麼衣服只有一個袖子，他說他到我們鎮上賣瓜，結果被城管（當時應該叫「民兵小分隊」）打了。即使遭遇到這樣的不幸，我爸爸著我回家的路上還唱著歌。這件事給我特別大的震動，也給我留下了深深的印象，我從中感覺到了樂觀的榜樣力量。這種學習的有效性，超過我後來的任何一種學習。

還有一個關於我爸爸的故事，在我的記憶中也是一件了不得的事。他為了餬口到一個小型的造紙廠去幹活，有一個滑輪掉下來把村裡一個農民的腿砸壞了。所有人都嚇得哭了起來，因為腿斷了，得花很多錢去看病，但大家都非常窮，怎麼辦？這時工廠裡來了個人，說趕緊送醫院！大家都說沒錢，真的沒錢。工廠來的人說：「沒錢寫個借條，先借兩百塊錢，你們誰會寫字？」當時大家為了找個活幹，大學生都不說自己會寫字。我爸站出來說：「我認識幾個字。」於是，他寫了一個「領條」。工廠的人問他怎麼把「借條」寫成「領條」了？我爸就說，我們生產隊窮得不得了，你這兩百塊錢相當於我們全村一年的總收入，借了也還不起，所以只能寫一個領條。有了這兩百塊錢，農民的腿就治好了。在我的印象裡，我爸眞是一個樂觀、勇敢和有智慧的人。

從孩子的角度來看，父母是強大的，父母的形象在他心裡處在一種接近聖賢的地位。我看到一則故事，說中國古代有一個媽媽天天教育孩子怎麼寫字，念四書五經，而孩子爸爸天天看書，不管孩子，媽媽就埋怨爸爸說，你老不教育孩子，光看書怎麼行。爸爸就說，我坐在這裡看書就是教育孩子。我覺得這個父親的辦法很好，就與孩子共用一個書房。我坐在裡面看書，孩子在旁邊玩。我們其實是在相互啓發，他在學習我，漸漸對閱讀產生興趣，而孩子純淨天眞的玩耍，其實包含著很多質樸的眞理，對我也相當有啓發。

現在，我和孩子建立了「父與子工作室」，我們在這裡一起讀書，學習，也一起做一些其他活動。現在如果隔一陣子「父與子工作室」沒活動，孩子就會問我，什麼時候活動呀？我覺得這種與孩子交流的方式很好，我會堅持下去。我相信行動的影響力要遠遠大於語言，與其一千遍地教孩子做一個好人，不如自己去做一個好人給孩子看。

一個好的父親，能夠給孩子留下正面、積極、向上的形象。他喜歡周圍每個人，能給周圍每個人帶來愛的溫暖，這也是我希望能留給孩子的形象。我堅信父母的形象問題，是社會教育一個重大的課題。因爲父母的形象，是孩子走入社會的第一道大門，也將是長存於孩子一生記憶中的寶貴財富。

父親的身傳言教，將是孩子一生記憶中的寶貴財富。（「長城腳下的公社」俱樂部中的僧人雕像。）

孩子提醒的「少一點」

孩子能讓你感覺到人的一種原始狀態，使你把周圍的一切帶回到單純的狀態

我從內心裡喜歡禪宗，不管出現什麼情況，拿著禪書就會感覺內心特別平靜。禪宗比較注重簡單。人們追求形式上的繁瑣時，總是表現得沒有自信心。

我現在看禪的故事與書和兩三年前不一樣。原來是虛無縹緲的，現在好像有了點理解。儘管禪說不要被形式所左右，沒有經典也沒有權威，沒有崇拜、沒有偶像也沒有寺院，但我以前總想把悟性的東西用理性去做解釋，但越想理性地去解釋，就越牽強，越是偏離了禪的本來意思。

我一般早上八點起床，晚上十二點以後睡覺。對運動不是很感興趣，日常生活中的一大半時間用來應付工作，也會帶孩子。張欣生孩子時，我一個月時間完全脫離公司工作，就是侍候老婆孩子。生孩子對母親與孩子來說都是特別大的事，一個新生命要出來，別的事都可以怠慢一些，唯有這事太重要了。多少生命剛出來，稍微疏忽一點，就出了問題。帶孩子是一件非常辛苦的事，但跟孩子接觸也可以讓你平靜下來。這社會有時會不斷讓你往前跑，人家官職比你大，做的事比你大，賺的錢比你多，逼著你不停地想往前跑。孩子能讓你感覺到人的一種原始狀態，使你把周圍的一切帶回到單純的狀態。看到剛出世嬰兒的狀態，你就會感到自己在人生的道路上誤入歧途

走了多遠！

我從骨子裡還是一個家庭觀念比較強的人。小時候在那樣一種家庭中長大，對家庭成員與家庭外成員的界限，對家的顧及程度，要比一個在城市中長大的人強。城裡人之所以更爲進步，更有社會性，就是對家庭內外成員的界限，要比像我這樣從偏僻地方來的人要淡化一點。我從骨子裡還是大男人主義，從小受潛移默化的影響，認爲男人要說了算，如果老問女人意見，男子漢哪裡去了？後來開始有了變化，到國外去，看到那裡的男人不管是多大的官都要給女人開車門，處處要把女人照顧好，如果一幫人出去，一定要先讓女人處處滿意。我看這並不損尊嚴，這是文明社會的意識，想不明白才是老農呢！所以我現在有意識地在改變自己，接受文明。要是在二三十年前，突然發現一個男的老幫女的拎包包，跟在她後面走，我一定不能接受。

挑戰的境界，我原來有過，但我好像生下來就不愛賭博，連麻將撲克都不打。朋友拉著我去拉斯維加斯，我就換了一百美元放在那兒，沒了就出來睡覺去了，完全沒有樂趣。現代城剛做完時，員工們都在著急地問有沒有新專案，我反而平靜了：先不要著急，不要急功近利，有和無、難和易都是相對的。

某天，我給自己寫了幾段話：

少喝酒，多喝水

少吃肉，多吃水果和蔬菜

少說話，多寫字

少坐飛機、汽車，多走路、跑步

少吃藥，多運動

少看報紙、雜誌和電視，多看歷史和經書

少用手機，多寫信

少在城裡待，多在鄉下住

少開會，多睡覺

少說空話、客套話，多說眞話和實話

少認識新朋友，多來往老朋友

少請客應酬，多家人團聚

少穿新衣、新鞋子，多穿舊衣和舊鞋子

少一些熱鬧，多一些清閒

山語間的勞作生活

我跟孩子一起學習，不斷地寫部落格，學會了寫文章，寫書

我和孩子們在家裡有一個「父與子工作室」，名字是孩子取的。名字完了還要一個口號，他們就叫：「材料、材料，工具、工具。」這實際上是一種狀態，動手的狀態。我們在那兒放了各種各樣的鋸子、電刨、電磨等等東西，一起做一張凳子或者樹屋什麼的。這其實是訓練小孩做事要有一個程序。去年我們公司上市時，我的七歲小孩就跟他媽媽說：「你們上市還沒上完，爲什麼上市要這麼長時間呢？你們得去做一個專題，這個專題是要一步步地來，是有很多程序，你不做專題不行。」國外的學校從小就培養這個，像取一個名字，想一個口號，編上一首歌什麼的。

我們還有一個「父與子讀書會」，像「父與子工作室」的牌子一樣，都是讓孩子寫好，然後貼在門口。讀書，我們各自讀自己的，就是在一個環境裡面一起讀。我覺得人的語言能力和表達能力的提高，絕不是光靠上語文課，最關鍵的是要不斷地聽、讀和看別人寫的東西。我把余秋雨寫的書讀了好多遍，還有路遙的書全都讀了，陳忠實寫的《白鹿原》也讀了，等等。原來我根本不會寫文章，別說寫部落格，寫個紙條都結結巴巴的。你看，我就跟我兒子一起學習，不斷地寫部落格，學會了寫文章，也就有了你現在看著的這本書。

我們在山裡有一棟房子，是設計師張永和設計的，我們爲這個房子取了個名字叫「山語間」。我和張欣都有共同的認識，要定期與孩子在一起，所以每個週末我們都會帶著孩子到山語間，從忙碌的企業經營中脫身到日常生活中來。我們到了山裡去，第一個工作是砍柴，砍完柴燒壁爐。在城市裡你很難看到熊熊的火焰，實際上燃燒起來的火焰是很美的。我每年還買一兩百公斤帶殼的穀子和米，餵鳥。必須要帶殼，把皮去掉後鳥就不吃了，怕有毒。餵鳥是孩子們特別喜歡的事，我帶孩子去英國海德公園時，就看見他們特別喜歡餵天鵝。英國的鳥從來不躲人，中國的鳥一見人全跑了，被人打怕了。我們想慢慢地在「山語間」培養這些中國鳥兒對我們的親近感，這是我和孩子們的目標。此外，我們還在山裡面開出一片地，種玉米、種菜什麼的。

勞動帶來入靜的感覺

在山語間，基本上每一件事我們都是自己動手做。越是在天氣寒冷的時候，你在外面幹活越能感覺到極大的反差。你坐在屋子裡很舒服，到外面的雪地裡幹活會冷，做到流汗時又非常舒暢。這就是生命不一樣的體驗，你在勞動，雖然不斷地做這些事情看上去很緊張，實際上你心裡非常安靜。在城裡，在辦公室裡，就想著一會兒要處理 E-mail，一會兒還有採訪，幾點幾分還有一個會，生活總是非常忙亂。而在山裡面，是非常安靜的狀態。

別人老說王石喜歡爬山，其實爬過山的人都知道，在那種缺氧的狀態下，人是沒有雜念的，根本不會想到股票多少錢了，就想著能呼吸一口氧氣就很不錯了，這就是入靜的狀態。山底下發生次級房貸危機什麼的，完全干擾不了他，因爲他完全安靜了。人最能夠體會到快樂和愉悅的過程就是靜坐，但眞讓你坐在這屋子裡什麼都不想是很難做到的。而在爬山，到了半山腰氣喘不上來時，你就什麼都不想了。我認爲這也是把自己歸零的方式。

我每次在山語間做勞作時，也會有這種歸零入靜的感覺。

第八部

「靈魂只能獨行」

Part 8: In Search of the Soul

看見美好事物的前提

只有精神進步了，境界提高了，才能夠發現美，並欣賞美

物質是可分的，是可以轉化成別的物質；精神是不可分的，是永存的。追求物質的人只有一生的時間，大多只有幾十年，最長也不過一百多年；但追求精神的人，他的精神可以世世代代經久不息。所以塑造精神生活比塑造物質生活更重要。

透過學習和服務可以讓人的精神進步，也只有精神進步了，境界提高了，才能夠看到和體會到美好的事物。可以欣賞音樂的美妙，可以欣賞到畫面的美好，可以看到別人優秀的品格和身邊美好的東西，可以發現美，並欣賞美。對我們這些蓋房子的人來說，才能發現優秀的設計和創意，並為此歡欣鼓舞。在發現和看到別人美好的作品的過程中，同時也是自己學習的過程，會逐步讓自己變得耳聰目明，也會讓自己越來越有創造力、理解力，以及自己動手創造美好事物的執行能力。沒有精神的進步，一定看不到任何美好的事物，就像睜眼瞎子一樣，美好的事物擺在面前也沒有任何的感受。精神頹廢的人不會有任何創造力，不光自己沒有，也看不到別人的創造力和優點。整個世界對他們來說是一團漆黑的，有太陽，他們也看不到光明；有指南針和GPS，他們也找不到方向。任何一個優秀的創造者一定也是一個精神的富有者和進步者。

名和利是精神進步的兩大障礙。中國有句古話說，富人要開悟，就像大象鑽針眼一樣困難。名和利就是臃腫的身體，是精神進步的累贅，讓自己變得不再輕盈，也無法進步。追求名利、虛榮心更是過分關注自我的表現，人若太自我，精神是無法進步的。捷克作家米蘭•昆德拉在耶路撒冷的一次頒獎會上發言說：任何一個作者都要躲在自己的作品背後，如果作者跳到作品前面，跳到前臺，一定會破壞作品本身。優秀的作品是高貴精神的反映，是神來之筆寫成的，把渺小的自我放在比作品更重要的位置、擺在作品的前面，是本末倒置，是對作品本身的破壞。

提到昆德拉，我不禁想起捷克總統哈威爾。上星期天我去一個朋友家做客，一邊吃飯，一邊跟大家開心地談著各種各樣的趣事。有位朋友說起他上世紀九〇年代中期在捷克見到哈威爾的情景。我說：我可是哈威爾的粉絲，他是我心目中一個大明星。記得哈威爾說過一段話：那些國際間的危險力量並不是我們的主要敵人，那些曾經給我們帶來不幸的人也未必是我們的主要敵人，我們的主要敵人是我們自己，是「自私」、「嫉妒」和「空虛」。我們應該喚醒巨大而沉睡著的社會的善意。我想哈威爾的話會警醒很多人。而米蘭•昆德拉和哈威爾都是精神非常強大和豐富的人，所以他們才能寫出感人的作品。

很多時候，我們向前走時最先要戰勝的是自己。

悟

當亞里斯多德遇上老子

我感覺，我就是宇宙的一部分，就像一個胎兒待在母體中，胎兒怎麼去思考自己的母親？這時候，也許只有放棄思考，去感覺母體的律動才是眞實可信的吧！

人的苦惱，也許就在於自己僅僅能感知部分，卻渴望去明晰整體；自己僅僅是一個過程，卻妄想去知道始終。這種渴望催生了人們在不可能瞭解世界整體和本原的情況下，虛構某些荒謬的思想系統，並訓練出漏洞百出的思維模式。

西方的邏輯

從古希臘哲學家亞里斯多德發明邏輯學開始，就有了分類，有了形而上學的學問，也從此影響了西方人的思維，儘管後人發現了亞里斯多德的許多錯誤，比如他認爲重力加速度與物體的重量成正比，他不承認眞空的存在等等。形而上學是物理學之上的學問，後來的人也認爲形而上學太教條，把世界分得太支離破碎，而用辯證法和系統論來修正它，但西方的知識和思維最終沒有跳出亞里斯多德分類、邏輯的軌跡。亞里斯多德的學問是可以學習的，是有規律可以遵循的。因為簡便，故成為主流。

由此誘發的科學思想，更將人類變成驕傲的大自然解剖師。

相比之下，我更欣賞東方式的領悟方式，那就是，不從系統著眼，不從遙遠不著邊際的終極思考著眼，僅僅開始於日常，回到感覺與思想交會的一剎那。這時我才發現草是綠的，天意憐幽草，細微之處有最偉大的欣慰。

老子在西出函谷關時，被邊防人員攔住，寫下了《道德經》後才被放行。孔子尊稱老子為老師，傳說拜見老子時送了一對鴨子作為禮物。老子《道德經》的思想，影響了中國幾千年，道、儒，西域來的佛、禪，在中國都受到老子很深的影響，可以說老子的學說影響了整個中國的傳統文化。老子的思想是自然、平衡、融合、天人合一、萬物相通。不過，他的《道德經》很抽象，沒有多少人能真正讀懂他的意思，不像亞里斯多德的文章，很具體。所以，亞里斯多德的學說受到了後來許多人的批判和挑戰。而老子的話，似乎是永遠正確，如：「道可道，非常道」、「天法道，道法自然」。

東方的領悟

亞里斯多德的邏輯學問是可以學習的，但老子的學問要靠悟，沒有悟性，即使再刻苦也是沒有辦法學習的，悟的結果是境界的提高。演變到了今天，大多數西方人，包括受西方教育的東方人，總有人認爲老子的這一套是瞎掰，是故弄玄虛，沒有什麼可以用的東西。

東方人反邏輯是有歷史根源的，從老子就開始了。這種區別在東西方之間隨處可見。在醫藥方面，西藥總是很簡單、很單一，有具體的化學名稱，有具體的劑量，什麼地方有病，就治什麼地方。而中藥就複雜多了，一服中藥少則十幾味，多則幾十味，什麼地方有病卻不能治什麼地方，否則，就是犯了「頭痛醫頭，腳痛醫腳」的錯誤。在飲食方面，東方人會用各種材料來煲粥煲湯，有八寶粥，還有佛跳牆，有餃子，有雜碎湯，各種炒菜中都可以配上肉。西餐用的材料就單一得多，烤牛肉、烤羊肉，肉是肉，菜是菜。在城市的規劃和建設上，西方有《雅典憲章》，城市被分成功能區來進行規劃和建設，生活在城市中的人，每天奔波在幾個功能區之間，造成了今天絕大多數城市的交通擁擠和堵塞。現代的城市是西方現代化的產物，中國的傳統文化，還沒有涉及到。

豐富多彩的融合

世界的本來面目是什麼樣的？我想不應該是一分爲二，非黑即白的。「不是反恐的國家，就是恐怖主義的國家」就是這種思維的明顯例子。世界的本質一定是豐富多彩的，有白，有黑，也有灰的；應該是自然的，平衡的，融合的。但每當談到中國傳統文化對世界的理解，談到它的優勢時，人們總會輕易地反駁它，認爲中國傳統文化給中國帶來的是貧困、落後，而西方文化帶來的是文藝復興，是工業革命，帶給人們的是富裕和現代化。我並不這樣看。

我們未來的出路是什麼？上個世紀九〇年代有個美國人亨廷頓寫了一本書《文明的衝突》，以後又發生了「9·11」、美軍攻打伊拉克的戰爭，還發生了遍佈世界的恐怖活動和反恐戰爭，似乎不同文明之間還都停留在過去的冷戰時期，不是你死就是我活。我想這不應該是世界的本質，也不是我們解決文化差異的思路，未來的出路應該是東西方文化的融合，而不是一味地對立。

本世紀初，我們邀請日本建築師隈研吾在「長城腳下的公社」設計了一座竹房子。房子建成後，他寫了一篇文章，裡面談道：「過去中國的長城是分割了農業文明和牧業文明兩種文明的象徵，而今天的竹子牆卻是連接東西方兩種文化的符號。」我覺得他說得很好，所有參觀過這間竹屋的人都感到這裡很有東方文化的意境，因爲竹子在中國是一種避世、超然物外的知識分子精神的象徵，比如竹林七賢；而房間裡採用的大面積玻璃窗、地板採暖、廁所設施又都是最先進的西方科技成果，如果只強調其中一種因素，就不會有竹房子給人帶來的如此豐富的感受。

我們的世界也應該是豐富的，融合的。

孔子之說

「生而知之」、「學而知之」、「困而知之」

儘管經歷了「砸爛孔家店」、「批林批孔」的群眾運動，但是孔子在中國人民心目中的崇高地位並沒有受到多大影響。

在孔子的思想中，最重要的是他尊重人、愛人的思想。在他生活的那個年代，殉葬是很普遍的事情，稍有地位的人死的時候總要讓幾十甚至上百的活人爲他殉葬。殉葬的人越多，越顯示出他的社會地位。而孔子就堅決反對這種拿活人陪葬的做法，他甚至反對拿陶俑做陪葬，因爲這種陶俑還是人的樣子，是對人類的不尊重。所以有了「始作俑者，其無後乎」這種對拿陶俑做殉葬的人的詛咒。秦始皇當年秘密大建自己的墳墓，就用了許多陶俑來做陪葬，也就是今天在陝西發現的兵馬俑。他死後發生的事情也恰恰印證了那句詛咒：「始作俑者，其無後乎」，讓那些樂於拿人做陪葬的人斷子絕孫。我想，如果沒有孔子的堅決反對，不知道還會有多少祖先被活埋在墳墓裡。

「四海之內皆兄弟」是《論語》中子夏說的一句話，同時也被認爲是孔子另外一個重要思想，與其他許多信仰和宗教所倡導的思想不謀而合。在中國奴隸社會後期，孔子能提出這樣偉大的思想是非常了不起的，同時爲中華民族的發展、和諧奠定了基礎。

孔子的確是人類偉大的教育家，他以「有教無類」的原則教育魯國的學生，也教育當時其他國家的學生。他還提出了明確的教育目標：「明德」、「親民」、「至善」。孔子認爲人的美德和智慧如同寶藏一樣，就在人的身上，所以只需要把它擦亮，把這些寶藏挖掘出來就能顯現其光芒，發揮其作用，這就是「明德」的過程。孔子認爲獲得知識有「生而知之」、「學而知之」、「困而知之」，這三種學習的辦法，其實我們每一個人都會遇到。「生而知之」就是說，我們身上的美德和智慧是與生俱來的，只需要經過啓發和打磨，就可以顯現出來。而一些極端物質主義者不這樣認爲，他們只承認後面兩種學習的途徑和辦法，認爲人只有透過自己的器官——眼、耳、口、鼻、舌，把信號反映到大腦，經過大腦中一套複雜的物質構件的運作，就轉換成了知識和智慧。他們不斷做試驗，又是解剖，又是心電圖的，但這是一種牽強的、不能自圓其說的妄想。就連這些極端物質主義者，也不會相信自己的知識和智慧完全是大腦這個機器經過複雜的運算得出來的。第二種學習的辦法是「學而知之」，透過學習，主要取得的是技能，而要獲得精神與美德，也只能透過學習和所見所聞，把人身上潛在的能量啓發出來。這種啓發的方式不一定是在課堂圖書中，因此既要讀萬卷書，也要行萬里路。看的多了，遇到的事情多了，就容易啓發智慧和悟性。「困而知之」就是遇到問題和困難時去學習，這也是學習的另外一個重要方面，它會更有針對性。因爲遇到困難和問題時，更能讓人去反思，所以我們的學習和教育應該按孔子說的既有「生而知之」、「學而知之」，也有「困而知之」，而不能簡單理解成只是「學而知之」。

在處理人和人之間的關係時，孔子又提出「己所不欲，勿施於人」，這句話成爲很多人的座右銘，是很多人做人處世的準則。

《道德經》中的創造力

「道」是創造力的大計劃與自然規律，「德」是創造力的小計劃與人類要遵守的法則

說到《道德經》產生的歷史，歷朝歷代都有許多學者認眞做了研究，也有很多考古學上的發現。在民間也存在著各種各樣類似神話般的傳說。如果仔細推敲這些傳說，會發覺它們大多只是《道德經》的一些花絮，有許多是不可靠的，也是沒有邏輯的。我想這些傳說主要也是爲了在民間更廣泛傳播《道德經》吧。就《道德經》五千言本身而言，它一定是中國古代曾受到神聖啓示的智者、教育者的作品。《道德經》的作者老子就是中國歷史上最早的顯聖者和先知。

遠古時期，交通和資訊都非常不發達，人類文明要不斷地進步，不僅要依靠達爾文「優勝劣汰」的競爭法則來推動，更重要的是要有一種推動文明不斷發展的創造力。在這種神聖創造力的啓示下，在世界各地，乃至各個角落都有受到啓示的智者，由這些智者來教育人類從精神和物質兩個方面不斷推動人類的演進。越是在遠古時期，越是交通和資訊不發達，這些受到啓示的智者就越多，因爲世界太大了，不可能靠一兩個人漂洋過海地進行傳播和教育。人類文明的演進正是在這種「創造力」的啓示下，同時依靠人世間的智者不斷往前推進的。這種「創造力」在世界各個民族中的叫法也各有不同，例如西方就管它叫「上帝」、「神」；而我們中華民族則叫它「天」、

「上天」、「老天爺」、「道」等。在不同的年代，「道」也啓示了許多顯聖者、人類的教育者，如耶穌基督、摩西、亞伯拉罕、老子、瑣羅亞斯德、穆罕默德、佛陀、巴哈歐拉等等。《古蘭經》曾經說過，在穆罕默德出現之前，世界上已經有十多萬個受到這種力量啓示的顯聖者。

老子的《道德經》到底給我們帶來什麼啓示呢？在中華民族的發展處在孩童時期時，最需要的又是什麼呢？

陰陽平衡

《道德經》啓示的核心是「平衡」。它一共分爲上下兩篇，這兩篇從頭到尾貫穿了平衡的思想。人類的發展與成長和個人成長一樣，會經歷幼兒期、童年期、青春期、成熟期等。當人類剛剛進入幼年期時，就像一個幼兒剛學會走路、做事，此時平衡是最重要的。只有掌握了平衡才能站立，才能行走，才可能去做事情。《道德經》把各種各樣的平衡都歸納成陰陽平衡。這種平衡的思想影響了中華文化的各個方面，如繪畫、音樂，包括建築藝術。在中國的建築藝術中平衡的思想表現爲對稱美，在建築、家具和城市的規劃中強調對稱。

《道德經》上篇《道》啓示了這種「創造力」的大計畫。「道」是自然規律，是人類所不能及的，人類只能順從它，遵循它，這是道的力量，是上帝的力量，也是道和上帝在用心做的事情。

下篇《德》啓示了這種「創造力」的小計畫，以及人類要做的事情，人類要遵守的法則，人類應該具有的美德。兩千多年時間過去了，這種「創造力」的大計畫和小計畫並沒有改變，只是不同顯聖者的表達方式不同而已。這一大一小兩個計畫，又是不能截然分開的，它們互爲補充，互爲促進。所以在《道》中雖說的是「道」的大方向，但也談到了小方向。

順其自然，無為而治

《道》教我們順其自然，「上善若水，無爲而治」。而社會的和諧則來自於它的統一，不要進行人爲的高低、好壞劃分。反對英雄，反對個人崇拜，重視天的力量，如「大道廢，有仁義，智慧出，有大僞」，「不尙賢，使民不爭」。它告訴我們，世界上本身沒有壞人，也沒有好壞之分，太陽照耀在每個人的身上，我們每個人同樣受到上天的惠澤。受《道德經》的影響，當佛教傳到中國時，禪宗三祖僧璨也強調同樣的道理，他的《信心銘》開篇就說「至道無難，唯嫌揀擇」。對那些不偏執的人來說，接受偉大的道並不困難。人只有成熟的人和不成熟的人之分。不成熟的人就需要成長，需要知識，需要受到教育，從而讓他們變成成熟的人。世界上還有健康的人和病人之區別，病人就需要我們去幫助他們醫治疾病，需要我們的扶助。人們應該和諧相處，如果天天搞階級鬥爭，天天抓壞人，和諧社會就會遠離我們而去，與偉大的道相悖離。

此外，「小國寡民」是老子設想的理想世界、桃花源，這與我們現在所說的「小即是美」的思想不謀而合。

美德修養

《道》篇講的是上天的事情，上帝的事情，充滿著神秘。《德》講的是美德，人的美德、國家的美德、民族的美德。它教給我們的第一個美德就是「超脫」：從困難中超脫，也從物質世界中超脫出來。

在我們做事遇到困難時，先要想一想是不是符合了「道」這種創造力的大方向，如果不符合，再多的努力都是徒勞的，都是沒有結果的。如果我們做的事符合了「道」這種創造力的大方向，就一定會有更強大的力量來幫助我們完成。我們每個人都是渺小的，都是微不足道的，最好是把自己變成嬰兒的狀態，空心竹子的狀態，水一樣的狀態。讓周圍的力量和創造力之水像穿過空心竹子一樣流淌過我們，順其自然，無爲而治。

在《德》篇中，老子拒絕一切的欺騙、花言巧語，認爲「信言不美，美言不信」，強調沒有誠實就沒有了一切，所有的「德」都是建立在「信」的基礎之上。該篇還指出，人要保持物質世界和精神世界的平衡，「天之道，利而不害；人之道，爲而不爭」，天的法則是利於萬物而不加傷害；人的法則是奉獻而不與人爭奪。

《道德經》是上天在漫長歷史的發展初期給予中華民族的最好贈禮，它的核心就是教導中華民族應該如何掌握平衡。

進一步追求團結

當人類繼續成長，人類文明繼續演進，人類的發展邁過幼兒期，進入童年期和青春期，上天又不斷地給我們新的啓示，像老子在《道德經》中啓示了「平衡」一樣，基督在《聖經》中啓示了「愛」。當今時代，新的人類教育者巴哈歐拉，在《亞格達斯經》中啓示，當今人類所需要具備的最重要品質是「團結」。在一個全球化、國際化的時代，離開了團結和合作，我們將寸步難行。我們在以團結與合作爲主要特徵的時代想要生存和發展，就離不開誠實和磋商，沒有了誠實的品德和磋商的態度，長久的團結是無法建立的。在老子啓示《道德經》的年代，人類活動的範圍比較小，人與人之間的聯繫也很鬆散，只要人類能掌握平衡的思想，就可以生存和發展下去。但當今時代人類的活動範圍大大擴展了，人和人的聯繫越來越緊密了。我們只考慮小範圍內的平衡已經不能解決當下的問題。團結和合作，爲別人提供服務，同時也接受別人的服務，成爲這個時代最需要的精神和品德。

團結之光是如此強大，它將照亮整個地球。

中庸是一種境界

用謙卑對誠實的修正，用愛心對正義的修正，用超脫對愛心的修正

《道德經》啓示的核心是「平衡」，老子把各種各樣的平衡都歸納成陰陽平衡，如何把握平衡的關鍵點，這也直接誘發產生了孔子的中庸思想。

受美的吸引，對幸福的追求，是我們人生的動力，但無論如何我們都不能過分，應該走一條「中庸之道」。中庸之道是中國人兩千多年來用痛苦的磨鍊和多年的實踐獲得的一條寶貴方法。但我記得在我讀初中的年代，正趕上「批林批孔」運動，剛接觸「中庸之道」是在大批判中，只能從反面去瞭解它。當時，中庸之道被冠上了很多不好聽的名詞被加以批判，中庸成了「保守」、「不求上進」、「平庸」、「和事佬」、「沒有原則」等負面形象的代名詞。其實中庸之道是用謙卑對誠實的修正，是用愛心對正義的修正，是用超脫對愛心的修正。中庸是一種境界，不是我們說出來的，也不是我們能做出來的，是靠冥想、奉獻、服務等痛苦的磨鍊修出來的。

我突然想去查查辭典，看辭典上怎麼解釋中庸，我發現在「中庸」這個詞下面，有一例句，是李大釗先生《民彝與政治》中的一句話：「判其曲直，辨其誠僞，校其得失，衡其是非，必可修一中庸之道。」在社會和個人之間，物質和精神之間也需要用中庸之道的智慧去平衡。

從《信心銘》到阿博都・巴哈

如果我們把所有的事物都從正面去理解，就沒有了黑暗

《聖經》中這樣寫道：亞當和夏娃生活在伊甸園裡，過著無憂無慮、快樂的生活。上帝對他們說：「園中每棵樹上的果子你們都可以吃，但除了善惡之樹上的果子。」後來，蛇誘惑夏娃吃了那棵樹上的果子，夏娃又給亞當吃了。上帝責備了亞當和夏娃，蛇也受到了詛咒，讓牠永遠抬不起身子。就這樣，因爲能區分善惡了，仇恨之根就深植於亞當和夏娃心中，禍及他們的後代子孫。這就是基督教所說的原罪。

在禪宗中，三祖僧璨在他唯一的一本著作《信心銘》中說道：「至道無難，唯嫌揀擇。但莫憎愛，洞然明白。毫釐有差，天地懸隔。欲得現前，莫存順逆。違順相爭，是爲心病。」對那些沒有成見和偏好的人來說，偉大的道並不困難。

當愛和恨兩者都消失，每一樣東西就會變得很清楚、很赤裸。但是如果你對它做出哪怕是非常微小的判斷，那麼天和地就被分割得無限遠。如果你想要看到眞理，那麼就不要先入爲主地持有贊成或反對的意見，內在喜歡和不喜歡的衝突是心病。

蕭伯納的劇本《巴巴拉少校》中有這樣一段情節：工業巨頭安德謝夫老爺子見到了多年不見

的兒子斯泰芬，問他對做什麼有興趣。這個年輕人在科學、文藝、法律等一切方面一無所長，但他說自己有一項長處：會明辨是非。老爺子把自己的兒子臭罵了一通，說這件事難倒了一切科學家、政治家、哲學家，怎麼可能你別的都不會，就會一個明辨是非？

我們小時候接受的教育總是要我們有愛恨分明的階級立場，對待同胞要像春天般的溫暖，對敵人要像冬天般的寒冷……而從古到今的聖人、智者們總是教育我們「惡是不存在的」。阿博都•巴哈*說，並不存在惡，無知是缺乏知識，謬誤是缺乏引導，健忘是缺乏記憶，愚笨是缺乏良好的感悟。同樣，瞎子是缺乏視力，聾子是缺乏聽力，貧窮是缺乏財富，疾病是缺乏健康，仇恨是缺乏愛，分裂是缺乏團結。如果我們把所有的事物都從正面去理解，就沒有了黑暗。存在黑暗是因為缺少光明，在一個漆黑的屋子，當我們打開電燈的一瞬間，黑暗就不存在了。所以，我們應該做的事情就是帶給這個世界多一份光明和正面向上的力量。

從《聖經》、禪宗的《信心銘》、蕭伯納的劇本到阿博都•巴哈，講的都是同一個道理。在這裡我們不需要更多的語言，需要的只是閉上眼睛靜靜去想。

---

*阿博都•巴哈是巴哈伊教創始人巴哈歐拉之子，也是他的繼承人。

信仰的作用

統攝精神的最高力量就是信仰

《論語》裡子貢問孔子，如果治理一個國家，需要三樣東西，你說是哪三樣？孔子排了一個順序，說：第一個是糧食，要有飯吃；第二要有軍隊；第三要有信仰。子貢就問，不能有三樣東西，只要兩樣呢？孔子說，那就要有糧食和信仰。子貢又接著問，這兩個只選一個呢？孔子說，那就選信仰，沒有糧食沒有關係，沒有信仰什麼東西都談不上。

人類最充沛的幸福感是來自精神狀態的，統攝精神的最高力量就是信仰。我們需要信仰的支援，才能使我們的精神不動搖地維繫我們的理想世界。有了理想世界，我們才能安於有缺陷的現實生活，因爲現實生活中的缺陷，正是理想者的工作要點。好多人在青少年時期，透過思考和閱讀就明白了理想的重要，但是在後來的生活中，卻漸漸忘記了理想，失去了信仰。忘記理想的重要原因，是他們認爲理想世界太遠了，自己有生之年是不能實現了，失望之情漸漸壓過青春熱血。也許就有那麼一天，你突然就放棄了，一屁股坐下，正好坐在耽於物質享受的沙發上。

理想之所以被稱爲理想，就是永遠不能變成現實的未來，我何苦要去徒勞拚搏呢——這是很多物質享樂主義者的想法。聽起來是符合邏輯的，但是他們對理想的設定是錯誤的。因爲理想其實不是遙遠的東西，理想就是你自己心靈的一部分，你帶著理想活著，理想就在你的生活裡。

在生活中實踐理想

在我看來，理想就是你想讓生活變得美好的願望。那是一步一步逐次去做，從自己的日常生活開始的。也許你的理想並不是一個系統的、宏大的、烏托邦式那樣的東西，但你每天的行爲都帶來這個世界正在變好的感覺。如果你的理想成爲你日常行爲的基本動機，每天都有效果，你怎麼會遺忘它和背棄它呢？有遠大理想，但具備務實的行爲能力的人，我稱之爲務實的理想主義者，這是我最敬佩的人，也是我多年來希望達到的境界。我希望從小事做起，有耐心；我的手會帶電，我做的每一件事，哪怕它再小，都會因被注入了理想而熠熠生輝。

務實的理想主義者，也許一直堅持做著一個小心翼翼的改良者，並從中獲得持久的樂趣。那種狂飆式的、激進的理想主義者，企圖一舉推翻現存世界，馬上實現其系統的、宏大的、烏托邦式社會，其代價也許是大規模的流血和死亡。歷史中有很多案例證明，眞正持久有效的並不是狂飆式的革命，而是緩慢細緻地從各方面進行著的改良活動。看看我們今天的生活，短短二十年，發生了翻天覆地的變化，正是億萬默默無聞的改良活動彙聚成的偉大成果。

我相信在自然狀態下，人都是善良的，尋求幸福快樂是人生而俱有的動機。最自然的人，就是最好的人。從這個前提去看，理想世界並不是改造自然的人，讓他們去適應什麼觀念，而恰恰相反，應該去解決那些扭曲人的種種問題，恢復到自然狀態。如果我們認爲所有人都自然了，都幸福快樂了，就是理想世界了，那麼它的確並非在遙遠的未來，而是被扭曲和被遮蔽在現實中了。所以我們更應該像一個礦工一樣爲執著於現實，挖開渣滓，淘出金礦。

「本來無一物，何處惹塵埃？」腳踏實地解決問題比空懷理想坐著不動重要。我天天工作，汗流滿面，精神和體力的充實都相得益彰。生活到了妙處，猶如瑜伽的身心合一，這是在行動中的幸福，是我們幸福感的最大來源。

科學與宗教，是鳥的雙翼

兩者要平衡發展才能達到和諧

唯有走在尋求眞理的道路上，人才有確定感。

在探求眞理的道路上，我們每個人只能獨行，任何的盲從最後只能變成毫無意義的起鬨，這不是探求眞理的態度。眞理只有一個，只要我們有科學的態度和精神，無論你是從哪條路上走來，最後一定會走到一起，相聚在眞理的腳下。

在通往眞理的道路上，最大的障礙就是總認爲自己的觀點是對的，而別人的觀點全是錯的。比這更可怕的是情緒失去控制，失去了理智，最終將無法在探求眞理的道路上向前邁進一步。在日常生活中，我們許多錯誤的言行都是在失去理智的情況下產生的，這種情緒失控、失去理智的行爲，甚至可能給我們帶來終身的後悔。

世界上，任何事情的眞相只有一個，眞理也只有一個，無論我們用什麼樣的方式去探討，只要本著眞正探求眞理的精神，最後都會殊途同歸。找到唯一的眞理，找到眞相，達成一致和統一，沒有眞相就沒有和諧。

目前，世界上發生的各種各樣的衝突、不和諧，甚至戰爭，根源都是大家都認爲自己的方式和走的路是對的，別人的方式是錯的，由此產生了分歧和衝突。這樣的結果，只能使人離眞理越來越遠。據我所知，現在世界上存在兩種很大的分歧，一是科學和宗教之間的分歧；二是宗教各個派別之間的分歧和衝突。後者給這個社會帶來的危害更大。

追求眞理，科學用「發現」，宗教用「啓示」

科學的目的是探求事物的眞相，發現事物之間的規律，發現眞理。科學採用「發現」的方式，透過發現各個事物之間的規律來達到接近眞理的目的。而宗教信仰是用「啓示」的方式。如果只承認用「發現」的科學方式探求出的眞理，而不承認用「啓示」的宗教方式得出的眞理，人們一定會陷入沒有信仰、失去方向的極端物質主義的泥潭。世界上有許多現象是科學的方式難以解釋的，例如，「愛」、「快樂」，無論用什麼樣的科學公式和定理都很難表達清楚，但它確確實實存在，存在於我們每個人的心裡，每個人時刻都可以強烈地感受到它對我們的影響。所以我們不得不相信，除了科學之外，還有一些我們目前還不能完全理解的事物存在，而信仰能幫助我們從另一個角度理解和接近我們所處的世界。

但是宗教一旦陷入迷信就會變成不尊重科學、排斥科學的幻想，甚至成爲裝神弄鬼的鬧劇。如果承認眞理只有一個的話，那我相信，這個眞理不可能在宗教上是正確的而在科學上卻是錯誤的，反過來也一樣。有位聖人叫阿博都•巴哈，他說了下面一段話，非常明確地說明了科學和宗教信仰之間的關係：

「如果宗教的信仰和觀點與科學的標準是相對立的，那它就只是迷信和幻想，因爲知識的對立面是無知，而無知導致迷信。毫無疑問，正確的宗教和科學是一致的，如果發現某個問題與眞理相牴觸，我們就不能相信和信仰它，除了使人迷惑和動搖之外，它是不會有任何結果的。」

任何一方偏廢，都會造成迷信

用科學和宗教兩個不同的方式來理解世界，會更接近眞理和我們的內心。如果我們只注重用科學的方式去探求眞理，就會忽略自己內心的感受，把大量的精力和時間用於觀察外面的世界，向外看；如果只用啓示的方式探求眞理，整天冥想、靜坐、祈禱，只注重自己內心的感受以及神奇力量給自己的啓示，就會忽略了身外的存在和變化。科學和宗教信仰是一輛車子的兩個輪子，是一隻鳥的兩個翅膀，任何一方面都不能偏廢，兩者要平衡發展才能達到和諧。近百年科學技術的發展突飛猛進，日新月異，這樣的情況下，人們更應該有堅定的信仰，用更高的道德標準去約束自己。我們不可以忽視信仰這種神奇的力量對我們進步的影響。

前幾天，我與國家宗教局的領導見面，請教中國目前宗教的現狀。她告訴我一個故事，讓我非常吃驚。她說，在《聖經》中有一段亞伯拉罕殺子祭上帝的傳說。在中國河南的農村有一位農民眞的把自己的兒子殺了，要祭上帝。這完全是出自迷信和愚昧的行爲，是在信仰眞空的狀態下出現的悲劇。也有人見山拜山，見水拜水，敬拜越來越多的形式和禮儀，而忽視了對神聖事物本質的理解和對眞理的探求。

目前，在探求眞理的道路上，我們更多的是採用科學的方式，對信仰啓示的方式關注得遠遠不夠，有一些啓示的方式還是兩千年前留下來最原始的方式。人的思想和精神狀態在進步，探求眞理的方式也應該隨著進步，兩千年前的方式一定不適應現代人的思想和生活了。

破除科學的迷信

科學本是理性思維破除教條的先鋒，尋求無窮宇宙之謎的利器，卻也有可能成爲新的迷信

在我們的知識分類並未明晰的時候，絕大多數知識，包括哲學、藝術、科學等等，都包含在宗教體系裡。那時候寺廟和教堂，就是唯一的學校；傳道者就是啓蒙者，既傳播著上帝的知識，傳播著愛的學問，也傳播醫學與生產知識。然而，所有的知識都只有一個核心，就是回答人爲什麼是人的問題。

人爲什麼是人？與神有什麼關係？與動物有什麼不同？千百年來，無數聖賢反覆討論，終於從人有靈性、有接近偉大進步的創造力、有謀求大多數人幸福的愛心、有理性的決斷力和情感的驅動力等各個方面，設定了我們之所以成爲人的定義。實際上我們所獲得的最終信仰，就是一個關於人類自身的定義。在這個偉大的、終極的信仰裡，我們是什麼，得到了回答；我從哪裡來，到哪裡去，得到了解釋。我們不再迷茫，我們有了明確的人生，這時候我們才能安心面對生活，才可能去擁有幸福。

但是我們經常忘記了信仰的本質，陷入了迷信。我們可能迷信教規，成爲教條主義者；我們可能迷信偶像，成爲偶像崇拜者。科學本來是迄今爲止最具理性思維的範疇，是破除教條的先鋒，

尋求無窮宇宙之謎的利器，卻也有可能成爲新的迷信。迷信有傳統的，也有現代的，本質上都是人們在信仰的道路上誤入了歧途，讓自己變得迷茫無知、瞞心昧己。其實，眞理只有一個，無論我們是透過信仰的道路，還是透過科學的道路，只要方向是正確的，我們總會在眞理的面前相聚。但如果方向出了問題，無論我們在科學的道路上，還是在信仰的道路上，都不可能認識到眞理，也不可能到達眞理的面前。信仰和科學從本質上來說都是在追求眞理，兩者不應該是矛盾的。如果它們之間有了矛盾，那一定是一方有錯，甚至兩者在方向上都出現了錯誤，走入了迷信。所以說，在信仰的道路上誤入歧途會產生迷信，在科學的道路上誤入歧途也會產生迷信，而探求眞理的過程實際上就是我們每一個人不斷破除迷信的過程。

我們這一代人受科學的影響比受信仰的影響更大，有時片面地強調科學的力量，也會給我們帶來迷信。這種迷信比信仰帶來的迷信更多，危害也更大。其表現就好像瞎子摸象一樣，只瞭解、承認自己已經知道的東西、有限的東西，對未知的領域、無限的東西缺乏認識，也缺乏敬畏和探索的態度。這樣的態度本身也是違反科學的。

一嘯開天地

三維空間中的我們，很難理解三維空間以外的事物

余秋雨在〈遙遠的絕響〉這篇文章中寫了一個情節，這個情節我讀後許多年都不能忘記，隨著時間的流逝，它在頭腦中的畫面卻越來越清晰。

〈遙遠的絕響〉是寫「竹林七賢」的，這裡的「絕響」應該是指嵇康彈奏的《廣陵散》，但我想在這裡說的是阮籍去拜見孫登大師的過程。

阮籍上山後，向孫登大師詢問了一系列重大的歷史和哲學問題，但孫登大師卻一動不動，一言不發，連眼珠都不動一下。面對大師這樣的表情，阮籍突然覺得他所認爲的那些重大問題是多麼沒有意義。於是他就用吹口哨的方式吹了一段樂曲。當時，這種吹口哨的方式叫「嘯」，它沒有內容，沒有固定的旋律，就是隨心所欲吹奏一番，吹完之後他發現孫登大師正注視著他，笑眯眯地說：「再來一遍。」於是，阮籍對著蘇門山又吹了一遍。回頭再看，孫登大師又回到了原來安靜的狀態。最後，阮籍有些高興、也有些茫然地下山了。走到半山腰，突然奇蹟發生了，一種難以想像的奇妙音樂充滿了山谷，如天月開奏——這正是孫登大師的「嘯」聲。它如此輝煌和聖潔，回答了阮籍全部歷史和哲學的重大問題，比任何語言都更能感染人，更能穿透人的內心。阮籍仰

頭聆聽，直到音樂結束。可見音樂是古人的一種表達和交流方式。

最近看到一種說法稱，宇宙的形成和音樂有關。宇宙從哪裡來？要到哪裡去？我們從哪裡來？要到哪裡去？只有知道來處，才有可能知道去處，這是千年的詰問。宇宙是大爆炸形成的，這似乎已成爲科學界的公論——六百多億年前的大爆炸形成了今天的宇宙。那大爆炸之前是什麼呢？據說是一「奇點」，也叫「懸點」。這個奇點又是什麼呢？有人說是一高能量體。前幾天看了一份資料，有位科學家推測說，奇點是一段波，一段音樂，這就是說，是音樂創造了宇宙。當然，這個浪漫的說法是否能解釋宇宙的千古疑題，還有待科學家們去探討。

我還看到一則消息，據說科學已證明，我們生活的世界至少有九維空間。二維空間中的生物是無法理解三維空間的，三維空間中的我們也很難理解三維空間以外的任何事物，九維空間的「嘯」聲、音樂、話語到了三維空間一切都成爲可能。

這也包括宇宙的創造嗎？

精神享受的真實樂趣

無論哪一種精神活動，開始的第一步都是要令自己從糾纏於物質的工作中解脱出來，獲得放鬆

幾十年來，大批優秀的科學家、工程師，也包括優秀的商人，掌握了物質世界的規律，發明了高效工作的工具和方法，創造了物質財富。這幾十年來物質財富的積累已經到了非常驚人的程度，等於過去上千年財富的總和。

但我們的精神進步卻十分緩慢。偉大科學家層出不窮，偉大哲學家少之又少；科學的進步日新月異，宗教和意識形態卻墨守成規，仍然充斥著迷信、愚昧，甚至黑白顚倒。也有人發出呼籲，但這呼籲還被大家看成是虛的東西，沒有用的東西，因而也得不到多少回應。

從個人的人生軌跡來看，多數人都表現爲從追求物質到走向追求精神享受的過程。你大學畢業，最需要的是物質基礎，因此你努力賺錢，以此實現經濟獨立，提高生活水準。滿足生存之需，是人生的第一緊迫之事。從求生存的第一個行爲開始，你就有被迫之感。一個人因爲肚子餓而吃到一碗飯，這碗飯解決了問題，也可以認爲這碗飯給了人幸福。但這碗飯的幸福感並不充沛，因爲一碗飯能滿足的僅僅是腸胃快感而已。人們意識到自己需要更高層次的幸福，而更高層次的幸

福需要從精神需求的滿足中獲得。

擁有一定的物質財富，感覺自己餓不死，生病也能去醫院看，日常生活可以保持一定的水準，這能夠給人安全感，但安全感僅僅是人類精神需求的一個較低層面。在日常生活中我們看到，發薪水的時候大家是快樂的，但這時的快樂卻沒有花錢的快樂多。購物、吃喝，或者頗有創意地爲自己買一個小禮物，都是很快樂的。從物質財富的使用中去開發快樂，尋找更高層面的精神享受，也許是一個很好的途徑。

更多的人開始閱讀，開始旅行，開始欣賞藝術作品。無論哪一種精神活動，開始的第一步都是要令自己從糾纏於物質的工作中解脫出來，獲得放鬆。因爲有了這個放鬆，所以有一種閒適感。相對於日常工作的「正事」，所有的精神追求活動都是閒適的。正是因爲這種閒適，這種閒適的自由感，令精神追求的活動一開始就獲得一種幸福。

精神享受絕不同於物質享受，因爲物質享受會受限於物質本身的數量、品質，而且一味追求物質享受會進入無底泥潭，是很累人的事。說到底，物質是速朽的，帶給人的快樂是短暫的；而精神享受是無窮的，人對眞善美的欣賞和追求帶給人的愉悅是無止境的。精神享受的無窮性來自於內心無限的潛力，那種來自內心的啓發，會帶給人更多光明、更多喜悅。這正是精神享受的眞實樂趣。

需要靈魂的理由

靈魂能減少人們對死亡的恐懼，給人們在世時完善道德、確定歷史使命以堅強的理由

靈魂存在嗎？這是個問題。

在我的記憶中，最大的恐懼是對死亡的恐懼，我思考過的最大問題，可能也是生死的問題。現在的小孩不想生死的問題，他們天眞爛漫，非常幸福，可我小時候經常看到死亡在身邊發生。我小學二年級的時候，班上有三十多個同學，上到小學五年級時班上就只有十三個同學了。消失的那些同學，其中一半是女孩子，家裡不給上學了，另一半同學是因爲饑餓、營養不良或生病而死去了。

那時候我很小，便試圖去想生死的問題，但我沒有能力想清楚，僅僅在想一個因爲恐懼死亡而產生的問題：我怎麼才能不死？再後來長大了一些，我不再想不死的問題，開始想：我怎麼能夠不怕死？終於有一天，我認爲人是有靈魂的，因爲相信有靈魂後就不怕死了。

人對死亡的理解是其世界觀的一部分，就像我們對理想的看法影響我們在現實生活中的做法一樣，不同的人對死亡的理解決定了他在活著時候的生活方式，決定了他的世界觀。靈魂，就是我們對永恆生命的一種闡釋。如果認爲我們沒有靈魂，僅僅是一個肉體的生命，嚥氣了就死了，

過段時間就風化了，什麼都沒有了，這樣的觀念容易造就及時行樂、不管後代、沒有歷史責任感的人。我還是寧願相信人死後有靈魂，這樣可以令我在生前不畏懼死亡，令我生活得更加謹慎。

什麼是靈魂？我想拿一個佛經上的故事來闡釋。我記得十五年前，我與朋友易小迪一起背誦佛經。背誦到《楞嚴經》時，發現有這樣一段描述：佛的弟子阿難心中煩躁不安，便請佛祖安一安他的心。佛祖說，把你的心拿出來，我給你安。阿難說，心在我的身體裡，拿不出來。佛又追問，心既然在你的身體裡，你爲什麼能夠看到院子裡的竹子？阿難馬上回答，那我的心就在院子裡。佛祖又問，心在院子裡你又爲什麼能看到屋子裡的我？阿難回答，我的心在房間了。佛祖一直追問了六個問題，阿難最後終於明白了。但是阿難到底明白了什麼，我卻沒有看懂，於是請教易小迪，他說他也沒有看懂。我們倆誰也不知道阿難到底明白了什麼。很多年以後，我恍然大悟，佛與阿難對話中的「心」，也就是我們常說的靈魂。靈魂是精神世界的東西，用物質世界的語言無法準確描述。

靈魂的存在，受到一些人質疑，還因爲目前的科學技術無法獲取可信的證據。如果我們迷信目前的科學，將眼下科學的成果當作唯一眞理，當然會認爲沒有靈魂。可是科學本身也還沒有到終點，越偉大的科學家面臨的未知領域就越大。愛因斯坦，最偉大的物理學家，他也相信上帝存在。要在未知領域保持自己的敬畏之心，這敬畏之心，也許是探求眞理的最好方式。

相信有靈魂後就不怕死了

其實所有人，從其內心都是隱隱約約相信人死後是有靈魂的，就算是一個徹底的馬克思主義者，還說自己死後是去見馬克思了，這不還是有靈魂嗎？這種隱隱約約的相信，其實是很厲害的。人心裡面有些直覺，有些本能，超越知識、財富，在很隱密的地方控制著人的心靈，而且會在生死關頭冒出來。像魯迅小說中的祥林嫂，拄著拐杖要飯，第二天要死了，臨死前她的重大問題就冒出來了。於是，她問魯迅：「你見過大世面，我就問一個問題，人死了有沒有靈魂？」魯迅一看祥林嫂的臉色不對，就想了半天說：「可能沒有吧。」再一想又覺得不對，其實他也沒想明白，就說：「有，可能有。」

這個問題不是祥林嫂一個人提的問題。自從有人類以來，幾千年幾萬年的時間裡，人類一直在追問。追問之餘，寧信其有。從不同民族的葬禮文化中來看，大家都認爲是有靈魂的。有些葬禮儀式就說明人們相信靈魂在軀體裡，靈魂離開身體，還對身體有記憶，所以人死亡後要保留屍體一段時間，因爲靈魂憑藉記憶會不斷地來回訪。有的時候我覺得，人們經常說保留記憶，要懷舊，舊家具、古代的四合院都要保留下來，但是人死了以後好歹也是一個文物，爲什麼馬上就拉去燒了呢？

換一個角度來看，人們之所以對靈魂不厭其煩地討論、爭辯，也說明它在我們的精神世界裡有著不可忽略的存在價值。哲學家維根斯坦認爲：對於人來說，語言即世界，說得出來的就是存在的。眞實分爲兩種，一種是客觀世界的眞實，那是用科學觀察做依據的；另一種是精神世界的眞實，那是用信仰、藝術的力量建立起來的。靈魂的眞實就屬於後一種，它對人類非常重要，沒有它，人就等於動物。

我想，不管怎樣，人們都是需要靈魂的。因爲靈魂能減少人們對死亡的恐懼，給人們在世時完善道德、確定歷史使命以堅強的理由。

靈魂是人類文化的結晶，我們不能簡單粗暴地利用某一階段的科學論斷，就把它輕易地拋棄了。

明鏡內外

不同宗教信仰中一些共同的東西

鏡子是宗教講授中使用最多的一件教學用具。許多大師在講解和傳播宗教信仰的道理時總是離不開鏡子，也正是透過這件教學用具，我們可以發現各種不同宗教信仰中一些共同的東西。

在禪宗中，五祖弘忍的大弟子神秀就把心——自己的靈魂——比喻成鏡子，寫下了那首「身是菩提樹，心如明鏡台，時時勤拂拭，勿使惹塵埃」的禪詩，表達了自己對靈魂、軀體和品德之間關係的看法。幾百年之後，阿博都•巴哈在《已答之問題》這本書中，用現代人的語言講述了與神秀所領悟的一樣的道理。他說：「靈永遠不會進入軀體，同樣不會離開軀體，它不需要一個棲息之所。靈是與軀體聯繫在一起，正如光與鏡子一般。當鏡子潔淨完整，燈的光就清晰可見了；反之，鏡子蓋滿灰塵，或有了破損，那光便不見了。」阿博都•巴哈在這裡講的「靈」就是我們所講的靈魂。靈屬於精神世界，而軀體屬於物質世界。太陽的光照在鏡子上，不能說太陽掉到鏡子裡了。否則，我們就要犯猴子在水中撈月亮的錯誤了。

挑戰神秀的六祖慧能也寫過一首偈語：「菩提本無樹，明鏡亦非台，本來無一物，何處惹塵埃？」他借用了神秀的鏡子比喻，講的卻是另外一個問題，另外一個世界，與物質世界無關的精神世界，一個禪宗裡徹底「無我」的境界。無論是神秀、慧能，還是阿博都．巴哈，他們都非常智慧地說出了靈魂最本質的特徵，這些都是他們沉思之後的比喻。

諾貝爾文學獎得主高行健寫了一個劇本《六月雪》，用現代的方式重現了五祖弘忍與六祖慧能之間的禪門公案。他把禪比作是六月雪，在寒冷的高空是雪花，但六月的雪花落到了地面，雪就不見了，變成了水。水在不同的溫度下，它的狀態是完全不同的，有時是液體，流動、低下；有時是固體，晶瑩剔透；有時是氣體……但本質上是同一東西，只是外在形式發生了變化。同樣，禪在不同的環境中表現方式也是不同的。不過，高行健《六月雪》的劇本與原來的傳說略有不同的是：慧能帶走了五祖的衣缽，神秀帶兵追上了慧能，後來神秀與慧能進行了一場辯論，神秀輸了，最後在智慧面前低了頭，放慧能帶著衣缽走了。《六月雪》的劇本也是透過神秀與慧能的這場辯論，進一步說明了作者對禪的理解。

《大學》一書中第一句就說：「大學之道，在明明德。」也就是說，教育的道理和方法是擦亮自己心中的鏡子，第一個「明」是動詞，第二個「明」是形容詞。這與柏拉圖所說的教育之道是完全吻合的。柏拉圖說人死了之後，靈魂就上天了，在上天獲得了所有的知識和美德，過一段時間靈魂重回到人間，把這些東西都忘了，所以教育的目的就是啓發它，喚醒它，把它在上天獲得的知識和美德重現出來。這與孔子的「明明德」是同樣的道理，就是要擦亮自己靈魂這面鏡子。

佛教的創始人釋迦牟尼覺悟後，教導他的兒子羅睺羅時就運用了鏡子（佛法之鏡）給他做比喻和想像。哪個是眞實的世界？哪個是投影在鏡子中虛幻的世界？這成了多少年來人們思考和追問的根本問題，有些比喻不一定確切，但也反映出人們的探索精神和對未知世界的好奇。

寫到這裡，我又翻看了一本許多年前購買的周國平的《靈魂只能獨行》。今天重讀這本書，又與幾年前看時的感受完全不同。書中有這樣一段話：「在這個世界上，有的人信神，有的人不信，由此而區分爲有神論者和無神論者，宗教徒和俗人。不過，這個區分並非很重要。還有一個比這重要得多的區分，便是有的人相信神聖，有的人不相信，人由此而分出了高尚和卑鄙。一個人可以不信神，但不可以不相信神聖。是否相信上帝、佛、眞主或別的什麼主宰宇宙的神秘力量，往往取決於個人所隸屬的民族傳統、文化背景和個人的特殊經歷，甚至取決於個人的某種神秘體驗，這是勉強不得的。一個沒有這些宗教信仰的人，仍然可能是一個善良的人。然而，倘若不相信人世間有任何神聖價値，百無禁忌，爲所欲爲，這樣的人就與禽獸無異了。」

我也借用許多聖人們反覆教導我們時應用過的這個「鏡子」比喻來提醒自己：要時時把自己的心靈擦亮、擦乾淨，只有這樣才能認識到神聖，神聖的陽光才能照到我們的心上，照到我們的靈魂上，我們的心才能獲得溫暖，我們才能獲得愛和正義的品德。

祈禱的精神

地裡不種莊稼，雜草一定會長起來。祈禱具有某種形式，但比形式更重要的是祈禱的精神

這些年寺廟道觀的香火之旺，與十多年前相比，簡直有天壤之別。去有寺廟的地方旅行，感受信仰的力量與大自然的寧靜，也是一種精神享受。二〇〇五年我去了趟五台山，看到很多人的表現，對精神追求有些許感悟。

我看到，有一種人崇拜跪拜的功效。他們一進到五台山縣境內就開始跪拜，一路跪拜到山上。這種探求的精神、虔誠的精神可能在當今其他任何一個國家和民族中都看不到。但是，我發現這些人什麼都跪拜，甚至跪拜毛主席當年睡過的床、江青睡過的床，乃至林彪睡過的床。見到什麼就跪拜什麼，這就是迷信了。迷信，違背信仰給人的初衷，反而成爲痛苦的根源。你迷信燒香拜財神後就會發財，結果發不了，你會失望，感覺受到欺騙。但是你跪拜過的財神爺，一個泥菩薩，什麼時候給過你承諾呢？它一句話沒說過，你覺得受了欺騙是因爲你對它有著錯誤的定位。這就是迷信造成的後果。但迷信產生的原因，歸根到柢還是他們沒有「放鬆」。本來到山裡旅行，就應該暫時丟開工作，獲得閒適或者精神甦醒的快樂，但他們沒有丟開。在城裡忙著發財，到山裡則忙著找偶像保佑自己發財，這樣的人，永遠也不可能有精神享受。

在沒有眞正信仰的社會中是很容易產生迷信的，就像地裡不種莊稼，雜草一定會長起來一樣，信仰也是需要引導的，沒有正確的方向，就會誤入歧途。祈禱具有某種物質形式，但比這形式更重要的是祈禱的精神。我們唯有透過祈禱的精神，才能與造物主的偉大精神相接觸。

在五台山，除了迷信於跪拜的人，還有一種人看起來很不「嚴肅」。他們不跪拜，或者只是玩樂一樣地跪拜。他們本身已經破除了迷信，認爲社會制度日趨完善，給人越來越多發財致富的機會，自己的生存品質可以控制在自己手裡，只要你努力，就能發財。這些人去寺廟，最多就是捐個錢，獲得快樂。爲什麼去寺廟捐錢人們會快樂呢？因爲在我們的傳統思想中，朝寺廟捐錢具有供養菩薩的含義。他們大概覺得透過這種有意義的花錢方法也可以獲得快樂。

最值得注意的是，現在有很多人帶著都市生活裡的困惑去求教高僧。許多白領、知識階層，經濟收入和文化水準都很高，卻經常去找寺廟的高僧，幾乎把高僧們當成了心理醫生。

靜坐之道

祈禱是在與上蒼通電話的撥號，靜默是與上蒼眞正的通話

現在，人類已進入資訊時代，無處不在的資訊就如洪水決堤，令人頭暈目眩。資訊太多，不少人爲了避免自己發佈的資訊被其他資訊淹沒，便執著於標題，執著於資訊的表達形式。無數聲音喧嘩、外表新奇卻毫無眞正知識的資訊令人煩惱，有時，你會需要一把《數位革命》中的「鉛傘」，暫時關閉資訊通道，把這些喧嘩擋在身外。

我找到的鉛傘，就是靜坐，什麼都不要想。

從古到今，進入寂靜的方式有許多種：靜默、瑜伽、禪定等等，都是要把自己的大腦清空，放下大腦中固有思維帶來的負擔，讓人的身心得到休息。這時新的智慧和靈感就會出現，正如梁實秋說的「悟到了自己的渺小，這渺小的感覺就是意識到自己存在的明證」。現在很多人去寺廟，並非是爲了祈福，而是爲了感受寺廟中的肅穆，在靜穆中，如梁實秋所說，的確會「突然頓有所悟，悟到永恆，悟到自我的渺小，悟到四大皆空的境界」。

不久前，與一個朋友聊天，他是位登山愛好者，他說他在登山的過程中，大口喘著氣，吐著舌頭，那模樣就像三伏天的狗，那時他什麼都不想了，天天盤旋在大腦中的問題都暫時不存在了。

這也許就是登山愛好者追求的一種寂靜。

如何才能在日常中進入這種寂靜的幸福狀態？有人說，睡覺就可以了，其實也不一定。有人睡覺後也安靜不了，夢一個接著一個，頭腦中還是翻江倒海地想問題，無法進入寂靜的狀態。睡覺不一定有效，但是躺下，放鬆自己的身體，將肢體中的疲勞記憶釋放出來，應該是能夠幫助入靜的。很多時候我們的腦海翻騰，是肢體的某個緊張記憶在作怪，已經有人在這方面做過科學研究了。一個在電腦面前坐了很久的人，頸椎會記下那種長期繃緊著的感覺，這種感覺會直接讓你的大腦得不到休息。

我個人的經驗是，要進入這種寂靜狀態，最好的辦法是找到放鬆的姿勢，反覆祈禱，尤其是重複地誦讀禱文。簡單的禱文會讓人進入一種與目前世俗世界相隔離的狀態，這種狀態可能就是平時說的「遮罩」狀態——大腦休息了，用心去感受。有時祈禱時頭腦中想的事情太多，常常放不下，心猿意馬，六神無主，這就沒有進入祈禱的狀態，也常常因爲不能進入祈禱的狀態而沮喪，而越沮喪就越進入不了那種寂靜的狀態。還有一種情形就是身體太疲憊了，重複地朗讀祈禱文，慢慢進入了一種昏昏欲睡的狀態，這種情況也是不好的，也不是眞正寂靜的狀態。

有一位朋友告訴我，誦讀祈禱文的過程是在與上蒼通電話，誦讀是撥號。然後的靜默最關鍵，這才是與上蒼眞正的通話。每個人都有每個人的經驗，只有讓自己的心靈眞正進入安靜，才能體會到這種狀態的絕妙。這種狀態意味著什麼呢？梁實秋先生體會到了，他用很簡單的話語寫出了這種體會，幾十年來打動著多少人的心靈：「寂寞不是去深山裡尋找，在鬧市裡也可以找得到」，「跳出城市的桎梏與古人同遊」。

資訊社會，發展日新月異。在這樣的時代，人無疑需要智力的增長，但是，更加不能忽略的是精神和靈魂的成長。智力的增長一定是在學習和思考中逐步進行的，而精神和靈魂的成長一定是在冥想中進行的。資訊無孔不入，我們比任何時候都更需要在冥想中傾聽自己內心的聲音。

上帝是一種力量

上帝就是萬千世界背後推動創造、發展和進化的一種力量

人死後，靈魂去了哪裡，有各種說法，基督也好，釋迦牟尼也好，孔子也好，他們都明白了，可是用語言跟大家又說不清楚，所以他們老用比喻，說上天堂了。天堂挺好的，但上天堂的肯定不是肉體，而只能是靈魂。

人們最早對天堂的描述，好像並非太明顯地排斥肉體以及感官慾望。《聖經》中的伊甸園，並不是靈魂去的地方，而是活人被趕出來的地方。那兒充斥著水果、蜜糖等等，完全是滿足感官慾望的最豐盛之地。亞當、夏娃偷吃了不該吃的蘋果，知道了羞恥，破除了天眞，犯了原罪，被趕出來了。而《古蘭經》則描述得比任何宗教更加具體，說好人死後，周圍有很多漂亮天使托著你，慢慢托到天堂。天堂就像花園，就像五星級旅館，帶給人的滿足是活著的人的最大夢想。

天堂其實是人類對幸福的最高想像，因爲它太完美了，所以在現實世界裡是不存在的，活人去不了，只能死後去。這是我的一個想法，但我還有另外一個想法。

有時候，我覺得天堂其實就在我們身邊，離我們不遠，但我們不容易發現。英國有一本小說，寫生活在二維平面世界的人。這裡的人生活得很好，他們之中能力大的人是一個大圓，能力小的

是一個小圓，再能力小的是一個點。還有的人是另外的形狀，比如詩人是三角形，企業家是菱形的。各種各樣的人在生活中能區分得特別清楚，因爲一見到人的形狀就知道他是做什麼的。突然有一天，二維平面上來了一個點，剛開始這裡的人並不覺得奇怪，但這個點會變化，這就有些奇怪了。這個點越變越大，變到最大的時候又開始慢慢縮小，最後又縮小到一個點，消失了。二維平面的人永遠不知道，這個奇怪的現象是因爲他們的世界來了一個三維世界的球。球體接觸到二維平面，自然是慢慢變大再慢慢變小，當三維球體穿過二維平面，就消失了。二維世界的人永遠不理解三維世界的東西。我們就是生活在三維世界裡的人，可以去嘲笑二維世界的人，但是如果我們遇到比我們更高級的呢？我們能夠理解嗎？愛因斯坦發明了一個叫三維半的世界，現在科學家說還有多達九維的世界，《變形金剛》最厲害，說有一個二十七維的世界。

有時候消失不一定是眞的消失了，而是我們看不見了，無法理解了。人死後，意識消失了，靈魂到哪裡去了？說不定就在你旁邊，在另外一維裡了。

我們世界的背後，一定有比我們更高的主宰力量，否則我們的智慧從哪來的？醫學再發達，生產出來的假手也沒有一個婦女生出來的小孩的手那麼靈敏。還有我們的關懷、快樂、愛等等，這些東西怎麼來的？後面一定有一個創造這個東西的力量，而且這個力量是無處不在的。

保持敬畏之心

偉大的創造力量，人是永遠不能理解的，因爲你也是這偉大的創造力量所創造的。我們僅僅是上帝創造物的一部分，作爲被創造物，是不可能理解創造主的。就如同人製作了桌子，桌子永遠無法理解人的智慧一樣。高智慧的東西創造低智慧的東西，低智慧的東西無法理解高智慧的東西。但我們可以透過一些手段和方法去理解或接近理解它，如靜默、沉思就是理解這種創造力量的方法。也可以借助音樂、詩歌、文學藝術、建築藝術來理解這種創造力的一些特徵。

這個創造主的王國如此強大，即使你擁有一點錢或擁有一點權力，在這個王國中都是弱小的、不值得一提的。你是這個偉大創造者的作品，不要把自己搞亂了，要用敬畏之心安頓你自己。

什麼是上帝？上帝就是萬千世界背後推動創造、發展和進化的一種力量。幾乎所有的宗教都把上帝擬人化，把他描繪成大鬍子的老頭，與人的長相是一樣的。《聖經》中說，人們是愚鈍的，所以耶穌要用比喻來讓人明白道理。除了比喻，基督教、佛教還大量利用象徵，用「形象」之物，來傳達那些難以用語言表達的深奧教義。耶穌受難的形象，是我們的文化寶庫中最經典的造型，它感染力之大，無法估計。但利用形象之物傳達教義，有時候容易令人見山說山，陷入偶像崇拜的迷障，所以先知們又反覆要求人們透過表象看本質。佛教《金剛經》不停地勸諭人們不要執著於色相，就是因爲這個擔憂。

用擬人化、象徵和比喻的方式來宣揚教義，讓新入道的人更容易理解，這就如同幼兒讀物把風、樹、動物、植物都擬人化一樣，便於年幼的腦袋去理解。人們能夠感覺造物主的力量，但不能百分之百地理解它，更不用說去控制它了。我們尤其要小心自以爲能戰勝天地的人，在這種驕傲下，人類擁有了核子武器，並輕率地使用了它，令人類至今未從原子彈的毀滅性驚嚇中恢復過來。原子彈製造出來已經幾十年了，還是大麻煩，人們依然沒有找到妥善安置它的辦法。

對自己不瞭解的東西，我們持什麼樣的態度也是很重要的，最終是要有敬畏之心。在中國，我們習慣稱呼造物主爲「天」、「老天爺」，這種稱呼可能比西方其他具體化的稱呼更要接近和反映上帝的本質。上帝到底是誰？我們不會知道，因爲不可知是上帝的特徵之一。我們稱它爲「老天爺」，僅僅表達了我們應該有的敬畏。

完善自己的方向

完善自己有一個明確的方向，那就是向聖賢靠攏，聖賢就是靈魂不滅的標誌

我們通常會覺得聖賢離我們太遠，其實聖也好，賢也好，都是永恆精神的象徵。軀體死了，就沒有了，可是你的靈魂是不斷在進步的。如果你是一個特別快樂、慷慨、願意爲別人服務的人，你的靈魂的能力就會非常強大。如果你是一個非常邪惡的人，心裡有很多的陰暗面，你的能力就會比較弱。那些能力足夠強大的人，可以用精神力量改變許多人的命運，他們不會死，他們在每一個時代都發揮作用，他們就是聖賢。

如果你靈魂健康，不斷擁有善的力量，你就是一個聖人，一個賢人；如果你的靈魂有病，病還很大，是傳染病，你就是一個惡人、魔鬼。這種認識不僅僅在中國，在各個國家的文化中，都是共通的。世界各國對掌握權力和金錢的人都非常警惕，都覺得金錢和權力是一個人成爲聖賢的障礙。除卻金錢和權力，個人某些特有的優勢反倒成了一種負擔。有才華的人過早毀滅，漂亮姑娘嫁不出去，這些在世俗生活中容易成功的優勢反倒成爲負擔，所以有優勢的人尤其需要謙虛謹慎。

精神價值源於對靈魂的相信，我從心裡面相信人的靈魂是存在的。我認爲承認靈魂，瞭解靈

魂發展、成長的規律，就可能會更主動一點，一步步讓自己完善。完善自己有一個明確的方向，那就是向聖賢靠攏，聖賢就是靈魂不滅的標誌。

承認靈魂，瞭解靈魂發展、成長的規律，就可能一步步讓自己完善。（「朝外SOHO」的藝術玻璃。）

附錄：成長的回憶

Afterword: Reflections

爺爺

我的親爺爺在上個世紀五〇年代就去世了，我生於六〇年代，沒有見過我爺爺。但他對我們家庭影響很大。他帶給我們的第一個影響是要勤儉，第二個是無論如何都要上學，不管多麼困難的情況下也要讀書。我聽村子裡的人說，我爺爺在外面見到天水人就會送十塊大洋，可是他自己甚至從來沒有用過香皂洗臉。因爲香皂太貴，肥皂便宜，他對自己的生活要求非常嚴格。也因爲我爺爺，所以在以後歷次的政治運動中，老家周圍善良的人們總是在保護著我們的家人。在那個特別的年代，有許多人都死於非命，而我們家雖然經過歷次的政治運動，家庭出身又很不好，但卻沒有任何一個人死於非命。

我下文說的爺爺是我親爺爺的弟弟，我也叫他爺爺。一天爺爺被村裡的基幹民兵抓走了，去辦學習班，家裡人讓我去給爺爺送饃去。到了大隊部門口，民兵班長用槍口對著我，質問我幹什麼？我嚇哭了，但不敢哭出聲來，看到爺爺坐在一間黑屋子的地上。爺爺很慈祥地說：「是我孫子給我送饃來了。」我這才被放進去，見到爺爺就大聲哭了出來。這樣我的記憶裡最早有了「槍」、「基幹民兵」、「學習班」的概念。稍大一點，我問爸爸，爲什麼要把爺爺抓起來。爸爸說，縣委書記提出要貫徹「以糧爲綱」的政策，要把在地裡生長了幾十年，甚至上百年的樹都砍掉，你爺爺反對，就被抓起來了。小時候地裡的參天大樹從此再也不見了，但村裡糧食並不見多，反倒一年比一年少了，逃荒要飯，跑到陝西關中平原的人越來越增加。

爺爺在我上小學一年級時去世了，到今天我還不知道他叫什麼名字，打電話問父親，父親說：「你三爺名叫潘爾廉，字礪齋，逝世於一九六八年。他是餓死的，他死後，我們去他屋裡，發現已經沒有一點糧食了。」

奶奶

奶奶是外地人，解放後跟隨爺爺一起到了我們老家甘肅天水。爺爺五十年代就去世了，「地主婆」奶奶一個人在最艱難的時期，在最艱苦的地方，把父親、姑姑、叔叔們帶大，並讓他們都上了學。

在我的印象中，每次去開批鬥會，奶奶總是穿好衣服，梳好頭髮，像現在去參加 Party 一樣。平靜地去，平靜地回來。她回來後，媽媽總是不讓我鬧，好讓奶奶安靜一會。但奶奶見到我，仍是一樣的慈祥，一樣的開心，像什麼也沒有發生一樣。

村裡的人講，奶奶有許多金條和銀元，不知道埋在什麼地方了。我去問奶奶：你是不是有許多金條和銀元？她告訴我：「那東西沒有用，奶奶也沒有埋。這世上還有比那東西更珍貴的東西，你長大就知道了！」我當時並不懂奶奶說的話的意思，但相信奶奶對我講的是真的。我也一直在尋找比金條和銀元更珍貴的東西。一九九七年農曆乙亥年九月初二，已經患病不能講話的奶奶去世了，二叔給奶奶寫了一幅輓聯，上聯是「既辛亥革命呱呱誕生於中州大地」，下聯是「何乙亥振興悄悄離開了千里隴原」，橫批是「天高地厚」。

爸媽

我的媽媽非常善良，跟所有人關係都非常好。我的第一印象就是她一直生病，常躺在病床上。只要她稍微好點，到村子裡幹活，周圍的人就非常喜歡她，她有特別的感染力，能夠和其他人成爲知心的朋友。我們家平反以後就從天水搬到了清水，我媽媽也交了很多朋友，逢年過節我們家裡人多得不得了，都是她的好朋友，她在任何地方都可以跟周圍的人變成好朋友。最有意思的是，我十三四歲的時候，我媽媽病危住院了，死去活來好幾回，最後她還是好了起來。出院的時候，她竟和同一個病房的三個病人都成了好朋友，多少年還在往來。我媽媽非常善良，跟別人交朋友很快會贏得大家的信任，這是我媽媽的優點。

而我爸爸很勇敢。我記得我爸爸在村子裡常常跟別人打架、吵架。一是背景不好，經常有人欺負；二是他脾氣硬，任何事情都要跟別人說一說道理。有一次我們正在上學，突然好多學生都往外跑，原來有個叫牛牛的人放炮炸石頭，把頭上打了一個洞，人就昏迷過去了，流著血躺在那兒。牛牛的兒子也在學校裡，別人都跑去看了，他不去看。我爸就朝他罵了一頓，說你爸都快要死了，你還不去看，養你這個兒子幹什麼！罵了牛牛的兒子後，我爸找了幾個人把牛牛送到一個部隊醫院。但那個醫院不給床位，我爸一生氣就把桌上的瓶子都掃在了地上，指著桌子說這就是床位。他與醫生吵，吵完了又找領導。終於，醫生給了牛牛床位，牛牛被救活了，又活了好幾十年。

狼

我的家鄉在我的小時候，沒有給我安全感、舒適感，給我的只是貧困、饑餓、疾病。

我記得有一天晚上爸爸突然病了，肚子痛得不得了。村子裡沒有醫院，我爸就拿著油倒在背上，用一個碗在背上刮痧，刮得皮膚痛極了，一直流汗。隨後我的妹妹醒了，不停地哭。

大概是凌晨三四點時候，我爸叫我把叔叔叫過來。叔叔離我們家很近，只有兩三百米，就隔著五戶人家。但是就這兩三百米還有一段山路，去叔叔家就得順著山腰跑過去。山溝裡有狼，雖然沒有吃過小孩，卻經常把豬帶走。我很害怕。我媽給了我一根一人高的木棍，我爸說你往你叔叔家走的時候，一定要靠著懸崖走，崖的這邊可以保護著你。如果碰到狼，不會僅僅來一隻狼，肯定有很多隻，你也不要怕，就拿著棍子衝過去。

我咬著牙衝過山溝，沒有遇到狼。

我叔叔家的門是關著的，門口有一根鐵鏈子，我拚命搖那根鐵鏈子。我奶奶醒來了，說怎麼了？我說我爸病了，請我叔叔過去。我的聲音嘶啞尖利，現在我腦海裡還迴蕩著當時我自己的聲音。奶奶開門把我抱到炕上，我全身發軟，一點力氣也沒有了。奶奶說了一句話，我一直記著，她說，孩子別怕，不做虧心事，不怕鬼敲門。

教育

在我的記憶中，小時候常有運動。一個「批林批孔」運動，一個批判鄧小平運動，一會兒來一個。每來一個運動，村子裡就要寫標語，「批林要批孔，斬草要除根」等等。我叔叔覺得村子裡的標語寫得很難看，他對我說你要學會兩種字，一種是仿宋體的字，一種是黑體字。說完就給我一個板一支筆，要我天天練黑體字和宋體字。他說：你把這兩種字體寫好後，你天天寫批林批孔，批判鄧小平什麼的，比在田地裡面幹活要好一些。我叔叔對我的指導非常明確和具體，而我爸總是說一些大方向的東西。我的同班同學有個叫永生的，他家是地主，我家也是地主，我們班就我們兩個人是地主出身。有一次我爸在河裡掏石頭，突然永生爸爸順著我們門口的小河跑過來了。河邊有橋，他爲了快，沒有上橋，順著小河跑了過來。他跑到我爸爸跟前悄聲說：「四人幫打倒了。」我爸問眞的假的，他說眞的。於是我爸說這回我們孩子可就有希望了，否則我們地主出身，是永遠沒出頭之日的。我爸對我的影響，最大的一個是他的樂觀。再困難的時候，他都天天口裡唱著歌，走到哪就唱到哪。

放牛

我小時候在村子裡做得最多的事就是放牛，跟我的幾個同學，三四個小孩一起放牛。有一個同學是大隊支書的孩子，在我們之間有優越感，時常欺負我。只要他不欺負我的時候，我們三四個小孩在一起放牛都很高興。隊裡分給我放的是一條大黃牛，一隻曾經從懸崖掉下去、把一隻角給摔掉了、只剩一隻角的牛，性情特別溫和，平時我就騎著。飼養員給我們準備了一個大背簍，一把大鐮刀，一邊放牛，一邊割草。牛身體上有兩個三角，只有三角鼓起來才說明牛吃飽了。如果飼養員看到三角沒有鼓起來，這個牛你還得重新放去，不讓你回家！我開始放牛沒有經驗，怎麼餵三角也鼓不起來。我不敢回家，就一直餵一直餵，餵到牛不吃了，怎麼都不吃了。我沒辦法，只好回去。飼養員卻說這牛吃飽了！我說這三角不是沒鼓起來嘛。他說三角分兩邊，左邊是草肚子，右邊是水肚子，草肚子的三角已經鼓起來了，水肚子的卻沒有鼓起來，你帶牛到河裡喝水去吧。我又帶著我的牛去喝水，喝完水，牛身上的兩個三角都鼓起來了。

吃糖

那一年，在外地工作的遠房叔叔來到村裡，給我們每個小孩發了一塊糖。我在此前只是用舌頭舔過白砂糖，從沒有吃過一整塊糖，我們山村裡的供銷社也沒有供應過這稀罕的東西。哪知一不小心，也是沒有經驗，我把這塊糖吃到氣管裡去了。據大人說，當時我憋得全身發紫，再後來大人不知用什麼辦法取出了這塊糖。這一年對我很重要，如果這塊糖不能及時取出來，我現在的一切就都沒有了。糖果對鄉下的孩子是充滿誘惑的奢侈品，尤其是棒棒糖。我在四十歲之前從來沒有吃過棒棒糖。在我四十歲的那一年，兩個兒子要吃棒棒糖，我買了三根，給自己也買了一根，四十歲第一次吃棒棒糖，眞甜。

吃苦

我總結自己的性格，覺得主要是農村裡面鍛鍊出來的吃苦精神，忍耐力特別強。忍耐力不光是體力，還要能承受寂寞，承受一個人獨處。前幾年我們到政府一個部門辦一個手續，爲了讓人早點簽個字，我們的人站了好幾天，站得臉都綠了。我一看，要他們去車裡睡會兒覺。我就在走廊裡站著，頭頂上有攝影機，我想會不會有人在裡面看著我呢？就躲開攝影機，跑到樓梯間裡。那地方陰冷，沒有陽光，我心裡想這比小時候農村裡強多了。一站站了兩三個小時。後來有一個領導看我站著，也不好意思離開，陪著我聊天。再後來給我簽字的那個領導過來了，趕緊幫我辦了。他們說，你怎麼在那兒等著呢？我們已經按著最快的速度辦理了。我說沒事。人的忍耐力是有限的，如果沒有經過農村那一段經歷，我應該會比較脆弱。我記得上學的時候，每一次回到農村，分上一行地，就不斷地挖，重複地挖，一天兩天地去地裡挖。沒有任何趣味，也沒有人陪你聊天，你自己愛想什麼就想什麼，沒有事情想的時候就拚命地挖地。

中學生

我們這個鎮原來叫東泉公社。一般公社所在地是一個比較大的地方，可能地處平原的省份，公社所在地不是人們嚮往的地方，可是黃土高坡的人如果能到公社去趕上一次集就是特別大的事情，所以我們天天能在公社附近閒晃，就覺得已經是見過大世面了。公社附近的幾個大隊是看不起「鄉下人」的，他們說我們是鄉下人，是因爲我們離公社更遠，二三十里，語言講得跟他們不一樣，也沒有他們時髦。他們還有一個塑膠的鉛筆盒，我們這些孩子是從來沒有鉛筆盒的。背的書包也不一樣，他們是軍挎包，儘管劃破了，還是很時髦的。我們的書包都是花布做的，花布包跟軍挎包一比就覺得很小氣，很土氣。髮型也不一樣，我們的髮型都是一推推光了，他們都會留上一點什麼的，做個髮型。離公社比較近的地方，最好最時髦的東西就是戴頂軍帽。我們是永遠不可能戴軍帽的。比我們大一兩級的同學打架，多半是爲了搶軍帽。我那時就特別想要一頂軍帽，尤其是「的確良」*的軍帽。

《鋼鐵是怎樣煉成的》

少年時對我影響特別深的一本書，就是《鋼鐵是怎樣煉成的》*。從連環畫到書，不知道讀了多少遍了。我爸老批評我，說我怎麼不拿本別的書。我說沒有別的書，別的書也看不懂。這本書我讀了很多遍，裡面每一個細節、每一樣東西都記得特別清楚。讀完小說後就看連環畫，看保爾·柯察金的姿勢，非常嚮往。這本書是我們村子裡一個比我大幾歲的孩子先借給我爸看，我爸看完後我才看的。這本書的最後一部分沒有了，被村子裡一個人撕去捲煙了。

理想

十二三歲時，我的理想比較模糊，只是看到火車覺得很帥氣，想開火車，但覺得不可能。我

---

*滌綸纖維，俗稱「的確良」，是合成纖維的第一大品種，學名聚酯纖維，英文爲Dacron。

*蘇聯作家奧斯特洛夫斯基的小說，是共產主義世界最著名的教條小說，內容是關於一個無產階級工人，也就是小說主人翁保爾·柯察金努力奮鬥的勵志故事。

們學校對面是隴海線，那裡有一個很長的山洞，穿過山洞，火車就通到寶雞、西安那邊。我覺得一過寶雞、西安，就是另外一個世界。這個世界到底是什麼樣的，除了知道有個天安門之外，其餘的一概不知道。我這當一個火車司機的理想不是很堅定，因爲除了覺得開著火車很帥之外，別的沒什麼了。要說最熱烈地希望過的事情，讓我做夢都想的事情，就是當一個廚師，而且就在學校當一個廚師。我們學校裡最貴的菜一毛五，最便宜的五分錢，我常常是連五分錢的菜都吃不起，可是學校裡的廚師天天吃一毛五的菜，所以我覺得廚師是最好的職業。

死亡

小時候生活條件不好，在一起上小學的同學中有近三分之一的人因爲各種各樣的原因死了。我記得一個秋天，我在去上學的路上，突然有個同學叫我的名字，說：「你幫我請個假，我現在要到地裡面去拔一些穀子。」我問：「你幹什麼？」他說：「昨天晚上弟弟死了。」他說得很平淡，那時候做不起棺材，拿穀子稈把死的小孩包進去，然後就埋掉了。緊接著有好多同學死去，沒兩天就會發現少了一個，過幾天又少一個。

其中有一個是我堂弟，跟我的年齡差不多。出麻疹，可能是引起了併發性的肺炎，如果當時送到醫院去，吃點消炎藥，輸輸氧氣也就活過來了。但農村迷信，說鬼來了，在頭上面倒騰，等送到醫院，人已經死了。他叫克里，跟競選失敗的美國總統同一個名字；還有一個叫吳敬善。我記得一次放假的時候，我們學校有一把椅子，老師要他把椅子扛到辦公室去，結果他到了門口就在椅子上坐著。我問他怎麼不送進去，他說人要是能一輩子在椅子上坐著多好。一個假期之後，他就死了。他的死當時對我的觸動很大。

現在，別人對身邊的人生病可能並不緊張，但是直到現在，我只要家裡的小孩或是大人生病了我就特別緊張，可能這個與我小時候身邊不斷死人，尤其那些小小年紀就死去，這種體驗有很大的關係。

花內褲

我小時候最自卑的是自己的衣服土得不得了。當時我從心裡面覺得「的確良」做的衣服是最耐穿、最漂亮的衣服，洗了以後最容易乾，不起皺褶。可是我的衣服全是皺皺巴巴，是布的。印象最深刻的是褲子。有一個學期，整整一個學期，我就只有一條褲子穿。最後兩天，屁股後面磨得馬上就要破了。我天天摸一下最後剩下的幾根線，摸一下感覺是不是快破了。我老想著現在能不能湊合著從蘭州回家，如果回不去的話，我就沒褲子穿了。其實褲子破了不要緊，我最擔心的是，裡面的內褲是花布做的，露出來可怎麼辦！等我從蘭州回到家，褲子剛好破了。我有一個姑姑，曾經送給我奶奶一塊布。奶奶叫我媽媽用這塊布給我做了一條褲子，是深灰顏色的布，滌卡布，比的確良還好。這條滌卡褲子，我穿了兩年時間，從來沒有破過。

中專生

考上中專後，我就到蘭州上學了。在蘭州待了幾年時間，卻沒有一點印象留下。我覺得我在蘭州街上，從來沒有抬頭看過，只是把地面認清了。蘭州建築什麼樣，到底多高，什麼樣子的，我都沒印象。我就感覺在蘭州待過幾年，卻好像是沒有在蘭州生活過的樣子。我感覺這個城市跟我格格不入，他們說的、吃的、穿的都不一樣，說的話也是蘭州話。我記得我還去了一趟最大的公園——五泉山公園，叫了幾個同學一起步行去的。最有意思的是，那時比較時髦的人穿的褲子都是喇叭褲，男的帶著蛤蟆鏡，女的帶著墨鏡，一對一對的人從眼前走過，彷彿幻覺一樣。那時是上世紀七〇年代末，改革開放剛剛起來。城裡的事情我一點都不知道，我最關注的是「包產到戶」。我覺得唯一的出路就是包產到戶，剩下的都是瞎掰。我問過其他人，只要是問村子裡勤勞和善良的人都說一定要包產到戶，再不包產到戶，光會計、出納、保管、生產小隊隊長這四個人貪污你都受不了。可是我只要問到村子裡的懶漢和二流子，就說包產到戶不好。我問爲什麼不好，他們說像這麼大的山頭，原來村子裡的人在一起多熱鬧，現在包產到戶，一個小山頭一條一條的，到地裡幹活的時候都找不到人，連個說話的人都沒有，你說孤單不孤單。我記得問了好多人，反正我最後的結論是：只要善良的、正直的、愛幹活的人都願意包產到戶，只要愛欺負別人的、既得利益者、懶鬼、二流子都不愛包產到戶。

辭職

一九八七年四月我從機關辭職下海。當時大學畢業後，分配在石油部管道局工作，這個局有四萬多人，光機關幹部就有一千多人。我辭職是因爲那是一個開放而令人激動的年代，國家領導人的言行，比如當時胡耀邦穿一身西服都能給人的觀念很大的衝擊。在這種衝擊下，我慢慢覺得，我在機關的工作完全是多餘的，沒用的。可能我們機關只有一個部門有用，就是輸油管理的調度室。我感覺到隨著發展，各種多餘的、不能給社會帶來價值的環節，遲早會被淘汰掉。

我辭職離開北京去深圳的時候，把自己所有家當變賣了，也只有八十多元人民幣，買去深圳的火車票，到深圳因爲沒有特區通行證，又花了十幾元找人帶路，鑽鐵絲網進了深圳。

在深圳的這段時間，現在回憶起來，可能是最不愉快的一段時間。當時我在一家諮詢公司工作。香港一些嚴重污染的工廠要遷往深圳、珠江三角洲，我們幫忙做一些前期工作。深圳天氣熱得不得了，語言也不通，還經常加班加點，感覺非常壓抑，剛下海心理也脆弱。沒下海前，在機關收入、福利待遇各方面相當不錯，天天在辦公室坐著，每月還有二十元的野外津貼！我剛下海時，幾乎所有人都勸我走回頭路，只有一個在伊拉克做過工程的朋友跟我說，計劃經濟沒出息，哪怕要飯也不要往回走，這是我下海後唯一支持我的人。

海南

一九八九年，我跟了老闆上海南。那時的海南，完全是個荒島的感覺。第一是沒電、黑燈瞎火的；第二是又髒又臭又亂。我記得第一天上島，安排在海灘邊上住，整個枕頭是濕乎乎的。第二天早上起來，和一個朋友沿著濱海路海邊往前走。當時的海南人就在海邊大便，那邊有人大便，這邊就在進行手錶交易，手錶販子把袖子一拉開，胳膊上各種各樣的手錶。我朋友挑中了一支，那賣錶的說不賣給你。我朋友說，爲什麼不賣給我？他說，沒錢你買什麼？說你的錢包已經給人偷走了。我們一看那小偷偷了錢包也不跑，就在那裡蹲著。我們追，他就跑，海南人跑得快，我們跑不動了，他也停下來，又在那裡蹲著。這是我對海南的第一個印象。

一九九〇年春節前後，海南颳了一次特別大的颱風，損失很大。海南經濟一困難，很多人沒有工作，就紛紛回去了。我老闆當時在那裡承包了一個磚廠，讓我當法人代表、廠長，帶著三百多個民工。那時所有的工程都停了，民工就在那裡餓著，他們是計件工資，沒人要磚，他們就一分錢也沒有。我那時年輕，責任心還強，就把自己的錢掏出來，讓民工買上一袋米，吃完了掏錢再買一袋。我是廠長，還有一台吉普車，這一段時間覺得天高皇帝遠的，雖然條件也艱苦，心情還比較愉快。

一九九〇年，大部分下海南的人都回到了內地，我一直在那裡堅持，一直堅持到鄧小平南方講話，我們幾個朋友才在一起成立了「萬通」的前身「農高投」——海南農業高科技聯合開發總公司。

公司

我們一共六個合夥人，一個是馮侖，他原來是海南體改所的副所長，曾經到牟其中那裡打工，當過辦公室主任。另一個叫王功權，原來也在牟其中那裡投資公司當過總經理。我們當時沒有錢。我們有個朋友，是個女的，聽說我們註冊了公司，跑來一看，辦公桌上還積了很厚的灰，就說跟我們這些人不能再往來，要出問題的。

我們基本上是炒房炒地起來的。沒錢怎麼辦？說找到了北京一家集團公司。當時他們的老闆認爲我們這幫小夥子可以，於是達成一個條件，給我們貸款五百萬人民幣，利息好象是百分之二十，這筆錢由他派人監控，利潤五五分成，這是我們第一筆種子資金。這個條件今天看是天價，但當時眞就有點像天上掉下來五百萬！

拿到錢後，先買進幾座別墅，我們當時以一平方米不到三千元，買了八棟。在手裡放了一兩個月，沒人要，出不去，這可麻煩了。大家在一起想辦法，就盼著到海南發展……我說我最感激的一個人是鄧小平，一是因爲若沒有他，我父親就不會平反，我也不可能離開甘肅，我們現在還可能在受苦受窮。二是若沒有他的南方講話，海南不可能發展，也不可能有我們的今天。有人要來買別墅了，就得益於南方講話。先來了山西的大老闆韓九吉，我開價四千，又來了一個內蒙的，我又開價四千一。我想這是最後一賭，反正有人要，打的就是心理戰，就一直往上抬。這可把山西來的韓九吉氣急了，他說你怎麼這麼談判呢？他兩個兒子說不談了，咱們走，老頭說沉下心，再談談。我跟他說，我重合約我也會重信譽，但開價可以正向開，也可以逆向開，我不斷將開價提高。結果，大約四千二出去，韓九吉買了三棟。沒多長時間，又有兩棟六千元一轉手就出去了。另兩棟賣給了內蒙古人，其中一座他自己住著，掛一塊牌子「爲吉祥起見，我這座別墅的價格是八八八八」，結果砸在手裡，現在也沒有賣出去。在我的婚禮上，韓九吉專門扛著山西的玉條、景泰藍，用大布包著，非要直接送到我手裡，成了我很好的朋友。

萬通

跟在海南炒地的時候一樣，感覺就像現在的「.com」公司，誰都覺得荒唐；沒有這麼做公司的。但去年我去矽谷，跟一些人討論過這個問題；在整個抬市過程中，你身臨其境，每個人都在投資，你掌握好一點，到一定程度能出來就行了。這個大市起來你不介入，這是愚蠢。聰明人就是別隨波逐流，你能往上走時就走，當別人還在往前走的時候，你認爲該退的時候就退了。

一九九〇年的時候，海口有兩個數字引起我的注意：常住人口十五萬，暫住人口五十萬。而我當時去規劃局看報建面積大約是平均每人五十平方米，當時北京每人平均才七平方米多一點。一個窮得叮噹響的地方，每人平均五十平方米的住房面積，我感覺快出事了！我們幾個人開了個會，想怎樣把風險分散一下。我幾年沒回家了，想回家看看，就去了西北。那時有了點錢，再也不是西北的一個窮學生了，可以吃頓好飯，坐計程車了。看了一圈回來，覺得西北還是太窮，沒有任何投資的價值，就領了五萬元差旅費到了北京。

到了北京，我先跑到懷柔，透過朋友介紹，認識了當時懷柔主管經濟的副書記。這位書記特別開明，我們也很能談得來，他說你們來吧，在我這兒註冊公司，先領個執照，說咱們發展經濟要思想開放一些。我到國外去，人家營業執照只註明什麼東西不能做，剩下的都能做。過了兩三天，工商局給我們批准了執照，註冊後就住在懷柔的龍山賓館，百無聊賴，什麼事也沒有，倒也清靜。一天在懷柔縣政府食堂吃飯，突然聽說北京市政府下發了一個檔，給懷柔縣四個指標，搞定向募集的股份公司，現在沒人做。我跟縣體改辦主任邊吃邊聊，我說我們來做一個行不行？他說好哇，可是現在來不及了，要準備六份資料，並且下星期就報上去。我就直接找了北京市體改委主任賀陽，正好馮侖認識他。賀陽說這是個好事，以後都要按公司形式組建，你們報就是積極支持改革。我們就先按要求找發起單位，我當時在北京沒有多少熟人，有一個朋友他爸爸在煤炭部工作。他從日本一回來與我通話，我就說，你能不能幫我個忙，幫我找上幾個「中字頭」的公司做發起單位。當天，我們一起與他父親商量，決定找一找中國工程學會聯合會和中國煤炭科學研究院。與他們談了我們的想法，都很快就同意了。說這兩個單位估計你蓋個章沒問題。中國華誠集團，也就成了我們萬通的發起單位。我問馮侖，註冊資金應該多大，他說咱們現在做事要往大裡做，不能小打小鬧的，能不能上億啊？這樣執照拿出來才有影響力。我說，咱們在海南島待過，都比較迷信，八不就是「發」嗎？我註冊八億吧，大家都同意了。註冊時就叫「北京萬通實業有限公司」，我找了個小夥子準備資料，結果北京市體改委馬上批了，人民銀行也馬上批了。

募資

我認爲在住宅發展上有兩個機會，第一個是銀行的按揭，一出台就能把購買力放大了。第二個時機我一直等著，還沒等來，就是二手房市場，二手房市場現在把很多人的購買慾望壓住了。

公司註冊下來後，股本金怎樣到位呢？而且給我們規定兩個月就得到位，否則兩個月以後就取消。哪來這些錢呢？我想到了廣告，我們在《金融時報》做了一個整版的廣告。按國家體改委的規範意見，應該叫招股說明書，我們起草時學習海南的叫法寫成了「招股通函」。《金融時報》一個整版要四萬元，因有位員工的父親正好在這裡工作，就打了五折，交了兩萬元。

廣告印出去後，這件事情搞得我焦頭爛額。我們在報紙上登的廣告，證監會副主席先看到，馬上打電話給國家體改委與人民銀行，國家體改委與人民銀行又打電話給北京市，要我們去彙報情況。這件事我不知道是犯了錯還是沒犯錯。到了中南海邊上的體改委，一進門，體改委幾個處長都在，每人手裡拿個複印件，都是我們在報上登的廣告。在這之前，我專門找過北京市體改委的主任，主任說，這是國家體改委的規範意見，又沒說北京市應該批多大，我們批八個億，批八十個億也是我們的許可權，我們沒犯什麼錯誤！當時社會上風風雨雨傳說，我們自己也很緊張。我一到會上才發現，外面說的和體改委關心的，完全是兩回事。當時全國各地都在搞定向募資，體改委關心的是檔下發後，定向募資到底怎麼做，政策怎麼進一步制訂。他們問我，我就拿著資料一邊流汗一邊說，彙報了一個多小時，滿臉是汗。當時有個司長說，小夥子你別緊張，慢慢說。他問我，你給你的股東發的股權證是什麼樣？我說我已經印好了，每人發了一張。這個股權證我是在印人民幣的白紙坊印的，用與人民幣一樣的紙張，還帶著浮水印，就是尺寸比人民幣大一點。背面是一個一個框，誰轉讓給誰都可以蓋章，並且把國家體改委關於股權證的規範意見一條條都印了上去。那個司長說：這還眞不錯。他又拿出一個海南做的股權證，說這就是街上買的收據，代股權證。北京人做事就是規範。我一聽這事沒那麼糟糕，就放心了！他們說，我們這政策剛出台，還得總結經驗，不要出問題。

這個規範意見回過頭看，實際上我們國家走了一段特別大的彎路。這一切就因爲公司法遲遲出不了台。公司法如果早出台，所有事都統一了起來，正因爲公司法不通過，才出了一個政府的規定，使定向募集公開發行，法人股，個人股這些東西都亂了套。

分手

我覺得一個人在一個環境裡得久了，會變得懶惰，因爲聽同樣人的話，接觸水準一樣的人，就會形成思維定勢，跳不出去。

做萬通新世界廣場主要靠廣告，當大家還沒開始打廣告時，一打廣告的效果，就像沒吃過藥的人第一次吃感冒藥，再重的感冒一片藥就好了，沒抗藥性。當初我們打了大約有一千萬元的廣告，在當時來說是天文數字，《人民日報》海外版、《文匯報》、《大公報》上都是整版整版的廣告，工程還在開挖時就銷售得差不多了。現在回頭對當時的狀況不可想像：成本每平方米三萬元。

萬通廣場一做完，大家有了錢，這六個合夥人就各想各的了，批判我太老財了，守著北京的一塊都不給兄弟們搭舞台。我確實比較老財，幾百萬可以，上億往外投，我基本都持反對態度。但這時候也反對不了，還是投。第一個舉措是收購北京電影製片廠，廠長都到萬通上了半年班，最後收購失敗。然後收購貴州航空公司、武漢國投、陝西證券，還收購了一家上市公司，投資幾家金融機構、保險公司，並且成爲民生銀行的大股東。我們都衝昏了頭，原來量的時候就像天平上的刻度，多少克多少克的，現在成了大秤了，說是咱們粗點量，只要量個大概就行了。

其實我們那時候的生活還是非常簡單的，我們在北京保利大廈前的一條小街道上吃飯，吃一盤菜，我記得是一盤土豆絲，就爲到底是八塊還是五塊錢，和飯館的服務生爭起來了。可那時候我們正在大筆大筆地往外投錢。

沒見過那麼多錢，突然一下子有了那麼多錢，找不著感覺了。現在看，大家都經歷過這個過程，市場經濟初期，也必然要犯這樣的錯誤。只不過我們迷惘了一段，馬上就感覺不對了，馬上覺得我們要給這個社會提供產品，提供服務，才能得到回報。如果帳面上得到那麼多錢，總覺得來得快去得也快。

錢的積累從小到大，越積累越多，多到一定程度，突然覺得像邱吉爾在二次大戰時說的，「猴子爬得越高，它的屁股就看得越清楚」。

當時我強烈地想看看國外的人有了錢是一個什麼樣的心態，他是怎麼吃飯怎麼穿衣的。另外也一下子特別喜歡歷史，歷史上那麼多人一旦擁有金錢、財富、權力時，他是怎麼過來的。我過去讀歷史不系統，南懷謹的書教給我一個怎樣學中國歷史的方法，比如說老子的《道德經》，就每天背一段，對我就特別有啓發。剛開始看不懂，現在成了我生活中的老三篇了。

一九九五年我到歐洲，看到他們越有錢越低調，不像國內有些人賺了錢一定是金鍊子，面部表情一定要怎麼樣怎麼樣。另外，他們對歷史、文化的尊重令我們不可想像。

從國外回來就開始註冊自己的公司，離開萬通，對我而言還是挺痛苦的。成立自己公司後，首先是關於商業經營上的衝突。張欣在劍橋大學畢業，受到非常正規的西方訓練，崇尚的是理性、民主、人文關懷；我呢，土生土長中國老農民的一套。張欣天天要開會，就像華爾街投資銀行的那種形式，每一件事大家要討論，要跟大家說清楚。結果我是一個說不明白事的人，我原來一直是跟著感覺走，我感覺對了，下面的人都跟著我走，你別問爲什麼。現在每個人都要發表意見，像國外的辯論會一樣，我明明知道這些人說得不對，卻找不出充分的理由，這一段時間就特別痛苦。最後我跟他們說：一個國家要民主，一個企業要獨裁。一個國家牽涉到每個人的利益，一個公司再這樣民主下去就不行了。當時就和張欣吵架，她認爲民主才是有生命力的，你爲什麼想說清楚而表達不清楚？肯定是你的表達缺少訓練。

結果還是以我的意見爲主，我認爲做生意不要用嘴去說，不要用眼睛去看，要閉著眼睛去聽去聞，尋找這樣一種感覺。衝突最激烈時我們差點離婚。

現代城

房地產發展商現在在社會中，是一個特別尷尬的角色，不是原來批判炒房炒地那樣的尷尬，而是沒有一種理論支持。

我們這個公司的成長當然與現代城緊緊聯繫在一起。現代城這個名字是北京市一輕局的領導起的，他們是主要方，已經起好的名字。我覺得這名字還可以，沒想到現在能成爲一種概念，唯一考慮不妥的是不平和，現代過一段就不現代了。

做房地產一要看地段二要看時間，有許多專案地段選得很好，資金也很有實力，做砸了就因爲房地產週期的經濟波動。你要在高潮時進貨，低谷時往外推就做反了，再有能耐也沒辦法。

現代城原來是北京二鍋頭酒廠，一星期出酒糟的兩天根本就沒法進來，出酒糟的臭味連國貿大廈都能聞到。我自己下決心建現代城之後，我又派了兩個助理看了一圈回來，向我彙報，我說你們不要兩個人一起彙報，一個一個說，兩人你一言我一語，就沒獨立判斷了。結果一個助理對我說，潘總，這案子你別做了，地方糟透了。另一個委婉一點，也說這案子不能做。我要說服大家，先得把我老婆拉著一起去看。走到現在二號樓這個地方原來是個倉庫，開始下雨了，裡面全是爛泥，臭得不得了，也走不出來了。張欣捂著鼻子說，這地方眞不行，別做了。

我回去後就一個個做工作，我以爲關鍵要看時間。我們至少在兩年以後做，兩年以後意味著京通快速路要通車，複八線地鐵要通車，這兒就像長安街一樣，成爲長安街的延伸。而通惠河兩岸原來長著蘆葦，臭得不得了，按北京市規劃，只要高碑店污水處理廠二期工程一通過驗收，這河就變成清河。爲這事，我專門跑到高碑店去看污水處理廠建到什麼程度。我說如果這幾個條件具備，我們做四十萬平方米，住上三千多戶人家，四邊全是路，是個不錯的小區。他們說，咱們也沒做過房地產，就聽著吧。

我研究過北京的整個城市格局，解放前主要沿南北走向建設，整個中軸線是政治中心，也是建築中心。解放後因爲中軸線不可能發展，所以長安街兩邊成爲新的發展方向。改革放基本在西邊發展，那時東邊三環路上兩邊是白楊樹，路兩邊曬著玉米。東邊規劃時，當時故意開出一片區域，涉外飯店、使館、外國記者都集中在這裡，使這裡正好成爲改革開放的前沿，所以改革開放後一下子發展起來。東三環、東二環這個區域彙集了百分之七十的四星、五星級賓館，這個區域就成了新的發展線，現代城在這區域邊上，有互補性。

香港人到北京選地，都把天安門、故宮、中南海作爲新點，認爲離這點越近越是好地，像東方廣場、新東安、恆基中心、新世紀……實際上北京整體規劃是一個鍋的形式，二環內不能有太高的建築，限制是四十五米，恆基中心做到八十多米已經破天荒了，缺少發展空間。

按揭*

我以爲中國的經濟週期不像西方那樣，規律性的多少年波動一次，股票、利率都是晴雨表。中國經濟在從計劃經濟向市場經濟轉型中，就是一些突發性，政策性的事件，影響非常大。

我認爲在住宅發展上有兩個機會，如果這兩個機會來的話，市場一定會火爆，這兩個機會，第一個是銀行的按揭，一出台就能把購買力放大了。一百萬的房子，銀行提供八十萬的按揭，就拿二十萬。這個社會能拿一百萬的不多，但拿二十萬的比例就會相當大，而且人們也普遍都會有信心。一開始做現代城，我就感覺到了啓動按揭這個機會，我想這個機會一定要抓住。不管天上

*按揭：分期付款。

下的雨還是油，你一定要有個容器把它抓住，這個容器就是現代城。

一九九九年春節把我們等得苦得不得了，我覺得這個事去年就應該成了，怎麼這麼困難？想著它應該馬上到了，它就是不到。我們請來了建設銀行行長，跟他講銀行按揭如何好，我說你給國企放款回不來，個人借的款肯定都會還。他說我擔心的主要是銀行風險，你能把我說服了，我們就可以進一步研究。我一狠心，提出由我們發展商存款給客戶做擔保，個人按揭如果按月不還款，銀行追不過來，我可以給你建設銀行帳上存上幾千萬。客戶不付款，你就從我們帳上把這錢劃過去，我們負責去追他。因爲他住的是我們的房子，我們叫保安天天去催，不怕他不交。最後他說，這樣細想倒也沒什麼風險了。我們找到了支行的行長，他說，我們五〇年代就給個人貸過款，買牛買驢貸款，一分錢沒收回，現在還欠著呢，不貸！結果又是一個月過去，還是不貸。我們是等著天掉下餡餅，它就是掉不下來。

後來我和張欣在釣魚台開一個世界經濟論壇，又碰到建行行長問起我們情況，問按揭辦了沒有，我說，一分錢也沒辦，還是不放心，觀念的問題。行長急了，把他的助理叫來，說你去過問過問這事，這不是對一個專案的問題，是啓動中國經濟的問題。他助理說，那我這是拿著尙方寶劍了，過了一星期，建行各處的人召集起來開會，開始放按揭款了。

這時，突然工商銀行北京分行的行長找我，說現代城建案我們也要來做按揭。我說建設銀行在做，他們也做得很好，建行行長已經在現代城現場兩次辦公了。他們說我們的服務比他們還好，我們直接把終端機接到你們現場。工商銀行的速度特別快，建行一看他們速度快，就比照著做。然後中國銀行一看這業務好，也來了，招商銀行也要來簽協議，這是一個皆大歡喜的事。銀行按揭在短短一年之內發展的很快，給我們幫了大忙。

第二個時機我一直等著，還沒等來，就是二手房市場。二手房市場現在把很多人的購買欲望壓住了。你可能已經有了一間房，七十平方米，已經住了二三十年，可能不願住了。可是這間房不出手就讓我買新房，一是資金上有問題，另外把這房放在那裡也是個浪費。要是這間房出手，銀行按揭又能給幫助，我爲什麼不住好房子？二手房市場現在嚷嚷了有兩三年，就爲東一個章西一個章，到處卡而無法啓動。其實就是一個大的交易所，去的話二十分鐘辦完不就得了嗎？我覺得這是一個更大的機會，北京大約有兩億平方米的公房，這其中如有百分之十的人想換房，就是兩千萬平方米。兩千萬平方米對市場的影響非常大，而且這部分人的購買力已經壓抑了很多年。

FOR2 09

我用一生去尋找：最時尚的地產大亨，最in的人生哲學

The Life Quest of Pan Shiyi

作者：潘石屹
責任編輯：李佳姍
美術設計：張士勇
圖片提供：SOHO中國
校對：詹宜蓁
法律顧問：全理法律事務所董安丹律師
出版者：英屬蓋曼群島商網路與書股份有限公司台灣分公司
台北市10550南京東路四段25號11樓
TEL：886-2-25467799 FAX：886-2-25452951
Email：help@netandbooks.com
http://www.netandbooks.com

發行：大塊文化出版股份有限公司
台北市10550南京東路四段25號11樓
TEL：886-2-87123898 FAX：886-2-87123897
讀者服務專線：0800-006689
Email：locus@locuspublishing.com
http://www.locuspublishing.com
郵撥帳號：18955675
戶名：大塊文化出版股份有限公司

總經銷：大和書報圖書股份有限公司
地址：台北縣新莊市五工五路2號
TEL：886-2-8990-2588 FAX：886-2-2290-1658
排版：帛格有限公司
製版：瑞豐實業股份有限公司

初版一刷：2008年8月
初版四刷：2010年7月
定價：新台幣320元
ISBN：978-986-6841-28-6

國家圖書館出版品預行編目資料

我用一生去尋找：最時尚的地產大亨，最in的人生哲學／潘石屹——初版.——臺北市：網路與書出版：大塊文化發行，2008.08

面；　公分.——（For2；9）

ISBN 978-986-6841-28-6（平裝）

1. 人生哲學 2. 修身 3. 通俗作品

191.9　　97013184